KB205909

# 문학은 어떻게 신앙을 더 깊게 만드는가

시와 소설과 그리스도인
**문학은 어떻게 신앙을 더 깊게 만드는가**

초판 발행  2020년 8월 18일
6쇄 발행  2025년 2월 28일

**지은이**  이정일
**펴낸이**  장병주
**펴낸곳**  예책

**등록번호**  제2015-000019호
**주소**  서울시 동작구 만양로8길 50, 106동 205호
**영업부**  031-906-9191
**출판부**  02-6401-2657
**FAX**  0505-365-9191
**전자우편**  jesusbooks@naver.com

ISBN 978-89-98300-20-3  03230
ⓒ 이정일, 2020

책 값은 뒤표지에 있습니다.

※ 편집부에서 독자의 의견을 기다립니다.
※ 잘못된 책은 구입하신 서점에서 교환해 드립니다.
※ 이 책의 전부 또는 일부 내용을 재사용하려면 사전에 저작권자와 예책의 동의를 받아야 합니다.

시와 소설과 그리스도인

# 문학은 어떻게 신앙을 더 깊게 만드는가

이정일 지음

예책
Jesus'books

나의 좋은 친구 s.h.에게

참다운 사랑은 결코 늙지 않는다.
True love never grows old.

# 문학은 신앙의 땅 밑을 흐르는 강물과 같다

자신은 똑바로 걷는다고 생각하지만 실제론 비틀거리며 걷는 것이 인생임을 문학은 허구의 인물을 통해 보여 준다. 그래서일까 언제부턴가 신앙생활이 답답하게 느껴지거나 균형을 잃고 한쪽으로 쏠린다 싶을 때 문학을 읽고 있는 나를 발견했다. 벼락 치듯 영감을 주는 시나 평생 친구가 될 문장을 만나 생각의 자극을 받을 때면 기분이 좋아졌고 들뜨고 설렜다. 신기하게도 좋은 문학작품일수록 그 안에 깨달음과 영감을 주는 문장을 품고 있었다.

한국 교회가 겉으로 볼 땐 아직까진 굳건해 보이지만 속으론 많이 허약해진 것을 느낀다. 믿음도 생각도 빈곤해졌다. 코로나 사태 이후 많은 성도가 교회를 빠져나갔고 다시 회복하기 힘들지도 모른다고 걱정한다. 교회가 이런 걱정을 하게 된 원인은 여럿이겠지만 교회와 성도가 삶을 성찰하고 복기하지 않은 탓이 크다고 나는 생각한다. 교회 안팎에서 문제가 생길 때면 실수를 인정하고 아픔을 공감하기보다는 기도로 덮기만 했다. 그리스도인이 저지르는 가장 큰 실수는 자신의 진짜 모습에 대해 침묵하는 것이다.

코로나 사태가 끝나면 한국 사회는 어떻게 바뀌게 될까? 아직 분명한 답은 없지만 하나는 분명하다. 더 나은 세상을 만들려면 우리 스스로가 먼저 존엄한 사람이 되어야 한다는 것이다. 인간의 욕심은 끝이 없고 같은 실수를 반복하지만 개인이 바뀌어야 전체가 바뀐다는 것과 올바른 개인은 공정한 사회와 건강한 교회를 세우는 기반이 된다는 것을 교회 안팎에서 코로나 사태와 그 밖의 불합리한 일들을 경험하면서 느낀다.

　신앙인이 자신의 민낯과 생각의 빈곤을 고민하지 않는 것은 어쩌면 하나님에 대해 무지하기 때문인지도 모른다. 문학은 자기 자신에 대한 무지, 인간에 대한 무지가 하나님에 대한 무지로 이어질 수 있음을 깨닫게 해 준다. 문학을 모르면 자신의 삶에만 둔감해지는 게 아니다. 사회와 하나님에 대해서도 함께 둔감해진다. 문학은 모든 인생의 끝이 하나님을 향한 여정임을 상기시켜 주지만 우리 가운데 이것을 이해한 사람은 적다.
　바다를 보고 감동하지 않는다면 안타까울 것이다. 이것이 어쩌면 문학을 모르는 우리의 모습일 수 있다. 문학을 모른다고 해서 신앙생활에서 문제될 것은 없다. 하지만 문학을 알면 자신의 삶을 성찰하고 하나님을 더 깊이 알게 된다. 문학은 하나님이 주신 최고의 선물이다. 문학은 등장인물을 통해 잘 사는 인생이 뭔지를 보여 준다. 그래서 문학을 읽으며 생각의 자극을 받으면 말씀을 읽고 기도하며 깨달은 것을 자신의 삶에서 펼치며 살게 된다.
　세상을 뒤집은 사람들의 삶에는 부드러움과 품격이 배어 있다. '빛과 소금, 낮아짐, 내려놓음, 더불어 함께….' 이런 유연한 사고를 논리적인 세상은 감당할 수 없다. 많은 이가 '나 하나로 세상이 달라질 수 있을까' 하며 한숨 쉰다. 불가능해 보여도 사도 바울이 말한 대로 우리가 '마음을 새롭게 함으로 변화를 받아'로마서 12:2 살기 시작하면 가능해진다. 우리 시대에 신앙인의 헌신은 땅 밑을 흐르는 강물과 같다. 그 강물이 있기에 숲이 푸르러 진다.

　지금 한국 교회엔 문학이 필요하다. 우리는 고결한 생각의 씨앗을 심고 키울 줄 알아야 한다. 예수님의 생각을 삶으로 드러내는 법을 배워야 한다. 어느 시대건 그리스도인은 이런 삶을 살았다. 미움이 가득한 곳엔 화해의 손을 내밀었고, 핍박과 아픔이 있는 곳을 찾아 위로하며 삶을 회복시켰다. 자신의 생각을 깃발처럼 높이 들고 휘젓고 다닌 사람이 아니었다. 이런 통찰은 문학에 대한 수련 없이는 불가능하다.

　성경이 위대한 것은 시대마다 새롭게 해석되기 때문이다. 새롭게 해석하는 눈이 없으면 과거와 전통과 권위에 매달리게 된다. 세상이 불안해지면 말씀으로 기도로 초대교회로 돌아가자는 소리가 나온다. 지극히 당연한 반응이지만 때로는 이것이 세상의 변화를 회피하려는 손쉬운 선택이 될 수 있음을 한 번쯤은 돌아봐야 한다. 우리에게는 익숙한 현상이나 사건을 조금은 다른 시각으로 읽고 해석하는 눈이 필요하다.

　문학은 우리에게 삶이란 총합(결과)이 아니라 한 폭의 그림(과정)이라고 가르친다. 인생은 불확실하기에 신앙의 좁은 길을 선택하는 것은 쉽지 않다. 하지만 문학을 알면 왜 하나님은 우리 인생에 먹구름을 끼게 하는지, 왜 어떤 이는 누군가의 먹구름 속에 무지개가 되는지를 알게 된다. 문학은 성경처럼 세상에 답을 제공하지

는 않지만 세상이 잊어버린 질문을 일깨운다. 그 질문 중 하나가 이것이다. '너는 나를 사랑하느냐?'

  지금 한국 교회는 당위의 전쟁에 빠져 있다는 생각이 든다. 자신의 생각을 깃발처럼 흔들며 사는 것이 신앙과 삶의 목표가 된 듯하다. 신앙도 물감처럼 굳어질 수 있다. 우리는 우리가 살아가는 현재라는 맥락context에서 말씀을 읽어내지 않으면 경직된 시각을 갖게 된다. 이것을 예방하려면 성경을 치열하게 읽는 것도 중요하지만 성경도 우리를 읽도록 해야 한다. 성경이 우리를 읽도록 할 때 문학은 이를 돕는 좋은 도구가 된다.

  우리는 원하는 것을 갖고 싶을 때 기도하지만 하나님은 자신의 때에 우리에게 필요한 것을 주신다. 어쩌면 지금 그것이 문학이 아닐까 싶다. 하나님은 지금도 우리가 복음의 감격을 누리며 살길 원하신다. 이것을 문학이 도울 수 있다. 문학은 하나님의 선한 지식이 흘러가는 강물과 같다. 그래서 문학을 모르면 자신을 돌보는 것이나 삶에서 진짜 중요한 것이 뭔지 모른 채 나이 들고 말 것이다.

  이제 사람들은 '메시지'를 '메신저'를 통해 확인하기에 우리는 세상을 바꾸는 일도 '자신의 삶'에서 시작해야 하며 하나님 나라의 제자로 산다는 것에 대한 '통합적인 시각'을 가져야 한다. 무모할 정도의 확신도 필요하지만 유연하고 통찰력 있는 사고도 필요하다. 그래야 이 시대의 혼란을 헤쳐나갈 질문을 찾을 것이고 그 정답도 찾아낼 것이다. 살다 보면 인생에 몇 번의 좋은 기회를 만나지만 이 문학과의 만남이 여러분에게 더 깊은 신앙으로 나아가는 좋은 기회가 되길 진심으로 바란다.

# 차례

1장

문학이 주는 세 가지 선물

# 삶을 일깨우는 문장

소설을 읽다 보면 마음이 뭉클할 때가 있다. 무라카미 하루키村上春樹가 쓴 『노르웨이의 숲』을 읽을 때였다.

> 난, 괴로운 일이 생기면 언제나 그렇게 생각해요. 지금 이걸 겪어 두면 나중에 편해진다고.[1]

이 한 줄을 읽으며 마음이 시원해졌다. 혼란스런 감정이 정리된 것이다. 예수님이 베드로의 혼란을 "너는 나를 사랑하느냐"로 정리했듯이 이 한 줄은 괴로운 감정을 간결하게 정리한다. 문학은 은연중에 삶을 깨닫게 해 주지만, 어쩌면 설득시킨다는 말이 더 정확할지 모르겠다. 우리에겐 날마다 24시간이 선물로 주어지지만 다수는 그 시간을 허비하며 산다. 그 안타까움에 김영하는 소설 『퀴즈쇼』에서 젊은이에게 이렇게 조언한다.

> 기회는 신선한 음식 같은 거야. 냉장고에 넣어 두면 맛이 떨어져. 젊은이에게 제일 나쁜 건 아예 판단을 내리지 않는 거야. 차라리 잘못

된 판단을 내리는 게 더 나아. 잘못된 판단을 내릴까 봐 아무것도 안 하고 있는 거, 이게 제일 나빠.[2]

독일 작가들의 단편집 『아주 철학적인 오후』를 읽게 되면 깨닫게 된다. 우리가 돈 버는 법은 배웠지만 어떻게 살 것인가를 잊었다는 걸. 공기 정화기는 있지만 영혼이 오염되었다는 걸. 시간은 남아돌지만 시간 속에 삶의 의미를 담는 법은 잊었다는 걸. 인류가 달에 발을 내디뎠지만 이웃과의 거리는 더 멀어졌다는 걸.[3] 문학은 우리가 무엇을 놓치고 사는지 일깨워 준다. 칠레의 시인 파블로 네루다Pablo Neruda는 시집 『질문의 책』에서 이렇게 묻는다.

나였던 그 아이는 어디 있을까? 아직 내 속에 있을까, 아니면 사라졌을까?[4]

이런 문장 하나가 삶을 일깨운다.

## 생각의 자극

소신대로 산다지만 많은 사람들은 그저 그렇게 산다. 다들 먹고 살기 위해 일한다고 말하지만 잘 사는 인생은 분명 한끗이 다르다. 그 한끗 차이를 아는 것이 우리의 목표다. 그 한끗 차이를 알려면 잘 사는 게 뭔지 궁금해해야 한다. 그저 사는 것과 잘 사는 것은 분명히 다르다. 왠지 진짜 인생을 살지 못하고 있다는 생각이 든다면 자신의 삶을 면밀하게 관찰하고 읽어 보라.

이제는 아무도 평생직장을 꿈꾸지 않고, 회사도 예전 같은 애사심을 요구하지 않는다. 그렇지만 우리는 매일 꿈과 현실 사이를 오간다. 가끔은 잠들기 전 누워서 하나님 나라를 꿈꾸지만 그건 그저 꿈일 뿐이다. 눈을 뜨면 아침이고 출근 전쟁이 시작된다. 우리 모두는 그렇게 익숙한 세상 속으로 다시 들어간다. 그리스도인으로 어떻게 살 것인가, 성숙해진다는 게 뭘까 같은 질문은 사치일 뿐이다. 시대가 빠르게 바뀌고 있기 때문이다.

하루의 시간들이 모이면 한 사람의 인생이 된다. 그 인생의 끝 자락에 설 때가 다가오면 비로소 흐릿했던 삶의 초점이 잡히는데, 그때에 '어떻게 살아야 했는가'를 깨닫게 된다. 그 순간 후회가 밀려온다. 후회가 꿈을 대신하는 순간부터 우리는 늙기 시작한다. 이것을 반전시켜야 하지만 미리 예방할 수 있다면 더없이 좋을 것이다. 그 예를 박민규의 『삼미 슈퍼스타즈의 마지막 팬클럽』 속 한 문장으로 살펴본다.

올 여름은 왜 이렇게 긴 것일까 라는 생각을 하다가 나는 비로소, 시간은 원래 넘쳐흐르는 것이란 사실을 알게 되었다. … 신은 사실 인간이 감당키 어려울 만큼이나 긴 시간을 누구에게나 주고 있었다. … 시간이 없다는 것은, 시간에 쫓긴다는 것은 돈을 대가로 누군가에게 자신의 시간을 팔고 있기 때문이다. 돌이켜 보니 지난 5년간 내가 팔았던 것은 나의 능력이 아니었다. 그것은 나의 시간, 나의 삶이었던 것이다.[5]

베르그송Henri Bergson이 시간에 대한 철학적인 글을 많이 썼지만 사실 눈에 잘 들어오지 않는다. 어렵기도 하고 낯설기 때문이기도 하다. 허나 박민규의 글은 쉽고 재밌어서 공감하게 된다. 그가 풀어내는 신생 프로 야구팀-1982~1985년에 활약한 삼미 슈퍼스타즈-의 이야기를 3시간 정도 듣다 보면 끝이 보인다. 재밌네 하면서 책을 덮으려는 순간 앞의 문장이 훅 들어온다. 그 순간 들떠 있던 마음이 가라앉는 느낌을 받는다. 생각의 자극을 받은 것이다.

우리는 자신의 관점으로만 생각하는 경향이 있다. 어떤 사람은 이를 소신<sup>信念</sup>이라고 부르지만 다른 사람은 이것을 고집<sup>我執</sup>이라 부른다. 정신없이 돌아가는 삶 속에서 올바른 길을 찾아가는 것이 신앙인데, 문학이 이것을 돕는다. 다시 말해 세상은 욕심과 선의, 무지와 방관이 뒤엉킨 블랙코미디 같은데, 문학은 독자들에게 편견 없는 자신만의 관점을 갖도록 돕는다. 이런 재충전을 통해 그 혜택이 바로 가정과 교회로 돌아오는 것이다.

하나님은 우리에게 성경과 일상이라는 두 개의 텍스트를 주셨다. 하지만 요즘 우리는 일상<sup>현실</sup>이라는 텍스트를 잃어버린 것 같다. 이 두 텍스트를 잘 연결시킬 수 있어야 '인생'을 제대로 살 수 있는데, 문학은 바로 이 일상이란 텍스트를 읽는 연습이다. 즉 문학을 읽으면서 작품 속 메시지를 해석할 줄 알게 된다면 평범한 일상에서 펼쳐지는 우리의 삶을 하나님이 얼마나 섬세하게 살피고 계신지 깨닫게 된다.

## 결정적 순간

왜 한국 부모들은 저들의 자녀가 의사나 판사가 되길 원할까?

자녀에게 더 나은 인생을 물려주고 싶기 때문이리라. 부모는 대개 별일 없을 줄 알지만 혹시라도 하는 마음에 만반의 준비를 시킨다. 자녀가 능력 있게 자라고 삶의 풍랑에서 안전하길 바란다. 하지만 현실은 녹록치 않다. 치열한 입시와 입사 경쟁을 치러야 하고, 학교와 집, 학원이라는 좁은 울타리를 맴돌기에 생각을 키울 여유가 없다. 자녀들은 스스로 깨닫기보다 잘 정리된 깨달음을 배울 때가 더 많다.

오늘날 신앙인들은 많지만 아합의 시대처럼 다들 각개전투만 한다. 각자 섬기는 교회만을 전부로 알고 사는 것이다. 우리는 인생이라는 각자의 트랙에서 달리고 있지만 하나님이 우리를 이 시대에 '함께' 부르신 뜻을 알아야 한다. 그러려면 하나님 나라란 큰 그림을 보면서 하나님이 우리를 현 시대에 태어나게 하신 이유가 뭔지 생각해 봐야 한다. 아는 것과 깨닫는 것은 분명 다르다.

『82년생 김지영』을 읽으면 한국 사회가 입체적으로 다가온다. 눈에 걸리는 문장이 하나도 없어서 일단 읽기 시작하면 단숨에 끝을 볼 수 있다. 맨 마지막 문장을 읽는 순간 독자는 느끼게 된다. 김지영 씨에게 더 나은 기회와 보상과 발언권이 주어져야 한다는 걸. 문학은 진짜 어디선가 살고 있을 것 같은 허구의 인물을 통해 나의 삶, 우리의 삶을 돌아보게 한다. 조남주 작가는 이렇게 묻는다.

공정하지 않은 세상에는 결국 무엇이 남을까?[6]

이런 관찰자 행렬에 사진작가 앙리 카르티에 브레송Henri Cartier

Bresson도 참여한다. 인간이 자기 속임수에 능하다는 걸 알았던 그는 사람들이 방심할 때 드러나는 결정적인 순간을 찍고 싶어 했다. 일평생을 찰나의 절묘한 일상을 '결정적 순간decisive moment; 첫 사진집의 제목'으로 포착해 묘사했고, 그런 순간을 담은 사진 250점을 남겼다. 그런데 그가 임종을 앞두고 남긴 고백은 강렬했다.

> 난 평생 결정적 순간을 카메라로 포착하길 바랐다. 그러나 인생의 모든 순간이 결정적인 순간이었다.[7]

이런 결정적 순간은 작가만 찾아내는 것이 아니다. 한 잡지에 실린 독자의 고백이다.

> 아빠가 해외 파병을 나가 있어 나는 할머니 품에서 자랐다. 할머니는 나의 친구였고, 나는 할머니에게 감추는 것이 없었다. 할머니는 나에게 특별한 분이셨다. 나는 타지에서 직장생활을 하느라 오랫동안 찾아뵙지 못했다. 할머니가 울혈성 심부전으로 돌아가셨는데, 그날 유품을 정리하러 갔다. 냉장고를 여니 내 이름이 적힌 피클 병이 있었다. 할머니는 내가 유품을 정리하러 그곳에 올 줄 알고 계셨던 것이다. 나는 털썩 주저앉아 할머니가 나를 위해 만들어 놓으신 피클을 울면서 먹었다.[8]

우리의 삶도 이런 결정적인 순간을 담고 있다. 이런 순간을 붙잡으려면 삶을 객관적으로 읽어야 한다. 인지 언어학자 조지 레이코프George Lakoff에 의하면 두뇌는 사실을 다 받아들이는 것이 아니라고 한다. 자신의 프레임에 '맞는' 사실만 받아들인다.' 즉 입맛에 맞는 것만 받아들인다는 것인데, 이것이 반복되면 좁은 시각을 가질 수밖에 없다. 그러므로 실수를 피하기 위해 우리는 분별 있는 '관찰자'가 되어야 한다.

## 삶에 이끼가 낄 때

살다 보면 삶에 이끼가 낄 때가 있다. 인간다움을 잃어가는 시대라서 삶의 기술이 조금만 무뎌지면 경험 많은 목회자라도 성도를 인간이 아닌 사역의 대상으로 보는 잘못을 범할 위험이 있다. 문학은 과연 이런 경우에도 도움이 될까? 당연히 도움이 된다. 독자는 소설 속 이야기를 자신의 삶에 비추어 읽음으로써 자신과 자신이 살고 있는 세계에 대해 성찰할 기회를 얻는다. 이것이 깨닫는 것이며, 성경을 읽거나 묵상할 때에도 동일하게 일어난다.

그런데 인생이란 여정은 예측 불가능한 장애물로 가득하다. 아이든 어른이든 산다는 것은 이런 난관을 통과하는 것이다. 결국 사는 게 힘에 부치면 사는 대로 생각하게 된다. 왜 많은 사람들이 『어린 왕자』를 제일 좋아하는 책으로 꼽을까? 아마도 그 안에 우리가 잊고 지냈던 뭔가가 있기 때문일 것이다. 문학은 내가 무심코 지나쳤던 뭔가를 성찰하게 한다. 이런 점에서 문학은 현실을 반전시키거나 재해석하는 유용한 도구라고 할 수 있다.

시인 네루다가 찾고 있는 그 아이를 한국 소설에서 찾는다면 위기철의 『아홉살 인생』이 아닐까? 『아홉살 인생』을 읽어 보면 어리다고 인생을 모르는 게 아니며, 아이도 인간이 느끼는 감정의 핵심에 도달할 수 있다는 걸 저절로 알게 된다.[10] 작가는 그 아이가 머물고 있는 인생의 한순간을 찾아내 서사로 풀어냈다. 그 한순간을 인생의 한 조각으로도 부를 수 있을 것이다. 중요한 것은 순간이든 조각이든 그것은 인생 전부를 보여 주는 영적 샘플이다.

살다보면 하나님이 우리를 홀로 두실 때가 있다. 광야의 뜨거운 바람에 시달리는 떨기나무처럼 말이다. 버려진 것 같지만 아니다. 하나님은 그 볼품없는 나무를 성막을 세우는 목재로 쓰셨다. 그것이 우리의 인생이다. 행복은 각자가 꿈꾸는 모습으로 찾아오지 않지만 그 끝은 언제나 아름답다. 신앙이 이것을 보게 하지만 문학도 이를 돕는다. 하나님이 문학을 주신 것은 풍요와 결핍, 성공과 실패, 빛과 어둠을 균형 잡힌 시각으로 보라는 신호인지도 모른다.

성경을 읽을 때에도 성경 속 인물과 우리는 수직적으로 연결된다. 반면 문학을 읽을 땐 수평적으로 연결된다. 즉 성경을 읽을 땐 깊어지고 문학을 읽을 때에는 넓어진다. 어느 것을 읽든 우리의 시야가 넓어지고 깊어질 수 있지만, 분명한 건 우리가 협소한 상식에 갇혀 있음을 깨닫게 된다는 것이다. 깨달음이 중요한 것은 우리를 더 나은 삶으로 이어지게 할 뿐 아니라 진리의 빛으로 인도하기 때문이다.


## 아버지의 마음

벼락이 치듯 여러분을 일깨운 시가 있는가? 문학은 누구나 알 수 있지만 또 파고들면 아무도 알지 못했던 것들을 보여 준다. 모든 것이 진실일 수도, 아닐 수도 있다. 하지만 우리는 문학이 허구이지만 진실한 이야기라는 걸 잘 알고 있다. 인생에서 누구에게나 한 번쯤은 빛나는 시간이 주어지는데, 문학은 아름답고 빛나는 시간을 서사로 들려준다. 시인 김현승은 이런 인생의 빛나는 순간을 「아버지의 마음」이라는 시에서 이렇게 말한다.

누구나 집에 돌아오면 아버지가 된다. 바쁜 사람도 한 성격 하는 사람도 집에 오면 달라진다. 어린 자식을 위해 난로에 불을 피우고 아이가 탈 그네에 작은 못을 박는 그런 사람이 된다. 바깥세상은 분주하고 요란해도 아버지는 험한 세상에서 어린 자식들을 지켜낼 울타리가 되려고 애쓴다. 이런 아버지의 모습이 자식들에겐 착한 사람, 올바른 사람이 되라고 가르치는 아버지의 마음이라고 시인은 말한다.[11]

어디서건 부모는 자식을 위해서 산다. 시인은 자식의 울타리가 되려고 애쓰는 아버지를 이렇게 묘사한다. 아버지는 자식이 살아갈 터전을 만들기 위해 무던히도 애쓴다. 그 힘겨움을 시인은 '아버지의 눈에는 눈물이 보이지 않으나 아버지가 마시는 술에는 항상 눈물이 절반이다'라고 표현한다. 짧은 시지만 인간의 삶이란 한 꺼풀 걷어내고 보면 서로 닮아 있다는 걸 보여 준다. 그리고 그 흔적 앞에서 우리는 인간의 시간과 풍경을 목격하게 된다.

우리는 부모와 자식이라는 특별한 인연의 끈을 가지고 만났다. 그런데 먹고사는 데 바빠서 그 끈이 뚝뚝 끊어지곤 한다. 열심히 일할수록, 자녀의 세상이 넓어질수록 아버지의 자리와 어머니의 자리는 더 좁아진다. 이게 현실이라는 걸 문학과 영화가 보여 준다. 자식을 키워 보면 부모와 자식 간의 애정기는 생각보다 빨리 끝나 버린다. 자녀의 사춘기가 끝나는 기쁨도 잠시, 아버지는 일이 먼저일 때가 많고 자녀는 너무 빨리 어른이 된다. 다들 너무나 바쁘다.

사는 게 정말 힘들 때 어른들은 한쪽 문이 닫히면 다른 문이 열린다고 말한다. 또 사방의 문이 다 막혔다 해도 하늘문은 열려 있다고 위로하기도 한다. 하지만 닫힌 문을 연거푸 만나는 사람도 있다. 그 억울함과 안타까움에 삶을 곱씹게 되지만, 삶은 곱씹을수록 불행해진다. 열심히 살았지만 뭔가 손에 잡히는 결과물이 없을 때 그렇게 인생이 끝날까 두려워지기도 하고, 자녀도 그리 될까 조급해진다. 그때에는 자신의 인생에서 뭔가 어긋났다는 느낌을 받게 된다.

영화 「E.T.」는 외계인을 긍정적으로 묘사한 첫 영화다. 관객의 시선을 외계인과의 극적인 만남으로 몰아가던 스필버그Steven Spielberg 감독은 잠시 호흡을 고른다. 아들 엘리엇Elliott이 바람이 나서 집 나간 아버지의 옷 냄새를 맡는 장면과 아버지라면 자기 말을 믿어 주었을 것이라고 말하는 두 장면을 메인 스토리 사이에 끼워 넣었다.[12] 그 의도는 무엇일까? 감독은 관객들에게 영화를 보는 잠시나마 아버지가 갖는 의미를 상기시키고 싶었던 건 아닐까?

### 가족이란 무엇인가

'행복한 가족은 미리 누리는 천국'이라지만 우리는 이런 천국을 얼마나 누리고 살고 있을까? 조급한 마음에 '가족이란 무엇일까'를 묻게 된다. 문학을 읽으면 우리가 변해가는 모습을 입체적으로 볼 수 있다. 때론 나에 대해 콕 찍어 쓴 것 같은 문장을 접할 때면 눈을 질끈 감게 된다. 나이를 먹으면서 분명해지는 것은 핏줄만으로 가족이 되는 게 아니라는 사실이다. 가족은 인생 이야기를 함께 써가는 사람들이다. 적어도 김은주 작가는 그렇게 생각한다.

> 낯선 세상으로부터 밀려났을 때
> 당신을 잡아줄 수 있는 존재는 언제나
> 가장 낯익은 사람들이다.[13]

문학은 현재라는 시간을 사람 크기로 축소시킨, 아주 작아진 이야기다. 이는 성경이 사사 시대를 룻의 가족을 통해 요약정리 하는 것과 같다. 시대가 변했는지 요즘은 가족에 대해 쓴 글이 제법 많아졌는데, 그런 글을 읽으며 가족의 의미를 되새겨 볼 수 있다. 그러려면 삶에 여백이 있어야 한다. 만약 여백이 없다면 시를 읽을 수 없고, 시를 읽지 못하면 우리의 생각은 금세 무뎌지기 마련이다. 무뎌진 칼로 종잇장 하나 벨 수 있을까? 하물며 말씀의 검은 말할 것도 없다.

문학은 시대를 반영한다. 우리에게도 생존이 지상 목표였고 가족 부양이 삶의 전부인 시대가 있었다. 1970~80년대가 그랬다. 아버지는 바빴고, 열심히 일해서 얻은 것이 많았지만 잃은 것도 많았다. 김애란의 『두근두근 내 인생』은 가족을 새롭게 생각하도록 만들었고 좁아진 시야를 넓혀 주었다. 프롤로그에서 작가는 17살이란 어린 나이에 부모가 된 부모와 조로증을 앓는 16살의 늙은 자식의 이야기를 들려준다.

아버지가 묻는다.

다시 태어난다면 무엇이 되고 싶으냐고.

나는 큰 소리로 답한다.

아버지, 나는 아버지가 되고 싶어요.

아버지가 묻는다.

더 나은 것이 많은데, 왜 당신이냐고.

나는 수줍어 조그맣게 말한다.

아버지, 나는 아버지로 태어나 다시 나를 낳은 뒤

아버지의 마음을 알고 싶어요.

아버지가 운다.[14]


## 의미 있는 순간과 의미 없는 영원

소설 『터크 애버래스팅 *Tuck Everlasting*』은 나탈리 배비트 Natalie Babbitt 가 쓴 동화인데 영화로도 만들어졌다. 제목은 '영원히 사는 터크 가족'이란 뜻이다. 시대는 19세기 말, 우연히 신비한 샘물을 마시고 영원히 사는 터크 가족을 만난 15세 소녀 위니 포스터의 이야기다. 위니가 집 근처 숲을 산책하다가 소년을 만났는데, 큰 나무에 기댄 채 쉬다가 땅에서 솟는 샘물을 마시는 제시 터크였다. 위니가 터크를 만나게 되면서 이야기는 시작된다.

터크 가족에게 시간은 존재하지 않는다. 가족 모두 영생하는 샘물을 마셨기 때문이다. 말도 그 물을 마셨으므로 모두에게 죽음이 빗겨간다. 위니가 터크 가족의 비밀을 알게 되면서 고민에 빠진다. 샘물을 마시면 영원히 15세라는 나이로 살게 되지만, 강가의 돌멩이처럼 결코 자라지 않게 된다. 작가는 소설 12장에서 끝없이 산다는 것의 의미를 앵거스 터크 씨의 입을 빌어 설명하는데, 영화에서 터크 씨는 죽고 싶지 않다는 위니에게 이렇게 조언한다.

죽음을 두려워 말고, 미완성의 삶을 두려워해야 해.[15]

'미완성의 삶'을 영어로 표현하면 'unlived life'다. 한 달란트를 땅에 묻은 종의 모습을 우리는 '미완성인 삶'에서 발견한다. 게으른 종이 땅에 묻은 한 달란트가 우리 인생에 대한 비유는 아닐까? 우리들 대다수는 이런 삶을 살면서도 깨닫지 못한다. 헌데 문학이 이걸 깨우쳐 준다. 많은 사람들이 오래 살기를 꿈꾸지만 준비되지 않은 이에게 영원한 생명은 고통일지도 모른다. 문학에서는 그렇게 생각한다. 우리의 삶이 미완성인 채로 끝나지 않도록.

인생의 본질은 성장과 변화다. 성장은 변화를 뜻하고 변화는 불확실한 삶을 선택하는 위험을 수반한다. 위니는 죽음을 받아들이는 선택을 하지만, 터크 가족의 비밀을 눈치채고 샘물을 찾으려고 뒤쫓는 자가 나온다. 샘물의 위치가 알려진다면 사람들이 돼지들처럼 달려들 것이다. 그것도 끔찍하지만 그 후는 더 끔찍할 것이다. 어린애는 영원히 어린애고, 늙은이는 영원히 늙은이일 것이다.

소설 『터크 애버래스팅』과 신앙은 어떻게 연결될 수 있을까? 많은 사람들은 천국에 가길 원하지만 자신의 삶에 천국을 품지는 않는다. 이것이 보여 주는 모순을 문학은 위니의 선택으로 일깨운다. 위니는 변화와 성장을 택했기에 샘물을 마시지 않았다. 즉 죽음을 받아들인다는 뜻이다. 위니는 15세 소녀임에도 의미 있는 순간의 삶과 의미 없는 영원한 삶의 차이를 깨달았다. 『터크 애버래스팅』이란 소설이 없었다면 우리는 결코 두 삶이 주는 의미의 차이를 깨닫지 못했을 것이다.

인간의 위선과 삶의 모순은 천국에 가는 것만이 목표가 될 때 일어난다. 마태복음 7장과 25장이 보여 주듯 예수님도 이를 간파하셨다. 우리의 목표는 천국에 가는 게 아니라 천국이 내 삶으로 들어오게 하는 것이다. 이것을 놓치면 자기기만에 빠지게 된다. 사람은 가도 사랑은 누군가의 가슴에 남아 뿌리를 내린다. 그렇게 살려면 어떻게 해야 할까? 이 책을 읽는 내내 우리가 생각하고 해결해야 할 질문이다.

# 한 폭의 그림으로 인생을 보는 눈

소설을 읽다 보면 문장에 매혹되는 순간이 있다.

- 서른하나. 늙지도 않은. 젊지도 않은. 하지만 살아도 죽어도 이상할 것 없는 나이.[16]
- 남자들이 왜 기를 쓰고 성공하려고 하는지 알아? 몰라요. 거절당하지 않기 위해서야.[17]
- 바다는, 크레파스보다 진한, 푸르고 육중한 비늘을 무겁게 뒤채면서, 숨을 쉰다.[18]

이런 문장에 반해 작가가 남긴 깊고 단단한 문장을 따라가다 보면 '작가는 어떻게 삶의 혼돈 속에서 빛나는 순간을 붙잡았을까' 하고 궁금해진다. 작가가 남긴 문장은 그가 무엇을 꿈꾸고 살았는지를 보여 준다. 매 시대마다 '어떻게 살아야 하는가'는 깨어 있는 자의 고민이었다. 이런 질문에 대해 공동체가 답을 내면 시대정신이라 부르고, 개인이 답을 내면 세계관이라 부른다. 작가는 자신만의 답을 문장으로 보여 준다.

이 시대 가장 격렬한 전쟁터 중 하나는 개인의 내면일 것이다. 머리에서 가슴까지 30센티미터도 안 되지만 어떤 이는 일생을 써도 가슴에 이르지 못한다. 땅에 속한 삶을 살기 때문이다. 반면 하늘에 속한 삶을 살면 생각이 젊어진다. 모세나 갈렙에게서 보듯 젊음은 나이가 아니다. 나이가 들어도 하나님 나라를 꿈꾸며 산다면 그는 여전히 청년일 것이다. 백 년 전에 살다간 미국의 연방대법관 올리버 홈스$^{Oliver\ Holmes}$가 이런 말을 한 적 있다.

삶이란 총합을 계산하는 것이 아니라 한 폭의 그림을 그리는 것이다.[19]

홈스의 지적은 지금도 적절하다. 삶을 한 폭의 그림으로 그려내는 것을 기독교식으로 바꾸면 하나님 나라일 것이다. 우리는 그리스도를 위해 살고 그리스도를 위해 죽기 때문에 삶의 시작과 끝을 정리해 주는 표현이라 할 수 있다. 즉 하나님의 사람은 살아남는 것이 생의 목표가 되어선 안 되며, 주일 하루 밀린 숙제하듯 바쁘게 뛰어다녀서도 안 된다. 확신을 갖고 살아야 하는데, 그러려면 자신이 하나님의 영원한 계획의 일부라는 사실이 믿어져야 한다.

우리의 싸움은 머리의 싸움이 아니라 관점의 싸움이다. 또 지식의 싸움이 아니라 용기의 싸움이다. 내가 믿고 확신하는 것을 위해 용기를 내는 것, 다윗이 골리앗과 싸워 이긴 비결이 이것이다. 보편적인 시각에서 골리앗과의 싸움은 이미 승부가 결정된 것이었다. 헌데 기울어진 싸움을 다윗이 뒤집었다. 다윗은 싸움을 해석하는 관점이 달랐던 것이다. 마찬가지로 역사의 흐름은 언제나 새로운 해석을 가진 사람을 통해 바뀌기 시작하는데, 인텔의 CEO였던 앤디 그로브Andy Grove는 이렇게 고백한다.

역경은 당신에게 생각할 수 없는 것을 생각하게 할 용기를 준다.[20]

많은 사람들이 상처와 실패에 잔뜩 움츠린 채 살아간다. 그때 누군가가 "지금 시작해도 늦지 않아"라고 말해 줬더라면 얼마나 좋았을까? 많은 이들은 실현 가능한 삶을 꿈꾸지만 어떤 이들은 세상을 자신에게 맞추려고 애쓴다. 불가능한 꿈이지만 그것은 모세와 다니엘 혹은 고흐와 루소가 가졌던 꿈이기도 하다. 이들은 세상의 기준에 자신을 맞추지 않았다. 오히려 세상을 자신에게 맞추려고 했다. 세상을 일깨우기 위해서는 힘들어도 상식선에서 꿈을 꾸면 안 된다.

## 섬세함

변화는 자신도 모를 만큼 서서히 진행되지만 시간이 지나고 보면 분명한 족적을 남긴다. 이런 변화를 이끌어 내려면 섬세해야 하는데, 섬세함은 문학을 읽는 사람만이 손에 넣을 수 있다. 그리고 이것은 생애 전반에 영향을 미친다. 무엇보다 하나님의 사람이라면 첫 걸음을 잘 떼야 하고, 섬세한 그 한 걸음을 '어떻게' 시작하느냐에 따라 엄청난 격차를 만들어 내기 마련이다. 「늙은 꽃」이라는 시가 이것을 잘 보여 준다.

아름다움이 무엇인가를 아는 종족의 자존심으로
꽃은 어떤 색으로 피든
필 때 다 써 버린다[21]


　시인은 이 땅에 늙은 꽃이 없다고 선언한다. 꽃은 짧은 한철을 위해 온 생을 다 쏟는다. 꽃의 생애는 순간이지만 꽃은 자신에게 허락된 색을 다 써 버린다. 이런 꽃의 마음을 우리도 갖게 된다면 어떤 일이 생길까? 아마도 대충 사는 일은 없을 것이다. 꽃도 최선을 다해 사는데 우리는 어떤가? 다수는 사는 대로 생각하고 성경도 자신의 필요에 따라 읽는다. 열에 아홉은 이런 삶을 산다.
　시인의 눈을 가지면 타고난 외모만 아름다운 게 아니란 걸, 세월도 우리를 아름답게 만들 수 있다는 걸 알게 된다. 고장 난 가전제품을 고치는 기사가 있었다. 기사는 가전제품을 고쳤지만 어려움을 당한 이들의 삶도 고치곤 했다. 소문이 나서 삶에 어려움을 겪는 사람들은 고장을 핑계로 그 기사를 보내달라고 요청하곤 했다. 이 이야기는 실화로 79세로 별세한 직원의 일생을 그가 일했던 회사 사장이 직접 부고란에 쓴 것이다.[22]
　수리 기사 이야기에서 보듯 세상을 바꾸는 사람들에겐 뭔가 다른 것이 있다. 존 웨슬리John Wesley는 그의 말년에 월 소득이 1,000파운드였다고 한다. 허나 그는 생활비 기준을 첫 사례비였던 30파운드로 잡았다.[23] 소득이 33배나 늘어나도 초심을 바꾸지 않은 것이다. 이런 겸손은 그가 성공을 바라보는 시각이 남들과 달랐음을 보여 준다. 하나님이 웨슬리 목사를 쓰신 이유는 여럿이지만 겸손한 삶도 분명히 한몫했을 것이다.

인생을 낭비하는 사람들은 대부분 잘못된 인생관을 갖고 있다. 영원한 것에 투자해야 하지만, 결과가 뻔히 보이는 것에만 관심을 갖는다. 하지만 웨슬리는 달랐다. 그는 신앙의 초심을 잃지 않기 위해 모든 교리를 세 단어-회개, 믿음, 거룩함-로 요약한 사실에서도 나타난다.[24] 웨슬리는 회개를 신앙생활의 기본으로 여겼다. 또 믿음은 신앙생활의 기둥이며, 거룩함은 신앙생활 그 자체라고 여겼다.

한국 교회가 하나님 나라를 교회 성장으로 대신하고, 헌신의 범위를 지역 교회를 중심으로 한 사역에 한정하고, 구원에 필요한 믿음을 하나님과 나 사이에서만 벌어지는 개인적인 일로 축소시킨 것은 아쉽다. 하나님 나라와 제자도를 이해하지 못한다면 천국행 티켓을 얻는 일과 봉사를 신앙생활의 전부로 생각할 수 있기 때문이다. 성경을 읽는 백성이라면 생각하는 것이 근본적으로 달라야 한다.

## 작지만 큰 차이

두 문장의 차이를 생각해 보자.

a. 버려진 섬마다 꽃이 피었다.
b. 버려진 섬마다 꽃은 피었다.

김훈 작가는 『칼의 노래』의 첫 문장을 "버려진 섬마다 꽃이 피었다"라고 쓸지, "버려진 섬마다 꽃은 피었다"라고 쓸지 몇 달을 두고 고민했다고 한다—작가는 a 문장을 선택했다—. 우리가 보기엔 차이가 없는 것 같지만, 미세한 차이가 있다. 문장 a는 자연적 사실을 말한 것이고, 문장 b는 감정적 판단을 말한 것이다. 우리가 이 차이를 안다면 성경을 보다 정확하게 읽을 수 있을 것이다. 다음 문장을 통해 작가의 생각과 감정을 읽는 연습을 해 보자.

우리는 불안 때문에 삶을 규칙적으로 만든다. 면밀하게 계획을 세우고 그 계획에 삶을 맞춘다. 우리는 삶을 반복적이고 규칙적으로 움직이게 해서 가장 효율적인 시스템이 우리의 삶을 지배하게 만든다. 습관과 규칙의 힘으로 살아가는 삶 말이다. 하지만 효율적인 삶이라니 그런 삶이 세상에 있을까. 혹시 효율적인 삶이라는 건 늘 똑같이 살고 있기 때문에 죽기 전에 기억할 만한 멋진 날이 몇 개 되지 않는 삶을 말하는 것은 아닐까.[25]

김언수가 소설 『캐비닛』에서 한 질문이다. 작가는 규칙적인 삶이 감추고 있는 이면을 들여다본다. 쉬지 않을수록, 쉴 줄 모를수록 열심히 일한다거나 성실하다는 얘기를 들을 것이다. 다들 아파도 실적을 채우기 위해 참고 일한다. 어쩌면 그 와중에 재테크를 하고 청약적금을 붓고 국민연금을 납부해 가며 살고 있을 것이다. 우리는 열심히 살지만 자신의 삶에 대해 아는 게 없고, 주변의 삶도 아는 게 없다. 심지어 우리는 용서를 알까?

용서를 하는 것과 용서를 하지 않는 것. 둘 다 소중한 한 가지씩을 포기해야만 하는 일이었다. 용서를 하기 위해서는 과거를 포기해야만 하고, 용서를 하지 않기 위해서는 현재를 포기해야만 한다. 그리고 이 두 개의 미래는 아무도 알 수 없다.[26]

작가 이지민은 『모던 보이』에서 용서가 얼마나 힘든 선택인가를 보여 준다. 안도현은 「연탄 한 장」이라는 시에서 "삶이란 나 아닌 그 누구에게 기꺼이 연탄 한 장 되는 것"[27]이라고 하지만 현실에선 아득하다. 다들 용서를 말하지만 쉽지 않다. '용서'라는 하나님의 가치는 증오와 분노로 인해 거의 잊혀져가고 있다. 이를 회복하기 위해서 문학은 내 안에 타인을 위한 공간을 만들라고 조언하고 있다.

작가는 자신은 똑바로 걷는다고 생각하지만 실제론 비틀거리며 걷는 것이 인생임을 허구의 인물을 통해 보여 준다. 즉 작가는 독자에게 참된 삶을 선택할 용기를 주기 위해서, 아무리 힘들어도 결코 그런 삶을 포기하지 않도록 하기 위해서 바로 그 희망과 의미를 문장에 꾹꾹 눌러 담아 독자에게 먹인다. 이타적인 삶을 목적으로 글을 쓰는 작가는 없지만 의미 있는 인생은 나 혼자선 가꿀 수 없다는 걸 보여 준다.


## 생의 북쪽 ～～～～～

교회를 오래 다니다 보면 가끔 진리를 안다는 것에 스스로 안도할 때가 있다. 시야가 좁아지면 생각은 굳어지기 쉽다. 생각은 전구와 같아서 켜지기도 하지만 꺼지기도 한다. 그래서 문학이 굳어가는 우리를 흔들어 깨운다. 생각은 풀잎처럼 휘어질 수 있어야 하고, 부드러운 사고를 배우지 못하면 우리의 신앙도 경직되기 쉽다. 엘리야가 낙담했을 때를 생각해 보라. 하나님은 그를 책망하지 않았다. 엘리야가 지쳐 있음을 알았기 때문이다열왕기상 19:1-8.

우리는 날마다 사람답게 살려고 애쓴다. 때론 눈물짓고 아파한다. 그리고 그런 흔적 앞에서 우리는 삶이라는 풍경을 목격하게 된다. 사마리아 여인, 과부의 두 렙돈과 문학 속 인물들은 서로 닮아 있다. 문학을 읽을 때 허구의 세계와 현실 세계가 내 안에서 연결되고, 문학은 인간이라는 광활한 현실로 들어가는 문이기에 삶이 힘들고 답답할 때마다 가슴을 열어 삶에 지친 독자들을 품는다. 수고하고 무거운 짐진 자를 품으시는 주님처럼.

예수 그리스도를 만나면 몸도 마음도 회복되고, 세포 하나하나마다 깨어나는 기쁨에 하루를 사는 기쁨이 샘솟는다. 그런 기쁨을 우리는 '구원'이라는 단어로 표현한다. 기독교는 곧 그리스도와의 관계인데, 문학은 이런 구원의 기쁨을 문장에 담아서 전달한다. 내가 좋은 글을 읽고 생각의 자극을 받아 누군가의 마음을 어루만지면 이 세계는 변할 것이다. 이 과정을 이면우의 시를 통해서도 엿볼 수 있다. 시인은 아픔을 '북쪽'이라고 부른다.

> 누구라도 자기 안에 북쪽을 지니고 간다. 좀 더디지만 북쪽에 쌓인 눈도 때 되면 녹고 꽃은 한꺼번에 붉고 푸른 빛을 몰아 터뜨리기도 했다.[28]

저마다의 삶에는 북쪽이 있다. 눈이 쌓이고 얼어붙은 북쪽을 다른 이름으로 부를 수 있을 것이다. 그림자, 트라우마, 상처, 취약함, 연약함, 수치와 분노, 실패와 좌절, 감춰진 나, 뭐 하나 되는 것 없는 인생, 혹은 분노와 절망과 우울 같은 다양한 감정 등으로 말이다. 이것을 아는 것만으로도 반은 성공한 셈이다. 녹지 않을 것 같던 북쪽의 눈도 봄이 되면 녹듯 그것이 세상의 이치고 삶이 주는 반전이다.

## 고흐는 왜 팔리는 그림을 그리지 않았을까?

화가 빈센트 반 고흐Vincent van Gogh의 인생을 읽어 보자. 고흐는 네덜란드에서 대대로 목회자를 배출한 집안에서 태어났다. 그는 정신 질환을 앓게 되면서부터 그림을 그렸지만, 그 이전엔 문학과 신학에 심취해 있었다. 선교에도 큰 관심을 가졌는데, 그 자신도 평신도 전도사로서 벨기에의 가난한 광부들을 섬기기도 했다. 고흐는 가난한 이들이 겪는 비참함을 누구보다 잘 알았다.[29] 기독교 작가인 켄 가이어Ken Gire는 당시 고흐의 삶을 이렇게 설명한다.

빈센트는 광부들 속에서 그들과 똑같이 가난하게 살았다. 그들과 함께 있고자 탄광에 들어갔고, 그들이 마시는 까만 흙먼지를 함께 들이마셨다. 병자들을 찾아가 상처를 싸매 주고 그들과 함께 기도했다. 주일이면 그들에게 말씀을 전했다. 그들의 칠흑 같은 삶 속에 작은 빛, 작은 희망, 작은 격려라도 부어 주려고 최선을 다했다.[30]

이런 삶은 그림에 그대로 투영되었다. 고흐는 죽기 전 10년 동안―27세부터 37세까지―만 그림을 그렸다.[31] 특히 강렬한 색채의 인상파 그림을 주로 그렸는데, 정신 장애-측두엽 기능 장애로 추정-로 큰 고통을 겪으면서도 붓을 놓지 않았다. 누구에게 그림을 배운 적 없지만 고흐는 분명 다르게 그렸다. 하지만 사실주의가 득세하던 시대의 흐름에 맞지 않아서 그림을 팔지 못했다. 그런데도 고흐는 자신의 생각을 바꾸지 않았다. 우리는 이렇게 물을 수 있다.

"고흐는 왜 팔리는 그림을 그리지 않았을까?"

이 질문에 대한 첫 걸음을 「감자 먹는 사람들」로 시작해 보자. 이 그림은 매우 어둡다. 고흐는 늦은 저녁 작은 불빛에 의지해 저녁을 먹는 농부들의 모습, 감자와 차 한 잔이 전부인 초라한 저녁 풍경을 담았다. 그는 일용할 양식에 감사하는 가난한 이들의 삶을 사랑했다. 이 그림은 그가 본격적으로 그린 첫 번째 작품이라고 한다. 이 그림엔 습작이 많은데, 그만큼 애착이 컸음을 알 수 있다.

고흐의 그림을 고야<sup>Francisco Goya</sup>의 것과 나란히 놓고 보면 그 차이가 더 분명해진다. 고야는 18세기 스페인의 궁정화였는데, 일평생 부족함 없이 살았지만 후원자가 원하는 그림만 그려야 했다. 반면 고흐는 가난했지만 자신이 그리고 싶은 것을 마음껏 그렸다. 그는 가난해도 열심히 사는 사람들을 그렸는데, 그 대표적인 작품이 「감자 먹는 사람들」이다. 그의 작품 중 「자화상」「해바라기」「별이 빛나는 밤」 등이 유명하긴 하지만, 그 자신은 「감자 먹는 사람들」을 가장 사랑했다.

고흐가 가난한 이들의 삶에 주목한 이유는 무엇일까? 그는 정직한 삶과 안락한 삶이 양립할 수 없음을 알았던 것 아닐까? 고흐가 노동자들의 생활에 끌린 것은 당연한데, 비록 가난하게 살았지만 정직하게 살기 위해 애썼고 자기표현의 방식을 발견시키려고 노력했다.[32] 그래서인지 그의 그림은 동시대 화가들인 마네, 세잔, 고갱, 르누아르보다 시대가 다른 렘브란트나 밀레와 더 가깝게 느껴진다.

고흐는 정직한 삶을 고민했다. 즉 예수를 믿는다고 말하면서 삶이 비틀거린다면 고민해야 하고, 성경적 가치관이 나의 인생을 휘어잡지 못한다면 진지한 자성이 필요하다. 하지만 고민은 절실한 문제로 받아들여지지 않는다. 바쁘기도 하고 생각하는 힘을 키우지 못했기 때문이기도 하다. 부르심은 결코 아브라함만 받은 것이 아니라 그의 후손인 우리도 받았다. 아브라함이 걸어간 길을 걷고 싶다면 수필가 몽테뉴Michel de Montaigne의 말을 기억하자.

목적지가 없는 배에겐 어떤 바람도 순풍이 아니다.[33]

### 연어의 삶을 사는 이들

120여 년 전, 당시 파리에는 유독 일요일에만 그림을 그리는 화가가 있었다. 그는 매우 천진난만한 그림과 신비스럽고 이국적인 그림을 주로 그렸다. 또 입체파나 야수파 같은 어떤 유파도 따르지 않으면서 그저 자신이 생각하는 그림—도발적인 화면, 강력한 색채, 낯선 소재, 이차원적인 공간 구성—만을 그렸다. 전문 미술교육을 받지 못한 탓에 그림이 서툴렀는데, 그래선지 그의 그림은 거의 팔리지 않았다.

그의 삶도 평탄하지 않았다. 가난한 배관공의 아들로 태어나 궁

핍한 나머지 남의 돈에 손을 대기도 했다. 군 입대도 절도죄로 감옥에 가지 않기 위한 선택이었다. 군 시절 그는 인생을 나답게 사는 법이 무엇인지 고민했고 답을 그림에서 찾았다. 제대 후 25년간 세관원으로 근무하면서도 화가의 꿈을 포기하지 않았다. 그는 49세에 화가의 꿈에 도전했다. 갈렙을 닮은 그의 이름은 앙리 루소Henri Rousseau다.

루소의 그림 「잠자는 집시」를 한 번쯤 보았을 것이다. 사막에 집시가 누워 자는데 엉뚱하게도 사자가 뒤에 떡 버티고 서 있는, 촌스럽지만 신비로운 그림이다. 루소의 그림은 원근법이나 비례를 무시한 데다 채색도 서툴고 현실감마저 떨어졌다. 평론가들은 유치하다고 말했지만 루소는 그림에 대한 선입관이 없었기에 오히려 실험적인 그림을 그릴 수 있었다. 그는 주변에서 많은 무시를 받았지만 그림을 포기하지는 않았다. 그림은 목표가 아니라 꿈이었기 때문이다. 소로우Henry David Thoreau의 말처럼,

꿈은 우리가 누구인지를 보여 주는 시금석이다.[34]

예수 그리스도를 주님으로 고백하는 신앙인으로 살려면 소신이 있어야 한다. 그리고 소신대로 살려면 자신이 믿는 바에 대한 확신이 필요하다. 링컨이 이것을 잘 보여 주었다. 그는 52세에 대통령이 되었으나, 22세에 시작한 첫 사업 실패를 시작으로 다섯 번의 선거와 두 번의 입후보에서 모두 좌절을 겪었다. 그런데도 링컨은 꿈을 포기하지 않았다. 자신의 선택에 후회가 없었기 때문이다. 이런 삶은 링컨으로 끝나지 않는다.

넬슨 만델라$^{Nelson\ Mandela}$는 73세 때 석방되었다. 수감 후 27년 만이었다. 뭔가 시작하기엔 늦은 나이지만 만델라는 남아공에 새 역사를 만들어냈다. 화가 클로드 모네$^{Claude\ Monet}$가 연작 「수련」을 그리기 시작한 것이 76세 때다. 그가 수련을 250여점이나 그린 것은 빛에 대한 갈망이 어느 정도였는지를 잘 보여 준다. 사실주의가 득세하던 시절에 모네는 외면의 재현보다 내면의 표현에 주목했다. 젊은 시절에는 가난 때문에 자살을 시도한 적도 있었지만 끝까지 자신의 꿈을 놓지 않았다.

사업 실패와 연이은 선거 패배로 마음고생할 때 링컨을 일으켜 세워 준 것은 무엇일까? 27년의 수감 후 73세에 출옥했을 때 만델라를 다시 세워 준 것은 무엇일까? 안정된 직장을 포기하고 늦깎이 화가가 된 앙리 루소가 끝까지 포기하지 않고 붙든 것은 무엇일까? 사실주의가 득세할 때 정반대의 길을 택한 모네의 배짱은 어디서 오는 것일까? 고흐는 왜 팔리는 그림을 그리지 않았을까? 그들은 모두 자신의 일을 사랑했고, 자신이 하는 일에 확신이 있었다. 즉 그들은 확률이 아니라 확신을 선택했다.

링컨은 정치가이고 모네는 화가다. 그들은 진리라고 확신하는 신념을 따라 살았다. 지금도 그들처럼 될 수 있는 아이들이 태어나지만 점점 보기 힘들어졌다. 다수가 안정된 삶을 선택하기 때문이다. 우리 사회는 우리의 선택을 따라가는데, 교회도 마찬가지다. 하나님 나라를 위해 산다는 것은 불확실한 삶을 사는 것이 아닐까? 남들이 재테크를 하고 자녀 교육에 올인 할 때 선교와 구제를 위해 적금을 깬다고 하면 이것은 상식에 어긋나는 삶이다.

## 탁월한 화가가 되려면 ～～～～～

다들 노후는 챙겨도 삶의 무늬는 신경 쓰지 않는다. 교회는 나가지만 생업에 바빠서 신앙인다운 삶을 살려고 노력하지 않는다. 어쩌면 그런 삶을 살려는 노력을 중단했다고 볼 수 있고, 엄밀하게 말하면 예수님의 제자로 사는 것을 포기한 것이다. 이것은 한 순간의 판단 오류가 아니다. 오랜 시간 서서히 몸에 밴 잘못된 삶의 기술이 가져다 준 결과다. 그래서 사고와 판단의 모든 영역에서 자기 점검을 하도록 미숙한 우리를 도울 수 있는 문학이 필요하다.

삶에는 분명 존재하지만 어떤 이론이나 공식으로 설명할 수 없는 진실이 있다. 그걸 찾는 게 중요하지만 생계가 우선이다. 그러다 보니 행복은 무엇인가에 대한 생각을 나누기도 쉽지 않다. 되려 쓸데없는 소리라며 핀잔이 돌아오기 때문이다. 요즘의 기독교가 경직된 것처럼 느껴지는 데에는 이런 질문이 갖는 의미를 놓치기 때문 아닐까? 다들 남보다 더 잘하려고 경쟁하지만 그보다 중요한 것은 지금의 나보다 잘하려고 노력하는 것이리라.

암벽등반가 토드 스키너Todd Skinner는 산에 오를 때마다 멀리서 찍은 산 사진을 챙겨간다. 방향을 잃을 때마다 사진을 보면서 길을 찾을 수 있기 때문이다.[35] 신념이란 스키너가 찍은 산 사진과 같다. 사업이든 신앙이든 좌표를 정하지 않으면 표류할 수밖에 없다. 스키너는 한 발씩 내디딜 때마다 얼마나 '높이' 올랐는지가 아닌 '어디'를 향해 가고 있는지를 자신에게 물었다. 우리의 신앙생활도 마찬가지다. 우리에겐 삶을 큰 그림으로 그려내는 안목이 필요하다.

우리는 그림을 재능이라고 생각하지만, 논리를 바탕으로 한 치밀한 연구와 실험이라고 생각한 사람이 있었다. 그는 20세기를 대표하는 화가임에도 필생의 역작을 꿈꾸었기에 자신의 그림마다 번호를 매기고 날짜를 적었다.[36] 자신의 그림이 어떻게 진보하는지 관찰하기 위해서다. 그는 뛰어난 화가이자 생각하는 관찰자였는데, 20세기 최고의 거장이라 불리는 피카소다. 당대 최고의 화가도 자신을 관찰했다. 최고가 되기 위해서다. 이 과정을 김은주 작가는 이렇게 설명한다.

관객은 속일 수 있어도 자신은 속일 수 없다. 언제나 만족시키기 가장 어려운 관객은 바로 자신이며 마지막 관객을 만족시켰을 때에야 비로소 그는 그냥 (화가)에서 탁월한 (화가)가 된다.[37]

오늘 내가 만나는 사람들 가운데 스스로를 미운 오리 새끼로 생각하면서 생을 낭비하는 백조가 있다는 것을 문학은 서사로 보여 준다. 백조로 태어났으나 오리처럼 사는 것은 자신이 생각한 대로 일이 풀리지 않기 때문이기도 하고 인생에는 정해진 답이 없기 때문이기도 하다. 그래서 자신만의 답을 찾지 못한다면 결국 다른 사람이 찾아낸 답의 세계에 머무를 수밖에 없다. 그런 우리에게 문학은 주어진 문제에 대한 자신만의 답을 찾도록 돕는 역할을 한다.

문학은 우리에게 삶의 통찰, 유연한 사고, 도덕적 판단 능력, 공감 능력, 서사화 능력 같은 삶의 기술들을 가르쳐 준다. 또 때로는 우리가 삶의 목적을 평생 묻지 않아도 살 수 있도록 통찰을 주기도 한다. 이런 것들은 문학이 없었다면 배우기 쉽지 않았을 것이다. 혹자는 문학을 쓸모없다고 생각하지만 하나님은 문학을 통해서도 우리에게 진실을 파악하는 법을 가르쳐 주신다. 하나님은 문학을 통해서도 당신의 놀라운 계획을 들려주신다.

## 삶의 목적

하나님이 그리스도인 하나하나를 부르신 것은 그들의 삶을 독특하게 빚으셔서 사회에서 빛과 소금으로 제 역할을 감당하도록 하기 위함이다. 이것을 제대로 하려면 삶의 목적을 분명하게 알아야 하는데, 곧 우리가 가야 할 최종 목적지가 어디인지 아는 것이다. 속도보다 중요한 것이 방향이라고들 하는데, 우리가 가야 할 올바른 방향을 문학이 알려 준다. 헌데 하나님이 우리에게 문학을 주신 이유를 알려면 삶의 도구와 목적을 구분할 수 있어야 한다.

삶의 도구는 사과 속의 씨앗을 보게 하지만, 삶의 목적은 씨앗 속의 사과를 보게 한다. 삶의 도구는 인생의 필수품으로 법, 금융, 경제, 공학 같은 것으로 기계를 만들거나 병을 고치거나 시스템을 구축한다. 여기에 관련된 직업들은 모두 생활을 윤택하게 한다. 삶의 목적과 관련된 것들이 있다. 우리가 어떻게 살아야 하는가를 설명하고 생각을 살찌운다. 시나 음악, 철학, 신학 같은 것이다. 삶의 도구와 삶의 목적이 잘 어우러져야 건강한 시민을 키울 수 있고 건강한 사회가 된다.

작가는 자신이 사는 시대를 읽을 수 있어야 한다. 앞으로 한국 사회는 난민 문제에 대해서도 다루게 될 것이다. 난민 문제를 두고 일부는 불안을 느끼고 그 불안은 더 높은 담을 쌓게 만든다. 나아가 법, 시스템, 제도, 장벽 건설 같은 것으로 나타나기도 한다. 하지만 담을 높이는 대신 생각을 키울 수도 있다. 타인이 내 속에 머물 공간을 만드는 것이 바로 그것이다. 사마리아 여인이나 문둥병자를 품은 예수님처럼 문학은 예수님을 따라 편견과 이기심과 전통이라고 불리는 경계를 넘는 것이다.

흔히 미래는 고민하는 힘에 달려 있다고 하지만 진짜 고민하고 있을까? 아닐 것이다. 대다수는 말만 한다. 고민하는 사람은 드물고, 다수는 내일로 미루어 버리다가 노년이 찾아오면 포기한다. 이유는 간단하다. "진리가 무엇인가"라고 물었던 빌라도처럼 그 고민이 절실하지 않았기 때문이다. 그래서 우리는 날마다 인생이라는 옷감을 짜지만 그것의 무늬를 고민하지 않는다. 그저 짜기만 할 뿐이다.

고민 끝에 얻은 생각에는 힘이 있고 서사를 통해 익힌 유연한 사고가 그리스도인을 깊이 있게 만들지만, 신앙인들에게 고민은 낯선 주제다. 이것을 이해하려면 신학 서적이나 경건 서적만 읽지 말고 문학 작품도 읽어야 한다. 또 성경을 읽을 때에도 교훈만 찾지 말고 이야기가 주는 아름다움을 느끼면서 공감하고 상상하며 읽어야 한다. 즉 신앙 속 인물을 '살아 숨쉬는 존재'로 읽어야 한다. 그래야 우리의 삶에서 성경 속 삶을 체감할 수 있기 때문이다.

문학은 현재 혹은 동시대라고 부르는 것에 대한 이야기다. 이 현재라는 여행지에 수많은 사람들이 살아가는데, 어떤 이는 하늘에 속한 삶을 살고 어떤 이는 땅에 속한 삶을 산다. 문학은 우리에게 무엇이 이런 차이를 만드는지 반문한다. 그러면서도 우리가 곁에 두고도 알지 못했던 사각지대가 무엇인지 알려 준다. 이제 문학은 우리의 삶과 뗄 수 없는 필수품이다. 자신만의 답을 찾길 원한다면 문학은 그 답을 함께 찾아가는 파트너가 될 것이다.

# 불확실함을 견디는 힘

불확실할수록 사람들은 평판과 검증에 더 비중을 둔다. 작은 물건 하나 살 때도 구매 후기를 꼼꼼하게 읽는다. 요즘 교회가 욕을 먹는 이유는 이 부분을 놓쳤기 때문이다. 세월이 하 수상하다 보니 '무엇을 말하는가'보다 '어떻게 듣는가'가 더 중요해졌다. 진리를 말해도 사람들은 메신저를 보면서 그 진정성을 확인한다. 요즘 전도가 쉽지 않은 것은 여기에서 브레이크가 걸리기 때문이다. 이제 아무리 진리를 외쳐도 삶으로 검증되지 않으면 도루묵이다.

문학은 신앙과 현실이 충돌하는 지점을 보여 주는데, 불확실한 시대를 살아갈 때 문학은 우리가 기댈 언덕이 되어 준다. 문학은 불확실함을 견디는 힘을 가르쳐 주는 마법 같은 힘이다. 인간은 대부분 비슷한 문제를 고민한다. 성경 속 인물이 고민한 것이 우리 삶에서 나타나기도 하고, 우리가 고민하는 것이 성경 속 인물에게서 발견되기도 한다. 그들 역시 불확실한 인생길을 걸어가면서 하나님을 알아갔고 자신을 알아갔다.

우리는 내일 일은 몰라도 우리의 인생이 해피엔딩으로 끝난다는 것을 알고 있다. 그럼에도 신앙의 길이 힘들게 느껴지는 것은 하나님 나라라는 목적지는 알지만 그 길에서 만나는 세부 사항에 대해선 모르기 때문이다. 심지어 하나님은 아브라함에게도 가나안이라는 목적지만 알려 주셨다. 가나안에 정착하는 과정에서 겪게 될 불확실함을 견뎌낼 힘이 신앙인데, 이것은 만만한 싸움이 아니었다. 대다수는 사는 대로, 습관대로 판단하고 결정할 뿐이다.

거룩함은 내세가 아닌 지금 여기에서 의미를 갖는 것인데, 요즘에는 그 말이 믿을 수 없을 정도로 허약하게 들린다. 천국의 삶을 지금 이 땅에서 사는 것이 구원이다. 그런데 우리는 그것을 주님과의 교제가 아니라 그분에 대한 지식으로 착각한 것은 아닐까? 참된 삶의 첫걸음은 영접기도 한 번으로 끝나지 않는다. 그래서 변해가고 있는 지금의 사회는 신앙인들에게 예전과는 확연히 다른 기준과 역할과 분별력을 요구하고 있다.

> 거룩함은 홀로 있는 존재에게 나타나지 않는다. 거룩함은 함께 살아가는 다른 사람과의 관계 가운데 드러난다.[38]

우리에게 가장 무서운 상대는 자기 자신이다. 이 상대는 설득하기가 쉽지 않다. 복음은 개인적인 것으로 끝나지 않는다. 반드시 이웃과 사회와 연결된다. 복음은 나를 통해 확장되지만 동시에 나를 통해 확인된다. 삶이 힘들어도 여러분은 인류 역사에서 가장 혜택을 많이 받은 세대다. 이제 휴대폰 하나면 모든 것이 해결된다. 국경도 없다. 허나 혜택이 큰 만큼 치러야 할 대가도 크다. 그것은 불확실함을 견디는 힘이다. 하나님은 그 힘을 키우길 원하신다.

## 가상의 선 ~~~~~~~~

시골 마당에 닭을 풀어놓고 키워도 멀리 가지 않는다. 닭도 자기 나름대로 그어 놓은 선까지만 갔다가 돌아선다. 마하 1 -초속 340미터 -의 속도를 넘기려면 충격파라는 엄청난 항력을 이겨내야 하기에 1947년 이전까지 오랫동안 불가능하다고 여긴 가상의 선이었다. 우리의 마음에도 이런 가상의 선이 있어서 자신이 그어놓은 선만큼만 생각한다. 그런데 문학은 이 가상의 선을 넘는 기쁨을 준다. 이것은 일탈이고 발견이다. 사람들을 매료시키는 영향력은 바로 이 가상의 선을 넘은 자들에게 나타난다.

가상의 선을 넘으려면 자신의 신념에 대한 확신이 있어야 한다. 확신이 없으면 결단코 예측 가능한 삶의 영역 밖으로 발을 내딛지 못하기 때문이다. 확신이 목회자에겐 목회 철학으로 나타나고 기업인에겐 핵심 가치로 나타나는데, 어느 쪽이든 가슴에 열정이 있어야 한다. 사업이든 목회든 그것이 추구하는 본질에 일치할수록 우리는 더 바른 선택을 하게 된다. 옥한흠 목사는 『평신도를 깨운다』에서 교회가 추구해야 할 본질을 이렇게 요약한다.

신앙은 곧 삶이요, 삶은 곧 신앙이라는 것을 증명해 보일 수 있는 제자들을 만들어야 한다. 이것이 교회의 허상을 실상으로 바꾸는 지름길이다.[39]

'내가 선택한 이 길을 끝까지 갈 수 있을까'라고 자문할 때가 있다. 자신이 없기 때문이다. 그럴 땐 신앙의 길을 걸어간 인생 선배들의 삶을 보라. 그들의 삶에는 확신이 있다. 그들은 분명 어느 순간에 주님을 위해 살기로 결단했을 것이다. 그래서 하나님 나라 백성의 특징이 삶에 새겨져 있다. 이런 사람들은 바울처럼 자신의 삶을 따라 배우라고 말한다. 완벽하기 때문이 아니라 본이 되고 싶기 때문이다.

하나님이 쓰신 사람들에겐 공통점이 있는데, 재능은 달랐지만 한 가지는 확실하다. 주님의 약속을 믿었고, 오로지 주님만 의지하며 살았다. 우리는 아브라함의 믿음을 말하지만 정작 우리 자신은 고향을 떠나지 않고 있다. 기득권, 경력 또는 익숙한 환경을 떠나지 못한다. 불확실함이 주는 두려움이 크기 때문에 다들 뭔가를 꿈꾸면서도 실제론 머뭇거린다. 다시 말해 인생을 낭비하는 사람들은 모두 익숙한 것을 떠나지 못하는 사람들이다.

## 좋은 시의 힘

미국의 대표적인 기업 애플과 구글에는 핵심 키워드가 있다. 애플은 혁신, 구글은 최고의 인재다. 회사를 이끌어가는 동력, 즉 1등이라는 주도권을 쥐는 힘을 애플은 아이디어에서 찾고 구글은 인재에서 찾았다. 서로 다른 듯하지만 같은 말이다. 좋은 아이디어는 결국 좋은 인재에게서 나오기 때문이다. 이런 인재들은 서로 관련 없는 것들을 연결해서 혁신적인 답을 찾는다. 씨앗 속에 여름 숲이 숨어 있음을 꿰뚫어 보는 그런 혜안을 가진 것이다.

모세나 요셉이나 다니엘은 애플이나 구글이 원하는 최고 인재의 스펙을 갖고 있다. 한 번도 경험하지 않은 것을 해내는 힘인데,

이것은 불확실함을 견뎌내는 힘이 있을 때 주어진다. 인생은 본래 예측 불가능한 것이기에 두려움으로 인해 주저앉은 사람들도 많다. 실패한 경험이 많을수록 변화를 두려워하기 때문에 두려움을 이기려면 조심스럽게 한 걸음을 내디뎌선 안 된다. 단숨에 도약해야 한다. 도종환의 시 「담쟁이」는 그 도약이 뭔지를 보여 준다.

> 저것은 넘을 수 없는 벽이라고 고개를 떨구고 있을 때
> 담쟁이 잎 하나는 담쟁이 잎 수천 개를 이끌고
> 결국 그 벽을 넘는다[40]

시는 진리를 강력하고 유쾌하게 재배열하는 예술이다. 「담쟁이」는 불확실의 벽을 어떻게 넘을지에 대해 어려운 개념 하나 소개하지 않고도 그것을 보여 준다. 그리고 우리로 하여금 도전하게 만든다. 이것이 시의 매력이다. 이런 도구를 통해 하나님의 진리가 전달된다. 시는 팩트[fact]가 갖는 한계를 넘어서게 하고 불확실함을 견디는 힘을 키워 준다. 이 힘은 도종환의 또 다른 시 「멀리 가는 물」에서도 나타난다.

> 때 묻은 많은 것들과 함께 섞여 흐르지만
> 본래의 제 심성을 다 이지러뜨리지 않으며
> 제 얼굴 제 마음을 잃지 않으며
> 멀리 가는 물이 있지 않은가[41]

혼탁한 강이 깨끗한 물로 바뀐다. 오수와 함께 흘러가지만 자신

의 본질을 잃지 않은 깨끗한 물이 있었기 때문이다. 깨끗한 물은 신앙인의 삶을 보여 주는데, 신앙인이란 자신이 지켜야 할 삶의 가치를 끝까지 놓치지 않는 사람이다. 하나님은 포기하지 않는 정직한 한 사람을 통해 사회 전체를 변화시키는 것뿐만 아니라 한 사람 한 사람을 독특하게 지으셔서 세상에 영향을 끼치게 하셨다는 걸 이 시는 보여 준다.

시인들은 좋은 시를 쓰고 싶어 하지만 쉽지 않다. 박목월은 시작 노트 한 권을 쓴 뒤에 겨우 시 한 편을 건졌다고 한다. 그것도 운이 좋은 것이다. 좋은 시를 쓰는 것은 심마니가 산삼을 만나는 것만큼 힘든 일이다. 그런데 좋은 시를 쓰기는 힘들지만 읽는 것은 아주 쉽다. 이 시를 읽어 보라.

연탄재 함부로 차지 마라/ 너는/ 누구에게 한 번이라도 뜨거운 사람이었느냐[42]

시는 여물지 못한 세상을 닮아가는 우리의 감성을 일깨워 준다. 그리고 어렸을 때 가졌던 그 깨끗한 마음을 잃지 말라고 다독인다. 우리는 이런 시를 거의 잊고 살지만 시도 소명의 일부로서 꽤 쓸모가 있다. 시는 직관의 힘을 키우기도 하고 한 세대를 먹일 아이디어를 잉태할 씨앗이 되기도 한다. 게다가 여름날 마시는 냉수처럼 영혼까지도 시원케 하는 것이 시다. 좋은 시일수록 냉수 같은 시구가 들어 있다. 그래서 좋은 시 한 편은 어려운 시기를 버티는 힘이 된다. 즉 시인은 죽어도 그의 시가 독자의 마음속에 살아남아 개인의 삶을 바꾸고 시대를 바꾸는 고결한 순환을 이어가는 것이다.

## 숨겨진 자아

소설 『침묵』을 읽다 보면 고민하게 된다. '왜 무지한 어부들은 잔인한 고문을 받으면서도 신앙을 지키려고 순교했는데, 선교사로 간 신부들은 배교했을까?' 이 일은 소설 속 사건이자 역사적 실화다.[43] 엔도 슈사쿠遠藤周作가 실화를 바탕으로 썼기 때문이다. 배교가 요즘에 흔히 논의되는 주제가 아니지만, 작가는 배교를 통해 인간 존재의 나약함에 주목하면서 진정한 신앙의 의미에 대해 파헤친다.

소설에서 배교는 일회성 사건으로 묘사되지만 삶에서의 배교는 일생동안 진행되기도 한다. 실제 우리는 배교의 시대를 살고 있다. 간디는 복음서를 읽고 감동을 받았지만 그리스도인이 되기를 거부했다. 그는 영국이 인도에서 철수할 때 교회는 가져가고 대신 예수를 두고 가라고 말했다. 문학은 간디의 발언이나 순교 혹은 하나님의 침묵 같은 주제를 고민하게 함으로써 나 자신도 몰랐던 나의 진짜 실체를 보게 만든다.

엔도 슈사쿠의 소설 속 무대는 17세기의 나가사키다. 1549년에 최초의 선교사들이 일본에 들어왔는데, 그들은 일본이 기독교 국가가 될 것이라는 꿈에 부풀어 있었다. 하지만 1640년 일본은 서구의 영향을 막기 위해 쇄국 정책을 폈다. 이제 모든 선교 행위가 금지되었고 해안가엔 감시 초소가 세워졌다. 일본은 1853년 다시 개국할 때까지 200년간 문을 닫았는데, 1614년 당시 100만

명으로 추정되던 기독교인 수는 박해로 인해 1640년 30만 명 이하로 줄어들었다.[44]

1638년 박해가 시작되기 2년 전, 선교의 이상을 품고 포르투갈 신부 둘이 일본에 잠입했다. 하지만 밀고로 체포당하고, 함께 붙잡힌 성도 중 일부는 혹독한 고문을 받고 배교하게 된다. 그때 예수님의 얼굴이 그려진 성화踏み絵[후미에]를 밟고 지나가게 했는데, 어떤 이는 끝까지 거부했다. 이들의 고통스러운 죽음을 지켜보면서 세바스찬 로드리고Sebastian Rodrigues 신부는 인간으로서 느끼는 고통을 이렇게 토해낸다.

바다는 한없이 슬프게 펼쳐져 있었지만, 그때도 하나님은 바다 위에서 완고하게 침묵하고 있었다.[45]

신부 로드리고는 신앙의 멘토였던 페레이라Cristovao Ferreira 신부의 배교를 속죄하고 싶었다. 그의 배교는 유럽 전체의 패배처럼 생각되었다. 당시 일본은 기독교 박해가 매우 극심할 때여서 로드리고는 순교까지도 각오했다. 하지만 체포되자마자 일본 심문관은 로드리고 대신 세 명의 일본 소작농을 잔인하게 고문했다. 고문하는 심문관 이노우에도 한때 예수를 믿었던 사람이다. 그는 신부에게 고통을 주는 대신 그의 연민과 긍휼을 공격한 것이다.

이노우에는 순교자의 피가 교회의 씨앗이 될 수 있다는 걸 알기에 천천히 고통을 주면서 배교를 유도했다. 그리고는 신부가 배교를 하면 소작농들을 풀어 주겠노라고 유혹했다. 그가 제시한 배교는 쉬웠다. 서툰 솜씨로 그린 예수님의 얼굴이 있는 성화를 밟기만 하면 그만이었다. 하지만 정작 신부를 괴롭힌 것은 고문이나 고통이 아니라 하나님의 침묵이었다. 하나님이라면 자신의 기도에 응답하여 구원해 주실 것이라고 믿었기에 하나님의 침묵에 당황스러웠다.

배교한 신부 페레이라는 이렇게 설득했다.

"자신의 구원보다 농부들의 안녕을 앞세우는 것이 그리스도를 닮는 것이다. 그러니 육체의 순교가 아닌 영혼의 순교를 택하라."

신부 로드리고는 갈등할 수밖에 없었다. 『침묵』은 타인을 구원시키기 위해 나의 구원을 포기하는 것이 가능한지, 신부의 배교는 그리스도를 본받는 행위로 볼 수 있는지에 대해 묻고 있다. 사실 엔도는 나가사키의 한 박물관에서 성화를 보았을 때 이런 생각이 들었다고 한다.

인생에서 실패한 사람들에게 예수는 누구인가? 유혹에 굴복하여 죄책감을 안고 살아가는 이들에게 예수는 누구인가?[46]

이 질문에 대한 엔도의 대답이 소설 『침묵』이다. 이 소설에서 신은 신자들이 극심한 고통 가운데 있는데도 침묵한다. 그 침묵 속에서 어떤 이는 순교하고, 어떤 이는 배교한다. 무엇이 순교와 배교를 가르는 것일까? 작가는 인간의 나약함에 주목하고 산산조각이 난 인생 속에서 하나님의 은혜를 찾는다. 『침묵』을 읽다 보면 김은국의 『순교자』가 떠오르게 된다. 김은국도 로드리고 신부와 같은 고민을 했다.

목사님의 신 그는 자기 백성들이 당하고 있는 이 고난을 알고 있을 까요?[47]

문학은 평소의 나라면 생각해 보지 않았을 것—'나의 배교가 다른 사람의 구원으로 이어질 수 있는가?'—을 통해 어쩌면 평생 모르고 지냈을 내 마음을 알게 해 준다. 엔도의 소설은 흔적, 상처, 아픔 혹은 흉터 같은 이미지들을 보여 주는데,[48] 이것들은 주인공과 독자가 각자의 숨겨진 자아 속으로 들어가는 문이 된다. 그래서 소설은 허구의 인물을 보여 주지만 때로는 나 자신을 보고 베낀 것처럼 느껴지기도 한다. 마치 작가가 나를 알고 쓴 것처럼 말이다.

## 과정과 결과

성경은 다윗이나 다니엘 같은 인물들의 일생을 전부 기록하고 있진 않다. 그들의 일생 중 몇 군데만 선택하여 기록해 놓았다. 여기서는 그것을 삶의 조각이라고 부르지만 문학 용어로 바꾸면 텍스트text가 된다. 즉 그것이 무엇이든 의미를 전달하면 텍스트가 된다. 따지고 보면 소설도 텍스트이지만 마트 영수증도 텍스트가 된다. 다윗이나 다니엘이 가졌던 스펙은 무엇이었을까? 처음 경험하는 것을 해낼 수 있는 힘, 처음 겪어 본 것을 해석할 수 있는 힘이었다.

인생은 복잡하기에 쉬운 답이 없다. 그래서 급한 마음에 우리는 과정보단 결과를 우선적으로 선택하곤 한다. 전쟁하러 나가기 전

사무엘이 예배에 늦자 초조해진 사울 왕이 사무엘 대신 예배를 드린 것이 그 예다. 살다 보면 예상치 않은 순간에 일이 꼬여서 힘들어지는 경우가 있는데, 신실한 사람에게도 이런 일이 일어난다. 모세는 백성들의 원망과 불평을 40년이나 참았는데, 그만 므리바 Meribah에서 일이 터지고 말았다.

므리바의 물 사건이 주는 의미를 생각해 보자. 결과 지향적인 사고를 한다면 모세 같은 사람도 실수를 하게 된다. 모세는 겸손한 사람이었고, 게다가 신실했다. 하나님의 사람으로서 그분이 주신 소명을 완수하기 위해 애썼지만, 책임감이 강했기 때문에 불평하는 백성들을 보며 초조해졌다. 모세도 어느 순간 하나님을 사랑하는 것<sup>과정</sup>보다 가나안에 백성들을 이끌고 가서 안착시키는 것<sup>결과</sup>을 더 우선시했기 때문이다. 이런 일은 오늘날에도 빈번하게 일어난다.

철학 교수였던 달라스 윌라드<sup>Dallas Willard</sup>의 책 『하나님의 모략』 1장을 읽다 보면 하버드 대학을 자퇴한 여학생의 이야기가 나온다. 여학생은 가난했기에 학교에서 청소 일을 하면서 용돈을 벌었다. 그런데 잘 사는 친구가 종종 놀리곤 했고 때로는 성희롱마저 했다. 여학생은 그 남학생과 윤리학 수업을 두 번이나 같이 수강했는데, 그 친구는 매번 'A+'를 받았다. 자퇴하기 전 교수와 가진 면담에서 그 여학생은 이렇게 묻는다.

선한 사람이 되려고 노력하지 않는다면 선을 아는 것이 무슨 의미가 있나요?[49]

여학생은 '지키지도 않을 윤리를 왜 공부하는가'라고 묻고 있다. 우리의 신앙도 언제나 출루율로 확인되곤 한다. 내가 살아서 1루까지 걸어가는 것. 다니엘처럼 내가 가진 성경의 가르침을 삶에 적용시키며 사는 것이 바로 그것이다. 많은 신앙인들은 성경 지식이 부족해서가 아니라 용기가 부족해서 실패한다. 사랑한다는 것은 그 사랑이 보답 받지 못할 위험을 무릅쓰는 것이기에 신념을 지킨다는 것은 절대 쉽지 않다. 이것이 안 되면 불확실함에 끌려다니게 되는 것이다.

잠시 추측해 본다면 하버드 남학생은 수재였다. 졸업 후 좋은 직장을 얻었을 테고 평생 경제적 여유 가운데 삶을 즐기며 살았을 것이다. 어쩌면 주일엔 교회를 나갔을지도 모른다. 때가 되면 장로 같은 직분이나 사회적 명성도 얻었을 것이다. 죽었을 때에도 신문에 부고 기사가 실렸을 수 있다. 여러분은 그런 인생이 부러운가? 타인의 아픔을 대하는 태도를 보면 그 사람의 성품과 진실함을 알 수 있다. 우리는 주님의 성품을 가졌기 때문이다.

교인이 운영하는 회사를 생각해 보자. 그 회사에서는 크든 작든 예배를 드릴 것이다. 하지만 중요한 것은 예배를 얼마나 자주 드리느냐가 아니라 성경적 가치관이 흘러가도록 물꼬를 트는 일이다. 가게에서 일하는 직원들을 귀하게 여기는 것이 진짜 예배일 것이다. 상도商道의 핵심 또한 사람을 귀하게 여기는 것이다. 문학도 이에 대해 동일하게 가르쳐 준다. 문학은 인생이란 집을 세우는 뼈대가 될 관점을 키우는 작업인데, 괴테도 『파우스트』에서 천문박사의 입을 빌어 이렇게 말한다.

선을 원하는 자, 우선 자신이 선해야 하며[50]

하버드를 자퇴한 여학생의 고민을 교회에 적용한다면 기본적으로 예수님의 제자가 될 생각이 없는데 교회에 출석하고 설교를 듣고 성경을 공부하는 것이 무슨 의미가 있는가라는 것이다. 소설은 질문을 만들어내게 함으로써 이런 고민을 해결하는 훈련을 시킨다. 지금 우리에게 있어 신앙의 핵심은 일상을 어떻게 살아내느냐다. 마찬가지로 한국 교회가 가난해진 이유도 성경과 현실을 제대로 연결시키지 못하기 때문이다. 다음은 세네카가 『인생론』에서 한 말이다.

숨이 붙어 있는 한 사는 법을 계속 고민하라.[51]

다니엘의 인생은 올바른 과정이 최고의 결정을 만든다는 것을 보여 준다. 결정은 판단이 아니라 생각이다. 생각은 세계관에서 나오고 세계관은 내 삶에 하나님의 말씀이 쌓이며 깨달아지는 결과물인 것이다. 이것은 문학과 신앙에도 동일하게 적용되는데, 좋은 소설은 어느 페이지를 펼쳐도 문장이 깊고 단단하다. 또한 건강한 그리스도인은 삶의 어느 페이지를 펼쳐도 신실하다. 삶은 자수와 같은데, 자신의 삶이 어떤 무늬를 만드는지 알고 있어야 한다는 의미다. 이것이 우리의 목표다.

## 고민하는 힘 ~~~~~~~~

2016년 인공지능 알파고$^{AlphaGo}$가 이세돌 9단과 바둑을 두어 꺾었을 때 그 충격이 엄청났다. 이제 인공지능의 학습 속도는 엄청나게 빨라졌고, 그 적용 범위도 놀랍다. 앞으로 인공지능은 반도체처럼 한국을 먹여 살리는 역할을 하겠지만, 이것은 신앙의 문제를 설명하는 우화다. 영화에서 매트릭스$^{matrix}$는 가상현실 세계로 인공지능이 인간을 효율적으로 통제하기 위해 만든 가상의 세계를 가리키지만, 문학의 눈으로 보면 세상과 나에 대한 기독교식 비유가 된다.[52]

영화 「매트릭스」에서는 인공지능이 세상을 지배한다. 매트릭스는 진짜보다 더 진짜 같은 가상현실이다. 영화의 배경은 서기 2199년쯤 되지만 가상현실 속 인간은 현재가 1999년이라고 생각하면서 살고 있다. 인공지능은 인간을 인큐베이터에서 가축처럼 배양해서 기계를 돌릴 에너지원으로 쓰고 있었다. 대신 인간의 뇌에 프로그램을 입력하여 가상현실을 진짜 현실로 알고 살게 만들어 놓았다.

영화에서 인간은 출근을 하고 음식도 먹지만 실제로 그것은 뇌에서 받아들인 전기 신호에 불과하다. 매트릭스가 인간에게 전기 자극을 주어 실제 음식 맛을 느끼는 것처럼 조작하는 것이다. 영화에서 인간은 가상현실인 매트릭스를 진짜 현실$^{reality}$로 알고 살아가지만, 극소수는 이를 알아차린다. 이 저항군들은 인공지능과 싸워서 인간들에게 진짜 현실을 보게 할 눈을 열어 주려고 고군분투한다.

저항군의 리더는 모피어스Morpheus이고, 여성 인물로 트리니티 Trinity가 있다. 네오Neo의 가상현실 속 이름은 토머스 앤더슨Thomas Anderson이다. 네오는 그가 해커로 활동할 때 쓰는 아이디였다. 네오는 인류를 구할 절대자The One였다. 저항군 가운데 사이퍼Cypher 라는 인물이 있는데, 그는 진짜 현실을 알았음에도 가상현실로 돌아가겠다고 말한다. 그가 식당에서 매트릭스 관리자 스미스 요원 Agent Smith과 스테이크를 먹으면서 하는 말이다.

> 이게 진짜가 아니란 걸 알아요. 입에 넣으면 매트릭스가 내 두뇌에 맛있다는 신호를 보내 주죠. 내가 9년 만에 뭘 깨달았는지 알아요? '모르는 게 약이다.' 나는 아무것도 기억하고 싶지 않아요. 아무것 도. 대신 부자에다가 유명해지고 싶소. 배우처럼.53

세상의 셈법에 익숙한 사람들은 성경의 진리를 읽어낼 줄 모른다. 그들은 편안하고 안정된 삶이 행복의 조건이라고 생각한다. 하지만 필립 K. 딕Philip K. Dick의 소설—『안드로이드는 전기양의 꿈을 꾸는가?』54—과 영화「매트릭스」는 이런 인식에 의문을 제기한다. 소설 속 이야기는 현실의 본질이 무엇인지 알기 위해 질문을 던진다. 기억할 것은 소설에서의 질문은 독서의 결과로 생기는 능력이 아니라 공부의 과정이다.「매트릭스」는 우리에게 세 가지 질문을 던진다.

• 현실이란 무엇인가?
• 우리는 어떻게 현실을 알 수 있는가?

• 이런 질문이 왜 중요한가?

영화에서 주인공 네오가 빌딩을 건너뛰는 점프에 실패하고 가
상현실 프로그램에서 빠져 나온 후 모피어스에게 물었다.

"매트릭스ㅡ가상현실ㅡ 안에서 죽으면 여기ㅡ현실ㅡ서도 죽는
건가요?"

"정신이 죽으면 몸도 죽어."

이 대답은 "어떤 사람들은 25세 때 이미 죽었는데, 장례식은 75
세에 치른다"라는 벤저민 프랭클린Benjamin Franklin의 말과도 일치
한다. 매트릭스 안에선 죽지 않지만, 매트릭스 밖ㅡ현실ㅡ에서 죽
으면 매트릭스 안ㅡ가상현실ㅡ에서도 죽게 된다.

진짜 죽음이 어디에서 오는지를 알게 되자 네오는 용감해진다.
영화 속 대사처럼 정신이 죽으면 몸도 죽는 법이다. 또 프랭클린
의 말처럼 신념이 죽으면 인생도 끝이다. 우리네 인생은 무엇인
가 중요한 것에 대해 침묵할 때 끝장나는 법이다. 그런 순간을 문
학은 삶의 작은 조각으로 보여 준다. 선악을 알게 하는 나무, 팥죽
한 그릇, 소금 기둥이 그 예다. 아담은 하나님의 말씀을 흘려들었
고, 에서는 장자의 권리를 가볍게 여겼고, 롯의 아내는 천사의 경
고를 잊어 버렸다.

과학이 많은 것들을 가르쳐 주지만 정작 중요한 신앙의 모습은
문학이 보여 준다. 「매트릭스」는 안정된 현실이 어쩌면 가상현실
일 수 있다는 기독교적 메시지를 영상으로 전달한다. 과학이 발
달한 미래 사회가 도래해도 인간은 분명 '왜'라고 물을 것이다. 사
실 하나님은 우리 모두에게 안전장치를 심어 놓으셨다. 그것이 바

로 고민하는 힘, 생각하는 힘이다. 고민하지 않으면, 깨닫지 못하면 진짜 중요한 것이 무엇인지 모르기에 그저 일에 치여 분주하게 살 뿐이다.

## 끝나지 않은 싸움

영화를 보는 관객들은 자신에게 선택의 기회가 주어진다면 저항군에 합류할 것이라고 생각하면서 동료들을 배신하고 다시 매트릭스로 들어가는 사이퍼를 바보라고 여긴다. 하지만 실제로 사이퍼의 선택은 합리적이다. 현실로 들어오는 순간 겪는 첫 번째 고통은 맛없는 음식만 먹어야 하기 때문이다. 그것도 죽지 않기 위해 억지로 먹어야 한다. 가상현실에서 맛보는 환상적인 미식은 현실에선 불가능하다. 오히려 현실 속 삶은 형편없고 불안하고 위험하다.

유럽에서 실시한 한 설문조사에서 75퍼센트의 소비자들은 착한 기업의 제품을 사겠다고 약속했지만 실제로는 3퍼센트만 실행에 옮겼다고 한다[4장 참고]. 빛과 소금, 섬김, 내려놓음, 부르심, 좁은 길 같은 말은 멋진 표현이지만 실제로는 행복과 즐거움을 포기하는 것이다. 성경의 에서, 롯, 구약의 이스라엘 백성들이 이것을 보여 준다. 에서에겐 장자의 권리보다 한 끼 식사가 더 현실적이었다. 과연 우리는 에서와 다를까?

성경은 올라가려면 내려가야 하고 큰 자는 섬기는 자라고 가르치지만 실제로 우리는 사이퍼 같은 선택을 한다. 진리를 위해 산다는 것은 예수님의 제자들처럼 사는 것이다. 하지만 많은 사람들에게 진리가 무엇인지, 현실이 무엇인지는 중요하지 않다. 그저 내가 원하는 삶이 중요하다. 18세기 런던의 영국인들은 자신들이 원하는 삶, 행복의 기준을 세 문구로 표현했다. 대형 마차, 훌륭한 집, 비싼 의복.[55] 우리는 런던 사람들과 얼마나 다른가?

정치를 보면 사람들은 거짓이 드러나도 우기거나 왜곡하여 자신들이 옳다는 주장만 되풀이한다. 설령 자신이 틀린 것을 알아도 쉽게 인정하지 않는다. 공감 능력이 없기 때문이다. 공감은 학교에서 가르칠 수 있는 게 아니라 동화, 시, 소설을 읽으면서 터득되어지는 것이다. 예수님은 아흔아홉 마리 양 대신 길 잃은 한 마리 양을 찾아 다니셨음을 생각해 보라. 신앙은 사회적·도덕적 책임감이 따르는 의식적인 노력을 포함하고 있다.

사이퍼는 데마Demas 같은 사람이다. 데마의 이름은 골로새서 4장 14절과 빌레몬서 1장 24절에 나온다. 그는 바울의 제자이자 동역자였지만 거짓된 세상으로 돌아갔다. 정도의 차이는 있겠지만 사는 게 힘겨워지면 우리 역시 거짓된 삶을 선택하고 싶은 유혹에 흔들린다. 진짜 현실을 보는 눈이 없으면 보이는 것에 이끌리기 쉽다. 부자 청년과 사이퍼 그리고 데마가 걸어간 길을 지금도 따라가는 사람들에게는 한 가지 공통점이 있다. 불확실함을 견디는 힘이 없다.

### 암탉의 소원

황선미의 『마당을 나온 암탉』을 보면 양계장 암탉의 소원이 나온다.

단 한 번만이라도 알을 품을 수 있다면, 그래서 병아리의 탄생을 볼 수 있다면….[56]

암탉 잎싹의 소원은 소박하다. 자신의 알을 품고 알 속 새끼의 심장 소리를 듣는 것, 때론 밤새 자장가를 불러 주는 것이다. 암탉은 자기 삶의 주인으로 살고 싶었다. 하지만 다들 그것은 위험하다고 타박하면서 닭장을 나섰다간 족제비의 사냥감이 되기 십상이라고 경고한다. 동화에서 등장하는 오리가 그런 사람이다. 오리는 먹고 사는 게 힘들면 신앙의 원칙은 대개 깨지기 마련이라고 한다. 어쩌면 오리의 말이 맞을지도 모른다.

젊을 땐 열정으로 버티지만 나이가 차고 힘겨움이 가족까지 이어지면 어쩔 수 없이 담장 안의 삶을 선택하게 된다. 영화 「매트릭스」에서 보듯 세상이 정한 정체성과 존재 이유를 부여받으면 안정감을 얻고 삶은 편해지지만 생계의 덫에 갇힌 듯하여 울컥할 때가 있다. 게다가 이따금씩 눈치 없는 친구들이 열정에 불탔던 예전 이야기를 꺼낼 때면 복장이 터진다. 소신을 포기한 회한 때문이다. 하지만 다수의 성도들에게 중요한 것은 소신이 아니다. 경제적 안정이다.

닭도 청둥오리처럼 하늘을 날 수 있다면 그보다 멋진 일은 없을 것이다. 난다는 건 멋진 일이 아닌가. 그런데 어쩌다가 날지 못하게 됐을까? 담장 밖으로 날아가는 꿈은 가상의 선을 넘는 것이며, 불안정하고 위험하다. 게다가 먹을 것을 날마다 스스로 찾아야 한다. 어쩌면 두 렙돈을 헌금한 가난한 과부 같은 삶일 수 있다. 허나 닭은 마당의 흙만 뒤지고 사는데 청둥오리는 달랐다. 먼

산과 하늘 사이로 사라지는 청둥오리 떼를 보면서 암탉은 간절한 소원을 말한다.

나도 가고 싶다! 저들을 따라서 날아가고 싶다![57]

닭은 날개가 있는데도 왜 하늘을 나는 대신 볏을 가진 족속이라는 소리를 듣는 것에 만족하게 되었을까? 소설 『갈매기의 꿈』은 "높이 나는 새가 멀리 본다"고 외치지만 현실에서의 갈매기들은 배를 채우는 데 만족할 뿐 듣지 않는다. 황금 새장은 아무리 황금일지라도 새장일 뿐인데 말이다. 담장 밖을 나는 것, 새장을 나오는 것, 높이 나는 것은 문학적 은유지만 기독교와 연결시켜 보면 제자의 삶을 살라는 말이 된다.

**잃어버린 꿈** ～～～～～

많은 사람들이 하나님 나라를 꿈꾸지만 선택은 쉽지 않다. 이런 선택엔 용기가 필요하다. 자칫 잘못하면 평생 가난하게 살거나 바보 소리를 듣기 십상이기 때문이다. 후회 없는 선택이 정답이지만 먹고사는 데 바빠지다 보니 사는 대로 생각하기 쉽다. 설령 그 길이 옳다는 것을 알아도 많은 것을 포기해야 된다면 주저하게 된다. 그래서일까? 덴마크의 철학자이자 신학자인 키르케고르[S.ren Kierkegaard]가 들려주는 거위에 대한 우화가 다르게 들린다.

담장이 높은 농가 마당에 거위들이 모여 살고 있었다. 맛있는 옥수수가 늘 널려 있었고 앞마당은 안전해서 거위들은 행복했다. 어느 날 철학자 거위가 그들에게 와서 담장 너머 세계에 대한 이야기를 들려주었다.

"담장 밖엔 아주 멋진 세상이 있습니다. 그곳엔 사막의 황무지와 푸른 골짜기와 나무 우거진 산도 있는데, 우리는 농가 마당에만 갇혀 있지요. 그것은 우리가 눈을 들어 하늘을 바라보지 않고 진흙 웅덩이에 만족했기 때문입니다."

거위들은 멋진 강의에 감동했고, 철학자는 거위도 날개를 갖고 있다는 사실을 지적했다.

"날개가 날기 위한 것이 아니라면 무엇을 위한 것이겠습니까?"

거위들은 철학자 거위의 한마디 한마디에 열중했다. 그들은 몇 달 동안 철학자 거위의 말을 분석하고 감동하면서 보냈다. 그리고 거위들은 마침내 하늘을 나는 것이 갖는 영적 의미에 대한 멋진 논문을 작성했다. 이게 그들이 했던 전부다. 그들은 제일 중요한 한 가지를 하지 않았다. 즉 날지 않은 것이다. 옥수수는 맛있고 앞마당은 안전했기 때문이다.[58]

이 우화는 우리 곁에도 떠돌고 있다. 어떤 이에겐 이 이야기가 진부하지만 다른 이에게는 운명처럼 다가오기도 한다. 문제는 시간이 흐르면서 이 이야기에 대한 감각이 무뎌진다는 것이다. 우리는 하늘을 난다는 것에 대한 감각을 잃어가고 있다. 돼지는 도토리 꿈을 꾸고 거위는 옥수수 꿈을 꾼다.[59] 우리는 무슨 꿈을 꾸고 있을까? 우리는 어리석게도 같은 꿈을 꾸고 있는지 모른다. 이것이 우리가 해결해야 할 과제다.

우화의 마지막 문장이 거위들의 진짜 속마음이다. 어쩌면 이것이 우리의 삶일지도 모른다. 믿음이란 답이 공개될 때까지 불확실함을 견디는 시간이다. 신앙의 선배들은 불확실함을 견디고 믿음의 행보를 걸으라고 격려하지만, 다수는 앞마당에 남는 쪽을 선택했다. 그곳에서는 생계 걱정이 없고 안전하기 때문이다.

'지금의 삶이 최선일까?' 한 번쯤 자신에게 물어야 한다. 누구나 한때는 꿈과 열정이 있었을 텐데 다들 일찍 철이 들었고, 어느 순간 자신도 모르게 꿈과 열정을 잃은 것 아닌가? 지금까지 번번이 실패했더라도 포기하지만 않으면 하나님의 산을 오를 수 있는데, 그 첫 시작은 익숙한 생각들을 뒤집어 보는 것이다.

2장

문학을 읽어야 할 이유

# 세상은 논리만으로 존재하지 않는다

논리만이 세상을 지배하는 게 아니라 비논리 역시 세상을 지배한
다. 기독교의 매력 중 하나는 철저한 불합리성이다. 비논리는 신
의 한 수와 같은데, 비논리의 논리를 통해 문학은 우리가 어떻게
'다르게' 살 수 있는지를 가르쳐 준다. 인간은 매우 불완전한 존재
다. 이것이 약점같이 느껴지지만 사실은 강점이다. 인간이 완전하
다면 물론 논리가 세상을 지배할 것이다. 하지만 세상에 논리만
존재한다면 어떤 세상이 될까? 이것이 과학 소설에서 자주 다루
는 주제이기도 하다.

　프랑스 작가 샤를 단치Charles Dantizg도 삶이 멋진 이유를 비논리
성에서 찾는다. 그는 소설이 비논리성을 가장 잘 재현한다고 말한
다.[60] 소설을 읽지 않으면 삶은 논리적으로 흘러가게 되고, 죽음,
고통, 눈물, 희망이 사라진 세상을 상상하지 않는다. 논리적일수
록 자신에게 유리한 경우의 수를 찾는 데 골몰하기 때문이다. 예
수를 믿는 것은 자기를 부인하는 비논리적인 선택이지만 논리적
인 선택을 하는 사람들도 있다. 하지만 논리를 선택하는 순간 우
리는 아브라함이 되기를 멈추고 다니엘이 되기를 멈추게 된다.

헌데 바쁘게 사는 사람들이 왜 판타지 소설을 읽을까? 바쁜 스케줄과 쉴 틈 없는 업무 가운데 잠시라도 벗어나고 싶기 때문이다. 성인이 되면 논리적인 사고의 사이클을 따라 살아야 한다. 그런데 판타지는 내 자신이 한때는 어린이였다는 사실을 상기시켜 준다.[61] 즉 문학은 잠시만이라도 논리를 초월하는 비논리를 연습시키는 것이다. 같은 맥락에서 기독교 가치관을 지키며 사는 삶은 논리적인 사람이라면 절대로 선택할 수 없다. 세상의 눈으로는 바보 같은 삶이고 질 것이 뻔한 싸움이기 때문이다.

교회도 논리적인 사람은 결코 선택할 수 없는 길을 걸어왔다. 낮은 데로 더 낮은 데로⋯. 교회가 빈자와 약자를 품었기에 사람들은 교회를 찾았고, 쉼과 힘을 얻었다. 그때에 강단에서 선포되는 복음에 대해 다들 귀를 열고 들었다. 그리스도인의 삶을 지켜보면서 복음이 무엇인지 짐작하고 있었기 때문이다. 그때 복음은 메마른 이상향이 아니었으며, 만져지고 경험되는 것이었다. 그리스도를 좇는 깨끗한 인생을 보면서 사람들은 매혹되었다.

논리의 눈으로 보면 하나님 나라는 비현실적이고 세상은 악이 이기는 것처럼 보일 것이다. 하지만 논리만이 세상을 지배하는 게 아니라는 걸 사랑이 보여 주었다. 어디에도 논리적인 사랑을 하는 사람은 없다. 바보 같은 사랑에 빠지고 시를 읽으며 우리는 자연스럽게 비논리의 논리를 깨닫는 것이다. 문학 또한 불확실한 현실 속에서 믿음을 세워가는 훈련을 비논리의 논리로 가르친다. 이것은 지식 습득 못지않게 매우 중요하다.

소설은 허구라는 가상세계를 통해 독자의 고찰 능력을 확대시켜 주는데, 프레임 밖 또는 팩트 바깥을 보는 힘을 키워 준다. 그래서 문학은 통계나 연구 보고서가 담아내지 못하는 것들을 단번에 이해시킨다. 문학은 인간이 경험하지 못한 상황을 제시하고 픽션이란 시뮬레이션을 통해 나의 생각―'나라면 이것을 어떻게 생각하는지'―을 점검해 준다. 이런 간접 경험의 중층적 의미와 비논리성을 이해하지 못한다면 우리 생각의 깊이도 얕아질 수밖에 없다.

### 비논리의 힘

비논리의 힘을 가장 구체적으로 실감한 사람 중에는 무라카미 하루키가 있다. 그는 『노르웨이의 숲』, 『해변의 카프카』 등을 썼다. 그가 40대 중반이던 1995년 3월, 일본 사회를 뒤흔드는 사건이 일어났다. 옴진리교라고 하는 사이비 종교 단체가 도쿄 지하철에 사린 가스Sarin Gas 테러를 벌인 것이다. 이 사건으로 12명이 사망하고 5,510명이 중경상을 입었다. 이 사건에서 큰 충격을 받은 작가는 사건을 취재하기 시작했다.

작가는 범인들이 연구원이나 과학도였다는 사실을 알고 적잖이 놀랐다. 지식인들이 사이비 교주에게 빠진다는 것이 이해가 되지 않았다. 교주 아사하라 쇼코麻原彰晃는 상식을 벗어난 극단적인 종말론을 믿고 있었는데, 엘리트 교육을 받은 이들은 쇼코의 공중 부양 사진 한 장을 보고 그를 믿었던 것이다. 단순히 근력을 이용한 점프였으나 팩트와 검증된 법칙의 세계에서만 살았던 이들에게 공중 부양은 가히 충격이었다. 하루키는 62명의 옴진리교도를 인터뷰 한 뒤에 이런 결론을 내렸다.

픽션을 읽어 본 경험의 부재가 엘리트 과학도를 광신도로 만들었다.[62]

과학 소설에서는 인공지능과 인간이 생존을 건 싸움을 한다. 처음엔 인간이 형편없이 밀리다가도 결국엔 이긴다. 인공지능은 비논리적인 선택을 할 수 없지만 인간은 비논리적인 선택을 하기 때문이다. 평소에 문학을 읽었다면 극단적인 상상력을 신비 혹은 초월로 포장한 조잡하고 단순한 사이비 교리에 빠지지 않았을 것이다. 은유·초월적인 것을 이해하는 비논리의 힘을 모르면 인간은 거짓을 분별할 수 없게 된다.

하루키가 논픽션『언더그라운드』에서 지적하듯이[63] 팩트만 읽으며 살면 평생 '논리'라는 한 사람의 목소리만 듣고 살게 된다. 과학도들은 이럴 수도 있고 저럴 수도 있는 복합적인 메시지를 읽어내는 방법을 몰랐던 것이다. 비논리에는 '나는 안다'라는 착각을 단숨에 깨트리는 힘이 있다. 그래서 진리를 지키려면 논리가 가장 중요하지만 비논리도 이해해야 한다. 유추하는 능력과 역설 그리고 반어로 이루어진 비논리의 세계에 대한 이해는 문학을 모르면 배울 길이 없다.

## 인공지능의 약점

인공지능은 정신적 압박이 없고 고민도 없다. 또 고통이나 두려움이 없기 때문에 연민도 없다. 게다가 입력된 정보에 기반하여 가장 유리한 수만 선택한다. 현실로 다가온 인공지능 킬러 로봇

이 위험한 것도 이 때문이다. 더구나 인공지능이 아무리 뛰어날지라도 예측 가능한 삶의 영역 밖으로 발을 내딛지 못한다. 불확실함을 견디는 힘이 왜 필요한지 모르기 때문이다. 불확실함이 주는 힘을 모르면 우리는 논리적이고 합리적인 선택만을 할 수밖에 없다. 롯이 걸어간 길이 바로 그렇다.

영화 「매트릭스」에서는 아주 소수만이 가상현실의 허상에서 깨어나는데, 인공지능이 이를 알고 추적하기 시작한다. 헌데 모피어스, 트리니티, 네오는 서로를 지키기 위해 죽음을 각오한다.[64] 반대로 사이퍼는 가롯 유다 같은 인물로 그려지고, 스미스 요원은 현실 세계를 파괴하려고 한다. 이런 위기의 순간에 주인공 네오는 불확실함 속으로 스스로를 던져 넣는 매우 비논리적인 선택을 하게 된다. 그런데 그 선택이 논리에 기반을 둔 인공지능을 뒤흔들어서 인간을 위기로부터 벗어나게 만든다.

## 논픽션보다 소설

2017년 작가 나임Moises Naim은 페이스북 CEO 저커버그Mark Zuckerberg에게 "논픽션보다 소설을 읽으라"고 조언했다. IT 업계에 종사하는 사람들 중에는 과학 소설 마니아들이 많다. 대부분 쥘 베른Jules Verne의 『해저 2만리』나 『지구에서 달까지』를 시작으로 『스타메이커』, 『유년기의 끝』 『우주 상인』 「파운데이션 3부작」을 읽으며 SF 소설에 빠진 경우들이다. 이 소설들은 감성과 상상력을 자극했고, 바로 그 상상력이 불확실함을 견디는 힘을 키워 주는 에너지가 되었다.

이런 불확실함을 에스더의 "죽으면 죽으리라"는 말에서 잘 보여 준다. 이 표현은 죽을 수 있다는 팩트를 전제로 하지만 반전이 숨어 있다. 이 표현을 읽는 순간 우리의 눈은 신경 체계를 통해서 메시지가 주는 강력한 느낌을 순식간에 온몸으로 전파한다. 동시에 에스더의 고백이 나의 고백이 된다. "죽으면 죽으리라"는 구절은 현재 상황에 대한 객관적인 기록이면서 에스더의 믿음의 고백이자 나의 믿음의 고백이 되는 것이다.[65]

요즘 영화계에서 마블 캐릭터들의 인기가 높다. 힘은 바벨탑을 지은 인간의 본능인데, 대리 체험을 통해서라도 강력한 힘을 경험하고 싶기 때문이다. 영화 「아바타」를 보면 철제 갑옷으로 무장한 미래의 인간은 골리앗을 닮았다. 하지만 아이로니컬하게도 SF 영화에서 로봇은 인간이 가진 불완전함을 부러워한다. 이런 모순을 서사로 살펴보자. 팩트보다 주관적인 문학 작품이 인간을 더 잘 설명해 준다. 이 둘의 차이를 비교해 보자.

  a. 나는 6학년이다. 나는 소년이다. 나는 오와토나$^{Owatonna}$에 살고 있다. 나에게는 어머니와 아버지가 계시다.
  b. 나는 창문에 낀 서리이며, 젊은 늑대의 울부짖음이며, 가느다란 풀잎입니다.[66]

a는 설명이고 b는 묘사다. a는 정보를 제공하며, b는 주관적이고 정서적인 표현을 제공한다. 즉 b를 통해서 우리는 정보 대신 내면을 엿볼 수 있다. '창문에 낀 서리' '늑대의 울부짖음' '가느다란 풀잎'은 '나'라는 존재에 대한 작가의 묘사이자 해석인 것이다.

야곱이 바로 왕 앞에서 '험악한' 인생을 살았다고 고백하는 장면도 이와 동일하다. 그 표현만으로도 우리는 야곱의 삶을 머릿속에서 그릴 수 있다. 이를 통해 정보가 아니라 묘사가 인간을 더 깊게 설명한다는 것을 알 수 있다.

시어가 주는 정서적 울림을 느끼지 못한다면 우리는 팩트만 가득한 문장을 읽게 된다. 팩트를 분석하여 답을 찾는 것도 중요하지만 감성을 찾는 것도 중요하다. 설령 이 사회가 낡고 진부하더라도 우리의 감성마저 닮아선 안 된다. 독자는 소설에서 사건이 아니라 등장인물의 감정 변화에 주목하는데, 독자는 그 변화를 따라가면서 이 불완전한 세상을 이해하는 힘과 그저 사는 것과 잘 사는 것의 차이를 분별할 줄 아는 힘을 키우게 된다.

롯도 신앙인이고 아브라함도 신앙인이었다. 하지만 우리는 롯의 인생을 두고 잘 산 인생이라고 말하지 않는다. 롯은 하나님을 알았지만 자신에게 가장 유리한 경우의 수―물이 넉넉하고 푸르러서 가축을 키우기에 최적인 장소―를 선택했다. 그런데 선택의 순간, 롯에게 있어서 하나님의 약속은 판단의 기준이 아니었다. 인공지능의 판단처럼 자신에게 가장 유익한 경우의 수를 선택했을 뿐이다. 불확실함을 견디는 힘을 모르기 때문이다.

# '왜?'라는 질문에서 직관적 사고를 키운다

철학자이지만 노벨 문학상을 받은 베르그송<sup>Henri Bergson</sup>은 『형이상학 입문』에서 "전체로서의 의미를 아는 길은 오직 직관하는 길뿐이다"라고 말했다. 시인은 이것을 본능적으로 안다. 굳이 설명하는 경우가 드물고, 대개 직관적으로 뚫고 들어간다. 동일한 힘이 화가에게도 있다. 피카소의 추상화를 보면 화가는 점, 선, 면, 색채의 경계를 허물어 버린 뒤 사물의 본질을 포착해 낸다. 현상은 복잡해도 본질은 단순한 법이다. 다윗이 골리앗의 약점을 단번에 간파한 것처럼 말이다.

아브라함이 하나님의 약속 하나만 붙들고 고향땅을 떠난 것과 조카 롯에게 먼저 목초지를 선택하라고 양보한 것은 합리적이고 이성적인 결정일까? 그렇지 않다. 롯은 매우 현실적인 사람이라 그것을 이해하지 못했다. 자신이 감시 받고 있음을 알면서도 다니엘이 기도한 것과 다윗이 골리앗을 상대로 싸우러 나간 것도 이성을 벗어나는 일이다. 에스더의 "죽으면 죽으리라"는 결단은 논리적인 선택일까? 이 모든 것은 믿음 안에서 직관적 사고를 할 때만 가능한 일이다.

은유는 서로 관련 없는 두 가지를 연결하는 시적 표현 방법이다. 예를 들어, '오래된 미래' '침묵의 소리' '달콤한 슬픔' 같은 표현이 그것이다. 혁신이란 이런 모순된 상황을 반전시켜 해결책을 찾아내는 것이다. 시는 직관적으로 언어를 뚫고 사물의 핵심 속으로 들어가는 채널이기에 직관적 사고나 혁신적 사고를 훈련하려면 시를 읽는 것이 꽤 유효하다.

시를 읽는 훈련이 안 되어 있다면 장황하게 설명하려 들 것이다. 성경을 읽을 때도 모든 것을 다 설명해야 한다고 느낀다. 헌데 단어 하나하나 설명했는데도 이해가 안 될 때가 있는데, 머릿속에서 그림이 그려지지 않기 때문이다. 즉 본질적인 것과 비본질적인 것의 차이를 모를 때 생기는 일이다. 전체를 설명해 주는 한 가지만 찾아내어 그 한 가지를 강조하면 전체 메시지가 더욱 생생하게 그려진다. 모세는 목적지 가나안을 한마디로 압축했다. "젖과 꿀이 흐르는 땅."

예를 들어 '빵만으로 살 수 없다'에서 '빵'을 시에선 제유라고 부른다. 제유提喩란 부분으로 전체를 표현한다는 뜻이다. 시는 다양한 기법을 사용한다. '목마른 대지'는 활유법으로 무생물에 생물적 특성을 부여한 것이다. '돌담에 속삭이는 햇살'은 의인법이고, '빈 수레가 요란하다'는 풍유법이다. 시인은 중의법을 써서 한 단어로 두 가지 의미를 표현하기도 하고, 직유나 은유로 연상의 힘을 보여 준다. 시는 무엇이든 한 가지 이미지를 포착하여 본질을 표현할 수 있다.

요셉과 다니엘의 몸값이 천정부지로 치솟은 데에는 난제를 푸는 힘이 있었기 때문이다. 바꿔 생각해 보면 해석되지 않은 데이터는 무용지물이다. 그런데 문학은 상상력으로 데이터를 읽는 능력을 키워 준다. 모임에서 대화하다 보면 한 번도 말해 보지 않은, 살아 펄떡이는 아이디어나 시어들이 튀어나올 때가 있다. 이것이 문제 해결 능력으로 이어지는데, 시를 읽으면 이런 힘을 키울 수 있다. 자신이 요셉이나 다니엘처럼 사고할 때 어떤 변화가 일어날지 상상해 보라.

## 시 읽는 CEO

기업의 CEO들은 여름마다 읽을거리를 가방 한가득 넣고 휴가를 떠난다. 휴가를 떠난다지만 실은 아이디어를 짜내기 위한 여행이다. 새로운 경영 전략의 밑그림을 짜기 위해서다. 특이한 것은 한국 CEO들은 최신 경영학 서적을 선호하는데 비해 미국 CEO들은 시나 소설도 자주 찾아 읽는다는 점이다. 시나 소설은 바로 문제의 핵심을 꿰뚫을 질문을 찾아 주기 때문이다. 문학에는 인간사에 관한 통찰을 내포하고 있기에 CEO들도 여기에 주목한다.

2001년 7월 24일자 「USA 투데이」에 흥미로운 기사가 실렸다.[67] 미국 1,000개 기업 CEO들의 학부 전공을 조사했는데, CEO 가운데 인문학 전공자가 생각보다 많았고, 반면 경영학 전공자들은 예상과 달리 3분의 1에 불과했다. 기자는 월트 디즈니 CEO인 마이클 아이스너Michael Eisner를 대표적 사례로 소개하고 있다. 아이스너는 영문학과 연극을 복수 전공했고, 세 아들에게도 인문학 공부를 권유했다고 한다.

기사에 소개된 인물 중 휴렛팩커드의 CEO인 칼리 피오리나

Carly Fiorina에게 관심이 갔다. 그녀는 스탠포드 대학의 76학번으로 중세사와 철학을 전공했다. 그녀가 CEO로 발탁된 이유는, 중세에서 르네상스로 넘어가는 이행 과정을 학부에서 공부했는데 회사는 그녀의 차별화된 경력과 전공을 종합해 볼 때 디지털 시대의 도래를 인도할 적임자라고 판단했다. 그녀라면 적어도 회사가 당면한 고민과 관련하여 답을 제시할 질문을 찾아 주리라 본 것이다.

결과적으로 보면 피오리나는 실패했다. 그녀가 선택한 복안이 연속적으로 어긋나서 회사를 위기로 몰아넣었기 때문이다. 하지만 그녀를 선택한 회사의 안목에 제대로 된 인문학적 사고가 결합되었다면 스티브 잡스Steve Jobs에게서 보듯 회사가 한층 더 도약을 했을 것이다. 이런 점에서 스티브 잡스가 위기 때마다 조언을 구하기도 했고 가장 존경했던 인텔 CEO 앤디 그로브Andy Grove는 귀감이 된다. 그로브는 두 가지 원칙을 늘 고수했다.

원칙 a. 새로운 문제에 부딪히면 이전에 알고 있던 모든 것을 잊어 버려라.
원칙 b. 져야 하는 논쟁에서 이기지 말라.[68]

원칙은 가이드라인 같은 것인데, 핵심가치 혹은 한 줄 문장으로 바꿔 말할 수 있다. 원칙 a는 성공이 가져오는 위험을 보여 준다. 한 번 성공하면 그것을 이후 모든 일에 적용시킬 가능성이 높다. 대박을 친 경험이 클수록 목소리가 커지게 되는데, 이는 원칙 b로 직결된다. 리더의 목소리가 커지면 커질수록 진짜 중요한 아이디어들이 사장되어 버린다. 리더는 질 줄도 알아야 한다. 이 두 가지 원칙을 조합하면 이런 개념이 탄생한다.

아는 체 하지 말고 물어라.

원칙 a와 원칙 b는 아무런 관계가 없지만 조합이 되는 순간 통찰이 생긴다. 통찰이란 표면 아래 숨어 있는 의미를 발견하는 것인데, 이로 인해 이전에 없었던 새로운 의미가 만들어지는 것이다. 이 과정을 '낯설게 하기'[69] 기법으로 설명할 수 있다. 즉 낯선 것은 익숙하게 익숙한 것은 낯설게 읽을 때, 약점을 강점으로 강점을 약점으로 읽을 때 숨겨져 있던 새로운 아이디어가 인화되어 드러난다. 이것은 창創을 통通으로 치환하는 과정이다.

이 치환 과정에서 세포 하나하나까지 하나님이 기쁨을 넣어 주시기 때문에 영혼을 전율케 하는 기쁨을 뿜어낸다. 하지만 이 과정은 순식간에 일어나므로 문득 떠오르는 생각을 기록해 두는 것이 좋다. 공학자 니콜라 테슬라Nikola Tesla는 이렇게 설명한다. "나는 어떤 생각이 떠오르면 그것의 모양을 당장 머릿속에서 그려 본다. 그리고 상상 속에서 구조를 바꾸거나 작동시켜 본다."[70] 무엇보다 가장 중요한 사실 하나, 하나님은 자기를 찾는 겸손한 자에게 지혜와 통찰을 값없이 주신다역대하 16:9, 야고보서 1:5.

새롭고 혁신적인 생각들이 부족해서 문제가 된 적은 없다. 문제는 낡은 것을 버리지 못할 때 생긴다. 네안데르탈인이 크로마뇽인에게 패배한 원인 중 하나는 빙하기에 철저히 적응한 탓도 있다. 체력과 덩치를 키워 빙하기를 살아남았지만, 기후가 바뀌자 오히려 발목을 잡았다. 해 아래 새 것이 없다는 전도서의 고백처럼 모든 문제는 반복되며, 질문은 그 답을 찾아내는 강력한 검색 엔진과 같다. 이처럼 질문이 될 만한 문장을 수없이 품고 있는 것이 문학이다.

일은 하는 것이 아니라 되게 하는 것이라고들 말한다. 세상에는 엄청나게 뛰어난 사람도, 비관할 만큼 뒤떨어지는 사람도 없다. 다만 그 격차는 누가 더 올바른 질문을 던졌느냐에 따라 바뀔 뿐이다. 이렇게 본다면 전문가의 개념도 달라진다. 전문가는 지식이 많은 사람이나 최고의 일인자가 아니다. 전문가는 다만 '고민의 끈을 놓지 않고 답이 나올 때까지 파 들어가는 방법을 아는 사람'[71]일 뿐이다.

## 시는 버리는 훈련

아무리 복잡한 문제도 한 문장으로 요약하면 해결된다. 문제가 난삽한 것은 정리를 하지 못한 탓이고, 정리가 안 된 것은 문제를 이해하지 못했기 때문이다. 이해가 되면 압축할 수 있고 압축되어질 때 그 문제의 본질이 포착된다. 이것이 안 되면 장황하게 늘어놓기 일쑤다. 신실한 그리스도인은 많은 것에 능한 게 아니라 몇 가지라도 탁월하게 잘 해내는 사람이다. 이들은 요셉이나 다니엘처럼 문제의 본질을 꿰뚫을 줄 아는 사람인데, 시가 이것을 잘 보여 준다.

시와 추상화와 애플Apple Inc.은 공통점이 있다. 한 가지 특징만 잡아낸 뒤 불필요한 것들을 제거하는 것이다. 기실 시는 버리는 연습이다. 기독교식으로 표현하면 내려놓는 연습이다. 시는 삶을 몇 단어에 담아낼 수 있으며, 좋은 글은 쉽고 선명하다. 버렸기 때문이다. 버릴수록 의미가 더 선명해지는데, 신학도 그렇다. 왜 하나님을 사랑이라고 말할까? 하나님을 알아갈수록 하나님의 하나님 되심을 결국 은유로밖에 설명할 수 없음을 깨닫기 때문이다.

이제 시를 읽는 것이 왜 중요한지 수족관의 돌고래를 예로 생각해 보자. 수족관 돌고래들이 맨 처음 배우는 것은 죽은 생선을 먹는 것이다. 가슴 아프지만 일주일을 굶긴다고 한다. 살아 있는 생선에 익숙한 입맛을 바꾸기 위해서다. 시를 읽지 않으면 우리는 죽은 생선에 길들여진 입맛을 갖게 된다. 시는 펄펄뛰는 활어活魚와 같아서 시인이 건져 올린 시에는 무릎을 치게 하는 시구들이 정말 많다. 또한 시는 창끝과 같아서 생각이 무딜수록 표현이 일반화될 수밖에 없다.

글을 잘 쓴다고 하면 그것은 통찰이 있다는 뜻이다. 자신이 무엇을 잘 이해했는지 확인하는 가장 빠른 방법으로 글을 써 보면 즉시 알게 된다. 내가 이해하고 통찰한 만큼만 쓸 수 있기 때문이다. 글은 사고의 깊이를 보여 주는 것이라 말솜씨처럼 결코 흉내 낼 수 없는 것이다. 안타깝게도 우리는 자신이 생각하는 것 이상을 쓰지 못한다. 그 이상의 것을 쓰려면 깊어져야 하고, 그러려면 시를 읽어야만 한다. 이것이 우리가 시를 읽어야 하는 결정적인 이유다.

변화를 따라 가려면 열린 사고가 필요하다. 무엇보다 문학은 "사람들을 깨어 있게 하고, 현재에 충실하게 하고, 살아 숨 쉬도록 하는 것"[72]이다. 시나 소설을 읽다 보면 하나님이 문학을 통해 우리를 일깨운다는 걸 실감하게 된다. 다시 말해 문학은 신앙을 지키는 강력한 무기가 될 수 있다는 의미다. 우리는 이 무기를 갖고 있는가? 세상의 유혹에 맞서는 시인의 무기가 시인 것처럼 우리는 이런 무기를 가졌는가?

## 낯설게 읽기

　문학을 읽다 보면 눈길을 끄는 독특한 문장을 만난다. 이성복 시인의 산문시 「그 날」의 마지막 행이 그렇다. "모두 병들었는데 아무도 아프지 않았다."[73] 이 모순에 우리는 둔감하다. 몸이 병들었는데 아프지 않다고 한다면 거짓말이다. 정치판으로 치면 위법을 자행했다고 시인했는데 책임지는 사람이 없는 것이다. 이것이 2,700여 년 전 이사야가 겪었던 상황이다. 남유다는 믿음이 병들고 부패했지만 여전히 건강하다고 자신했다. 쉬지 않고 예배가 드려졌다는 게 그 이유다.

　우리는 익숙한 것을 좋아하지만 문학은 익숙해진 일상을 낯설게 읽도록 만든다. 낯설게 읽는다는 것은 자극을 받아 반문한다는 뜻이다. 삶이 피곤해지면 틀에 박힌 기도를 하게 되고, 거짓된 영적 안도감을 진짜로 알고 살게 된다. 교통 신호등이 빨간불이어도 다들 그냥 무시하고 길을 건너는 것처럼 당연한 것이 아닌데도 익숙해져 있는 것이다. 문학은 이런 자신과 주위 세계에 대해 비판적인 물음을 던지게 되는데, 익숙한 것을 낯설게 볼 때 비로소 믿음의 눈도 떠지게 된다.

낯설게 읽기는 작가들의 전유물이 아니다. 호주 게임회사 하프브릭Halfbrick Studios의 게임들은 한국에도 꽤 많은 팬 층이 있다. 이 회사는 디자인 부서를 없앴다. 디자인을 포기했기 때문에 내린 결정이 아니라 회사의 존재 목적이 게임에 있기 때문에 디자인에 몰입하다 보면 게임이 디자인에 끌려 다니게 될 것을 우려한 것이다. 하프브릭은 정말 좋은 아이디어는 함께 고민할 때 나온다고 믿었기에 디자인 부서를 과감히 없애 버린 것이다.

하프브릭이 했던 '게임이란 무엇인가'라는 고민을 기독교로 보면 '하나님 나라는 무엇인가, 교회란 무엇인가, 그리스도인으로 산다는 것은 무엇인가' 정도가 될 것이다. 게임을 어떻게 해석하느냐에 따라 회사의 미래가 바뀌듯 우리도 마찬가지다. 하프브릭이 과감한 결정을 내린 이유는 소비자의 기호가 얼마나 빠르게 바뀔지 알기 때문이다. 유튜브의 콘텐츠들을 조금만 봐도 문화가 얼마나 빠르게 변화하고 있는지 느낄 수 있다. 이것은 우리의 신앙과도 연결된다.

낯설게 읽기를 성경과 연결시켜 보자. 요한복음 1장을 보면 5개의 에피소드—말씀이 육신이 되시다, 침례 요한또는 세례 요한의 증언, 하나님의 어린양, 요한의 두 제자, 빌립과 나다니엘을 부르다—가 나온다. 우리는 이 가운데 네 번째[35-42절]와 다섯 번째 에피소드[43-51절]를 살펴보려 한다. 이 두 에피소드에는 예수님의 첫 제자가 되는 5명의 어부들—안드레, 베드로, 요한, 빌립, 나다니엘—이 등장하며, 그들이 예수님의 제자가 되는 과정을 보여 준다.

베드로, 안드레, 빌립은 어촌 벳새다 출신으로, 벳새다는 '어부들의 집'이란 뜻이다. 이 셋은 어부고 요한도 어부다. 나다니엘은 갈릴리 가나 출신인데, 그 역시 어부일 가능성이 높다. 만약 이 본문을 낯설게 읽는다면 어떻게 달라질지 생각해 보자. 가족의 생계를 책임져야 하는 갈릴리 어부들이 요단강까지 왔고, 그중 몇몇은 침례 요한의 제자가 되었다. 이 내용을 8장에서도 다루겠지만, 여기선 그 이유와 역사적 배경에 대해 살펴보고자 한다.

성경은 "온 맘 다해 너의 주 하나님을 사랑하라"고 말한다. 하지만 이스라엘 백성들은 하나님 사랑하기를 싫어했다. 하나님은 선지자를 보내어 깨우치길 원하셨지만 백성들이 듣지 않자 어느 순간부터 하나님은 침묵하셨다. 바로 예수님이 오시기 전 400년 동안 말이다. 처음에는 좋아했던 사람들이 하나님이 침묵하시자 점점 불안해졌다. 그래서 자신들이 지어낸 것을 하나님 말씀이라고 읽으면서 위안을 삼았다. 그것이 바로 외경外經이다. 그 이스라엘 백성들은 희망을 찾으려고 했으나 어디에서도 볼 수 없었다.

예수님이 1세기에 오신 것은 어쩌면 가장 낮아진 마음의 자리를 찾아오신 것이리라. 하나님이 침묵하신 400년 동안 팔레스타인 땅의 주인은 여러 번 바뀌었다. 바벨론에서 페르시아로, 또 알렉산더 대왕의 그리스로, 그리고 로마 제국으로 바뀌었다. 주인이 바뀔 때마다 유대인들은 두 가지―눈치껏 타협하면서 사는 것과 고달프지만 하나님의 말씀을 따라 사는 것―중 하나를 선택해야 했다. 어느 것 하나 쉬운 것이 없었기에 대개는 양다리를 걸쳤다.

1세기의 시대 상황을 좀 낯설게 바라보자. 예수님의 첫 제자가 된 5명의 어부들을 요단강에서 만났다. 우리가 당연하게 받아들이는 이 사실을 낯설게 읽게 되면 의문이 생긴다. 분명 어부들은 하루 일해 하루 먹고 살았을 것이고, 생계를 책임져야 할 가장이었을 텐데 왜 요단강에 있었을까? 이들은 하루 이틀 이곳에 머문 게 아니다. 이들은 실낱같은 희망을 찾아 왔을 것이다. 놀랍게도 희망을 찾는 간절함을 제사장이 아닌 어부들이 갖고 있었다.

1세기 유대인들은 선민選民이란 자존심 하나로 버티기엔 현실이 너무 팍팍했다. 끊임없이 예배를 드렸지만 기쁨이 없었고, 오히려 그들의 목이 타들어갔다. 그 목마름은 갈릴리 어부조차 생계를 내려놓고 요단강으로 달려가게 만들었다. 이들은 구원자 메시아를 애타게 찾았는데, 제사장들이 가져야 할 목마름을 도리어 어부들이 느끼고 있는 것이다. 이것은 오늘날 한국 교회의 각성에 대해서도 시사하는 바가 크다.

문학은 게임 회사, 이성복의 시, 예수님의 제자들이 연결될 수 있음을 보여 준다. 낯설게하기라는 문학 용어가 성경 읽기와 무슨 상관이 있을까 싶지만, 문학 용어도 잘 사용하면 성경을 읽는 눈을 열어 준다. 좋은 문학 작품일수록 그 해석에는 끝이 없는데, 성경은 더 말할 필요도 없을 것이다. 문제의 해답은 멀리 있지 않다. 성경을 조금만 낯설게 읽어도 감춰져 있던 하나님의 보물 같은 이야기들이 펼쳐지게 된다.

## 소설을 읽어야 하는 이유

경영학자 톰 피터스Tom Peters가 40년 전에 공저한 처녀작 『초우량 기업의 조건』은 지금도 추천 도서로 이름이 오르내린다. 그는 경영학 분야에서 뛰어난 세 명의 스승 중 한 명으로 손꼽히는데,

여러 분야를 경험한 통섭의 힘이 경영에 대한 통찰로 드러나기 때문일 것이다. 여기에 소설도 일조를 하지 않았을까? 피터스가 소설을 두고 한 말에서 그 단서를 찾을 수 있다.

> 대부분의 경영학 서적들은 답을 제시한다. 반면 대부분의 소설들은 위대한 질문을 던져 준다. 그것이 내가 가르침을 얻기 위해 소설을 즐겨 읽는 이유다.[74]

소설을 읽다 보면 물론 이야기의 결말도 궁금하지만 그 결말이 갖는 의미에도 관심을 갖게 된다. 이런 관심이 질문을 만들어내고, 우리 자신과 사회를 평소와 다른 관점으로 생각해 보는 기회를 제공한다. 이걸 놓치면 해석의 깊이가 얕아져서 미술관에 가도 작품 대신 해설문을 보기에 바쁠 것이다. 우리 주변에서 종종 나타나는 이런 비극적 결과를 막으려면 문학을 읽고 '무지'라는 우상에 맞서는 법을 배워야 할 것이다.

인간에 대한 통찰을 문학만큼 많이 담고 있는 것도 없다. 문학은 '왜'라는 질문으로 나태한 일상을 일깨우지만 낯설게 느껴지기도 한다. 왜냐하면 이 말은 어느 때부터인가 용도 폐기되었기 때문이다. 그래서 우리에게 '왜'라는 말은 사치스럽게 느껴진다. 하지만 하나님은 '왜'라는 질문을 통해 우리를 일깨우신다. 지금의 한국 사회가 흔들리고 생각이 가난해진 데 분명한 이유가 있다면 그것은 '왜'로 시작하는 삶에 대한 근본적인 질문을 놓치고 있기 때문이다.

우리는 얼마나 신실한 혹은 인간다운 삶을 살아가고 있을까?

사실 삶에 관한 가장 큰 정보는 무심코 주고받는 대화 속에서 흔히 찾을 수 있다. 설교자는 설교를 통해, 작가는 문학 작품을 통해 우리에게 묻는다. 정직하게 답할 사람이 얼마나 될까? 인간사는 죄가 흐르는 강물과 같아서 우리는 여전히 홍수 전 노아의 시대를 살고 있는 듯하다. 뉴스만 들어도 인간과 사회가 비정상이란 걸 알 수 있다. 이런 시대에 문학은 무엇이 이런 결과를 만드는지 그 이유를 우리에게 묻는다.

기본적으로 여행이란 불편한 것인데, 우리는 왜 오지 탐험을 꿈꿀까? 그것은 여행하는 동안 무엇인가를 깨달은 경험이 있기 때문일 것이다. 그래서 여행은 자신을 찾아 떠나는 여정이라고 하는 것이다. 요즘 자기 자신을 읽지 못한다면, 무엇보다 성경이 나를 읽지 못한다는 생각이 든다면 우선 소설이라도 읽어야 한다. 소설이 어렵다면 시라도 읽어 보자. 그래야 우리는 지속 가능한 희망을 다시 설계할 수 있다.

# 용기 있는 인생을 살기 위해서다

문학이 주는 유익 중 하나는 간접 경험의 힘이다. 문학은 허구란 가상현실을 통해 우리가 현실에서 경험하는 것과 똑같은 문제들을 경험시켜 주는데, 그것도 안전하게 체험하도록 도와준다. 기술의 발달로 이제 가상현실은 꽤 익숙한 개념이 되었다. 영화「매트릭스」나「토탈 리콜」을 보면 주인공은 가상현실을 현실로 착각한다. 가상현실이 실재는 아니지만 우리의 뇌는 실제인 것처럼 반응한다. 그래서 뇌가 격하게 반응하고 자극과 두려움을 느끼는 것이다.

작품을 읽을 때도 같은 현상이 나타난다. 문학 역시 가상현실처럼 간접 경험에 최적화된 도구다. 전투, 낙하산 점프, 비행기 조종을 실제 훈련을 통해 익힌다면 비용과 위험도가 엄청날 것이다. 반면 작품 속에서 우리는 가상현실에서 대리 체험을 하듯 등장인물을 통해 같은 경험을 할 수 있다. 이런 간접 체험이 무슨 유익이 있을까 싶지만, 아래 사건들에서 그 이유를 찾아볼 수 있다.

- 1978년 남미 가이아나에서 벌어진 인민 사원 집단 자살 사건
- 1987년 한국에서 발생한 오대양 집단 자살 사건

• 1995년 일본 옴진리교의 도쿄 사린 가스 테러 사건

세 사건 모두 교주 한 사람이 자살과 테러를 결정했다. 추종자들은 스스로 결정하기보다 지도자를 따랐는데, 그들이 생각을 일임했기 때문이다. 사람들은 누군가를 추종하는 순간 생각하는 힘마저도 지도자에게 위임하게 된다. 아마 먹고사느라 바빴을 수 있고, 생각하는 것을 싫어했을 수도 있다. 하지만 독자적인 판단을 내리지 못한다면 스스로 옳고 그름을 가늠할 최소한의 안전장치마저 확보하지 못하게 된다. 정신과 의사 스콧 펙<sup>Scott Peck</sup>은 이것을 '퇴행'이라고 부른다.[75]

안타까운 것은 퇴행이 지금도 진행되고 있다는 사실이다. 많은 교회에서 평신도들은 생각하는 책임을 목회자의 몫으로 돌린다. 생계에 목을 매고 있거나 제자 훈련을 제대로 받지 못했기 때문일 수도 있다. 그리스도인으로 사는 데에는 훈련과 노력이 필요하지만, 이 모든 것을 목회자의 몫으로 돌리는 것은 분명 문제다. 비록 우리가 은혜로 살아간다 해도 두 손을 놓고 살아서는 안 된다. 세상을 바꾸는 첫 시작은 나 자신부터다.

불의 선지자라 불리는 엘리야는 갈멜 산에서 바알과 아세라 선지자 850명과 겨뤘던 역사적 승리 이후로 이세벨의 살해 경고를 받고 줄행랑을 쳤다. 내가 엘리야라면 어떤 선택을 했을까? 잠시 상상해 보자. 우리는 엘리야가 느꼈을 중압감을 고민하지 않는다. 아합 시대에 엘리야는 그 모든 짐을 혼자 짊어져야만 했다. 그게 과연 쉬운 일이었을까? 줄행랑을 친 엘리야의 실수는 결정적인 것이긴 하나 인간적인 실수다. 문학은 바로 이 엘리야가 인간으로

서 느꼈을 중압감을 간접적으로 경험하는 훈련 도구다.

우리는 늘 섬김, 낮아짐, 내려놓음을 강조하지만 실제로는 정상으로 오르는 길을 따라간다. 이름 없이 빛도 없이 헌신하겠다고 말하지만 대개는 습관적인 고백일 뿐이다. 하나님이 때때로 우리 삶에 가뭄을 주셔서 내 속에 무엇이 숨겨져 있는지 보게 하시는 것도 이 때문이다. 이것을 잊는다면 우리의 일터이자 삶의 현장인 갈릴리 호수가 순식간에 디베랴 바다로 바뀌게 된다. 같은 장소이지만 예수님이 오병이어의 기적을 일으키신 믿음의 장소 갈릴리가 로마 황제 티베리우스의 이름을 따서 세상적 가치와 판단이 이뤄지는 디베랴로 변질되는 것이다. 이런 실수를 막기 위해 문학은 가상현실로 내면을 점검하는 연습을 시킨다.

### 깊어지려면 〰️

우리는 늘 같은 자리에서 넘어진다. 한 겹의 인생을 살기 때문이다. 한 겹의 인생을 살면 자신이 경험하지 못한 것은 틀렸다고 생각하거나 성공이란 무엇인가를 성취하는 것이라고 여기게 된다. 이런 삶을 사사기가 잘 보여 주는데, 당연하지만 현재도 이렇게 생각하는 사람들이 꽤 많다. 목회든 사업이든 성공은 주님 앞에 올바로 서는 것이다. 올바로 서는 연습을 할 때 무엇보다 인문학 독서가 그 기초를 올바르게 잡아 줄 것이다.

요즘 인문학 독서를 많이 한다. 넓게 읽는 이도 있고 좁게 읽는 이도 있는데, 둘 다 필요하다. 속독도 필요하고 느린 독서도 필요하다. 책은 제각각이기 때문이다. 허나 깊어지려면 좋은 책을 천천히 읽어야 한다. 그렇다고 한 분야의 책만 읽으면 깊어질 것 같지만 그렇지도 않다. 다양한 장르와 다른 스타일의 글을 읽어야만 깊어진다. 나와 다른 시선과 생각을 가진 문장들이 내 속에 들어와 자리를 잡을 때 비로소 새로운 문장이 나오고 깊어지는 것이다.

세상을 변화시키려면 깊어져야 한다. 좋은 설교에는 시간이 배어 있고, 좋은 독서도 마찬가지다. 독서는 서서히 스며드는 것이기에 좋은 책일수록 아껴가며 읽어야 한다.[76] 때때로 혼자만 뒤쳐진 것 같아서 불안해도 조금만 더 용기 내길 바란다. 천천히 읽어야 깊어지고 넓어진다. 그래서 하나님의 생각을 담은 책을 상품 검색하듯 휘리릭 읽는다는 게 안타깝다. 넓어지려면 많이 읽으면 되겠지만 깊어지려면 천천히 읽어야 하고, 또 생각하면서 읽어야 한다.

인생에서 중요한 사랑, 배려, 공감, 성품 같은 것들은 수치화할 수 없고 습득하기도 쉽지 않다. 또한 보이지 않는 영역에서 나오기 때문에 재충전도 어렵다. 어쩌면 문학은 이런 것들을 재충전하는 거의 유일한 방법이다. 그래서 문학을 제대로 읽으면 겸손해지고 자신이 선택한 책들 중 어떤 것이 자신의 삶에 결정적인 영향을 미칠지 알 수 없기에 진중해진다. 작가 제임스 미치너[James Michener]는 자신의 경험을 이렇게 들려준다.

문학청년은 폭넓은 책을 읽어야 하며 다른 사람들의 의견에 압도되지 말아야 한다. 나는 이런 무명의 책들을 읽고서도 문학적으로 개안하여 어떤 잠재적 가능성을 실현할 수 있었다. 생각해 보라. 이 세상의 어떤 문학 평론가가 내게 이런 사소한 작품들을 읽어 보라고 권했겠는가![77]

하나님의 약속과 그것이 성취되는 시간 사이엔 약간의 기다림이 있는데, 그 시간이 진짜 나를 알아가는 시간이다. 그래서 하나님의 사람에게 기다리는 시간은 힘들고 고통스럽다 해도 결코 낭비되는 시간이 아니다.[78] 요셉의 인생은 내리막 인생이었다. 사랑받던 아들에서 종으로, 다시 죄수로 전락했다. 막차 탄 인생 같았지만 하나님이 총리로 준비시키는 기다림의 시간이었다.

이 시간은 남의 말만 하던 내가 자신의 말을 하기 시작하는 시기다. 가수라면 모창만 하다가 자기 목소리의 색깔을 찾아내어 노래하는 시기다. 소설 『나를 보내지 마』에선 인간의 장기 이식을 목적으로 복제되어온 존재가 자신에게도 영혼이 있다는 사실을 발견하는 순간이다.[79] 신앙인의 경우엔 삶은 힘겨워도 하나님을 알아가는 기쁨이 온몸으로 뿜어져 나오는 시기다. 기적 같은 이야기가 만들어지는 순간이다.

삶이 내가 원하는 대로 풀리지 않을 때 우리는 낙심하거나 좌절한다. 하지만 힘들어도 기다려야 한다. 하나님의 지혜는 성공보단 실패와 좌절을 통해 올 때가 많기 때문이다. 또 조급해지면 과정보다 결과를 선택하기 쉽다. 이런 유혹에 흔들릴 때 문학은 "우리가 행한 것뿐 아니라 미처 행하지 못한 것도 우리 운명이 된다"[80]고 일깨워 준다. 이것을 읽지 못하면 빛이 어둠보다 더 어두워질 수 있다.

인생의 목표는 높이 잡아도 신앙의 목표는 낮추고 산다면 어두워진 것이다. 바쁜 세상에서 길을 잃지 않으려면 자신에게 내가 이 땅에 존재하는 이유가 뭔지를 물어야 한다. 왜냐하면 하나님은 우리 모두를 약속의 땅으로 부르셨는데, 그 땅은 직업일 수 있고 삶의 방식일 수도 있다. 이제 우리의 할 일은 용기 있게 사는 것이며, 용기 있게 살기 위해 날마다 깊어져야 한다.

## 질문하는 소설

문학은 무엇이 인간을 인간답게 만드는지 허구적 인물을 통해 보여 준다. 등장인물이 직면한 도덕적 딜레마를 통해 독자도 고민하게 만드는데, 이 과정에서 고민하고 생각하는 힘이 길러진다. 고민은 내면에서 복잡한 생각의 프로세스가 작동되는 걸 의미하지만, 이야기에 담기면 쉽게 전달되고 유쾌하게 진행된다. 그래서 문학은 '낡은 배'8장의 '갈릴리 목선' 참고라는 이미지 하나를 가지고도 개인의 삶과 시대를 읽는 표의문자를 만들 수 있음을 잘 보여 준다.

시카고 대학 석좌교수인 마사 누스바움Martha Nussbaum은 문학 이론가는 아니지만 문학의 힘에 주목했다. 그녀는 법학을 전공하고 철학을 가르쳤지만 특이하게도 문학의 중요성에 주목하면서 이성 중심의 서양 철학에 감정을 입혀야 한다고 주장했다.『시적 정의』를 읽으면 문학이 삶과 인간의 비속함에 맞서 어떻게 정의를 회복시키는지 알 수 있다.

소설 읽기는 인간적 가치에 대한 감각을 생생하게 일깨워 주며, 우리를 온전한 인간으로 만들어 주는 가치 판단 능력을 발휘할 수 있게 해 준다.[81]

누스바움은 '좋은 시민은 어떻게 만들어지는가'에 관심이 많았다. 그녀의 관심을 질문으로 바꾸면 이렇게 된다. "좋은 시민이 되는 데 왜 문학을 읽는 것이 필요한가?" 우리는 이 질문에서 한 단어만 바꿔서 살펴보자. "좋은 그리스도인이 되는 데 왜 문학을 읽는 것이 필요한가?" 물론 신앙인이 당면한 문제들을 문학이 단번에 해결해 주진 못하지만 실마리를 풀 수 있는 통찰을 열어 준다.

누스바움은 오랫동안 법과 윤리 분야를 연구하면서 좋은 시민을 키우기 위한 방법을 문학에서 찾았는데, 법이나 윤리를 공부할 때 느낄 수 없는 것들을 좋은 작품들이 보여 주었기 때문이다. 즉 문학은 사고와 판단의 모든 영역에서 의미를 파악하는 힘을 키워 주는 도구임을 인식한 것이다. 그녀는 『사랑의 기술Love's Knowledge: Essays on Philosophy and Literature』에서도 우리가 어떻게 다르게 살 수 있는지를 소설이 가르쳐 준다고 지적한다.[82]

데이비드 쇼어David Shore는 수천만을 매혹시킨 「하우스」와 「굿 닥터」의 시나리오를 쓴 작가이자 프로듀서다. 그는 스스로를 철학자라고 생각했는데, 매 에피소드마다 '인간은 왜 그렇게 사는지'를 허구적 인물들의 윤리적 갈등을 통해 물어보기 때문이다. 물론 극중 인물들이 여기에 대한 답을 하게 되는데, 이 답이 어우러진 전체 스토리가 수천만 시청자들의 마음을 움직였다. 캐릭터들의 고민과 갈등이 시청자들의 삶과 연결되기 때문이다.

프레더릭 하트Frederick Hart는 로댕에 비견될 정도의 미국 조각가다. 그는 사후인 2004년에 국가예술훈장National Medal of Arts을 받았는데, 예술가가 받는 최고의 상이라 할 수 있다. 하트의 작품 「천지 창조」는 영화 「악마의 변호인」에서 중요한 이미지를 제공한다.

영화는 발가벗은 남녀들의 모습을 에로틱하게 묘사했는데, 하트는 성스런 예술 작품을 그로테스크하게 왜곡시켰다고 반발했다. 많은 예술가들은 예술의 역할에서 도덕적 책임을 빼 버리지만, 하트는 예술에는 도덕적 책임이 따르고 예술이 도덕적 권위를 회복해야 한다고 주장한다.[83]

우리의 일상에도 인간의 삶을 탐구할 만한 힌트들이 있지만 대다수는 지나쳐 버린다. 너무 바쁜 나머지 잠시 멈춰 서서 '왜 그럴까'라는 질문을 던지지 못하는 것이다. 하지만 문학 작품을 읽다 보면 작고 사소한 문제도 보게 되고, 좋은 소설은 내가 생각하지 못한 방향으로 시선을 돌리게 만든다. 소설 그 자체가 해답을 주지는 않지만 옳은 질문을 던짐으로써 더 나은 선택을 하도록 이끈다.

## 삶의 난제

제한적이긴 하지만 소설이 현실에 영향을 끼치기도 한다. 찰스 디킨스의 소설은 영국의 「아동법」을 이끌어냈고, 스토 Harriet Beecher Stowe 부인의 『톰 아저씨의 오두막』은 노예 해방에 힘을 실어 주었다. 또 오슨 스콧 카드 Orson Scott Card 가 쓴 『엔더의 게임』은 워 게임 War Game 개념을 만드는 데 기여했다. 가상현실 개념이 이 소설에서 처음 등장했고, 이 개념은 1980년대 미 육군의 워 게임에서 처음으로 적용되었다.

미 육군은 가상훈련장치 Virtual Training Devices 라는 시뮬레이션 장치를 만들었다. 지휘관은 복잡한 전투 지휘 기술을 시험하고 병사들은 실전 같은 환경에서 전투 기술을 습득할 수 있다. 이때 가상현실은 어떻게 총을 잘 쏘는가보다 그 상황에서 어떤 판단을 내릴 것인가를 도와준다. 문학도 이 지점에 주목한다. 독자는 도덕적 딜레마에 부딪힌 주인공이 어떤 판단을 내릴지를 함께 고민하기 때문이다. 『엔더의 게임』에서 주인공 엔더Ender는 이런 고민을 한다.

> 나는 1백억 명이 넘는 버거들과 그들의 여왕들을 죽였다. 그들 역시 살아 있었고 인간만큼 영리했으며, 무엇보다도 우리를 침공하려 하지도 않았는데…. 그걸 범죄라고 부르는 사람이 아무도 없구나.[84]

소년 엔더―실명은 앤드류 위긴―는 가상현실에서 게임을 했다고 여겼지만 실제로 그것은 버거라는 외계 종족과 지구인 사이의 명운을 건 전투였다. 엔더는 자신도 모르게 외계 종족과의 전쟁에서 인류를 이끌 지휘관으로 선출된 것이다. 엔더가 전투 학교에서 했던 모든 시뮬레이션 전투는 가상현실 속 실제 전투였다. 전투가 종결된 뒤에야 엔더는 게임 판에서 함선이 불꽃을 일으킬 때 실제로 승무원들이 산화한 것임을 깨닫게 된다.

문학은 삶의 난제를 연습시켜 준다. 우리가 현실에서 직면하는 것과 똑같은 문제들을 극한 상황으로 시뮬레이션 한다. 삶이 갈팡질팡할 때 문학은 내가 먹고사느라 까마득히 잊고 살았던 질문을 일깨운다. 엔더는 동료들과 달리 어떤 것이 더 나은 선택인지를 두고 고민하는데, 그 과정은 사도 바울이 "마음을 새롭게 함으로 변화를 받아"로마서 12:2라고 말한 것과 흡사하다.

## 읽는 만큼 성장한 나날들

　누구나 먹는 만큼 성장하는 시절이 있다. 유아기가 그런데, 하루가 다르게 크는 게 보인다. 또 학교에 입학하면 읽는 만큼 성장하는 시절이 온다. 그 시기에는 개인차가 있지만 한 소년의 경우 초등 4학년부터 중학교 3학년까지였다. 『로빈슨 크루소』와 『15소년 표류기』를 읽던 소년은 중학교 1학년 국어 교과서에 실린 「큰 바위 얼굴」을 읽고 큰 감동을 받았다. 그리고 집으로 가는 길에 동네 서점에 들러 그 작가가 쓴 문고판 소설을 샀다. 『주홍 글자』였다.

　호손<sup>Nathaniel Hawthorne</sup>의 책은 놀라웠다. 이틀 만에 『주홍 글자』를 읽고 나자 갑자기 세상이 달라보였다. 처음으로 등장인물의 도덕적 딜레마를 경험했기 때문인데, 이것은 가히 독서의 새로운 차원이었다. 청교도라는 배경과 '죄'라는 주제는 14살 소년이 소화하기에 다소 어려웠지만, 이야기가 주는 힘이 다른 책을 펼치도록 이끌었다. 그래서 게걸스럽다는 말이 어울릴 만큼 다양한 책을 읽었다.

　한참 뒤에 소년은 『주홍 글자』란 소설이 왜 자신을 흔들었을까를 생각해 보았다. 『순교자』, 『침묵』, 『아담아, 네가 어디 있느냐?』, 『서부 전선 이상 없다』, 『파우스트』, 『신곡』 등을 약간의 시간차를 두고 읽으면서 생각해 보니 여기에는 공통점이 있었다. '인간이란 무엇인가'라는 질문을 던진다는 것이다. 작가는 이 질문에 대한 답을 주지는 않았지만, 이 질문은 '또 다른 나'를 만나는 느낌이었다. 어쩌면 독서는 나 자신을 새롭게 발견하는 도구인지 모른다.

　우리는 때때로 변화 없는 자신의 모습을 보면서 지칠 때가 있다. 아이들을 혼내다가도 문득 아이들의 모습 속에 겹쳐지는 자신의 모습을 발견하고 놀랄 때도 있다. 우리의 고민은 여기에 있는데, 내가 원하는 삶과 실제로 살아가는 삶 사이에 간격이 크다는 것이다. 결국 그 간격을 좁히려면 생각의 프로세스를 돌려야 한다. 스스로 펄럭이는 깃발은 없다. 깃발을 흔드는 바람을 은유로 보면 자신의 삶을 이해하는 데 도움이 될 것이다.

### 결과보다 소중한 것

확신보다는 확률을 더 의지하기 때문에 기회가 주어져도 놓치는 사람들이 많다. 다수는 개츠비와 같은 인생을 꿈꾸는데, 그 소설의 결말을 모르기 때문이다. 우리의 인생도 언젠가 끝이 날 테인데, 성경은 우리로 하여금 그 삶의 끝을 보게 한다. 그래서 우리는 성경이 보여주는 그 끝을 마음에 새기고 살아야 한다. 그것을 놓치면 길들여지기 때문이다. 우리의 삶은 영화 「쇼생크 탈출」에 나오는 죄수와 참 닮았다. 흑인 죄수 레드 Ellis Boyd 'Red' Redding 는 이렇게 되뇐다.

> 이 담들이 참 웃긴 게… 처음엔 싫지만, 차츰 길들여지지. 그리고 세월이 지나면 벗어날 수 없어. 그게 길들여진다는 거야.[85]

성공은 결과가 아니라 과정이며, 힘겨운 시간을 버티는 힘이 성공이다. 이를 위해 하나님은 과정과 원칙이라는 두 가지를 훈련시키신다. 하지만 감동적인 스토리는 과정이지, 결과가 아니다. 이 과정이 어떤 이에겐 무명의 시간이고 연단이고 고난이다. 그래서 이것을 광야라고도 부른다. 이런 광야의 스토리를 만들어낸 인생이 진짜라고 할 수 있다. 열왕기상 17장을 보면 하나님은 놀라운 영성을 가진 엘리야도 잊힌 자처럼 살게 하셨다. 불확실함을 견디는 맷집을 키우도록 하기 위해서다.

실체가 불명확하다면 설령 그것이 게임이라고 해도 두려움을 느낄 수밖에 없다. 삶도 마찬가지다. 앞날이 불확실하다면 다들 고민하는 듯해도 이미 정해 놓은 정답을 선택한다. 영화 「죽은 시인의 사회」에서 키팅 선생님은 인생의 답을 정해 놓은 학생들에게 조언한다. "네가 옳다고 생각하는 일을 하라." 선생님은 문학으로 생각하는 법을 가르친다. 결과만을 중시하는 이 세상에서 선생님은 시, 낭만, 사랑, 아름다움이 왜 중요한지를 명쾌하게 설명한다.

그건 바로 우리가 살아가는 목적이기 때문이다.[86]

다들 명문대 진학과 대기업 입사에 목숨을 건다. 예측 불가능한 미래를 조금이라도 편히 살고 싶기 때문이다. 그런데 엉뚱하게도 키팅 선생님은 '말과 생각에는 세상을 바꿀 수 있는 힘이 들어 있다'고 믿는다.[87] 그는 의학, 법률, 금융, 기술 등은 삶을 유지하는 데 필요하지만, 시와 아름다움과 사랑은 삶의 목적을 일깨운다고 강조한다. 후회 없는 인생을 살려면 삶의 목적을 알아야 한다.

### 내가 '나'일 수 있는 시간

기억을 잃은 후에도 나는 여전히 '나'일 수 있을까? 알 수 없다.

우리는 살면서 많은 것을 잃기도 하지만 기억을 잃는다는 것은 어떤 것일까? 또 치매에 걸린다면 어떤 삶을 살게 될까? 작가 리사 제노바Lisa Genova는 이런 질문들에 대한 답을 소설 『스틸 앨리스』에서 찾아간다. 작가는 알츠하이머라는 극단적인 상황을 통해서 미래의 한 페이지를 엿보는데, 혼자의 힘으로 화장실을 간다는 것이 오늘날 헤아릴 수 없이 중요하게 느껴지도록 만든다.

휴대폰 충전기를 찾지 못해 당황하고, 운동화를 챙기는 것이 힘겨운 노동 같고, 퇴근 후 귀가하는 일조차 두려워하는 주인공을 묘사하고 있다. 작가는 사람들이 당연하게 여기는 사소한 일이 갖는 의미를 해독해 나간다. 알츠하이머로 자신의 삶을 잃어가는 하버드 대학교 심리학 교수인 앨리스의 시선을 통해 독자들은 지금이 내가 '나'일 수 있는 마지막 시간이라는 두려움을 느끼게 해준다. 앨리스는 딸에게 이렇게 말한다.

너를 보면서도 네가 내 딸이라는 것도 모르고 네가 날 사랑한다는 것도 모르면 어쩌지?[88]

알츠하이머가 진행되면서 앨리스는 집 안에 있는 화장실도 찾지 못한다. 집 안에서조차 길을 잃은 것이다. 소설은 1인칭 주인공 시점으로 서술되었기에 정신이 무너지는 환자의 시각과 느낌이 생생하게 전달된다. 읽다 보면 소설의 원제*Still Alice*에 담긴 뜻을 비로소 깨닫게 된다. 그녀가 언제까지 앨리스로 남을 수 있을까? 이 소설의 마지막 페이지를 넘길 때면 우리는 치매 환자에 대한 이해가 보다 커져 있음을 깨닫게 될 것이다.

## 잘 죽기 위해서

사후의 완벽한 삶을 위한 시나리오가 있는가? 만일 없다면 우리는 어떻게 될까? 단테의 『신곡』은 잘 죽기 위해서 잘 살아야 한다는 것을 보여 준다. 세상과 세상 그 너머의 세상은 연결되어 있는데, 언젠가 우리는 주님 앞에 나아가 우리가 행한 일의 결과를 평가 받게 될 것이다. 대단한 업적을 쌓았다 해도 주님을 사랑하지 않으면 우리는 아무것도 아니다.

「지옥편」을 보면 우리가 인생에서 길을 잃는 원인도 언제나 내 안에 있다는 것을 알 수 있다. 다만 단테의 지옥과 연옥이 인과응보를 보여 준다면 기독교는 전통적으로 인간의 회개를 강조했다. 그래서 지옥은 회개하는 데 실패한 죄인들의 거처다. 단테는 「지옥편」에서 신화 속 인물도 거침없이 등장시켜서 생전에 행한 죄를 심판하는데 이것을 읽으며 독자들은 정서적 쾌감을 경험하게 된다.

## 여자의 삶은 현재진행형

"난 엄마처럼 살지 않을 거야."

세상의 모든 딸들이 눈물로 맹세하지만 왜 끝내 엄마처럼 살게 될까? 매머드가 살던 후기 구석기 시대 여자들도 이런 고민을 했을까? 엘리자베스 토마스Elizabeth Thomas는 소설 『세상의 모든 딸들 Reindeer Moon』에서 이 문제를 마주한다. 작가의 첫 소설이지만 그 상상력이 놀랍다. 작가는 인류학을 공부하고 연구한 경험을 통해 문학의 촉수를 구석기 시대까지 뻗어 서사를 펼치고 있다.

인간은 구석기 시대에도 달이 차고 기울어지는 것을 보고 시간의 변화를 알았고, 삶의 모순을 느끼면서 갈등하고 고민한다. 주인공 야난은 어머니의 유언을 되새긴다.

"남자가 위대하다면 여자는 거룩하단다. 왜냐하면 세상의 모든 딸들은 이 세상 모든 사람의 어머니이기 때문이란다."[89]

후기 구석기 시대 여인들이 가졌던 고민을 현대인들도 똑같이 한다. 여자의 삶은 현재진행형이다.

## 죽는다는 것

노년은 예정된 현실이지만 우리는 실제로 잊고 산다. 죽음도 마찬가지다. 다들 부고를 받고 문상을 가지만 자신은 죽지 않을 것처럼 생각한다. 인생의 끝자락에서 죽음은 어떤 모습으로 다가올까? 필립 로스Philip Roth는 『에브리맨』에서 이 문제를 풀어 간다. 죽음이 두려운 것은 피해갈 수 없기 때문이다. 작가는 죽음이 흔해 빠졌다고 말하면서 늙는 것을 대학살이라고 느낀다.[90] 일본 작가 가와바타 야스나리川端康成도 비슷한 말을 한다.

신앙 없는 시대에 태어나 우린 불행해요. 죽음 이후의 삶에 대해 생각하지 않는 시대에 태어나.[91]

브레히트Bertolt Brecht는 "죽음보다 보잘것없는 삶을 두려워하라"고 조언하지만, 듣는 이가 없다. 브레히트의 조언처럼 제대로 살면 그 끝이 다르다. 장례식은 결혼식과 같은데, 신으로부터 받은 시간을 다 쓰고 나면 죽음이 찾아온다.

「프레시안」에 연재된 "꽃산행 꽃글"에서 출판인 이굴기는 죽음을 한자어로 정리한다. '순직, 산화, 귀천, 소천, 타계, 영면, 서거, 선종, 열반, 하직, 별세, 작고, 요절, 입적, 아사, 순교, 순국' 등.[92] 한 일생을 끝맺는 마지막 단어는 저마다 다르다. 우리도 언젠가 인생을 마무리할 때 그것을 정리해 줄 단어가 따라붙을 것이다. 나는 그 단어가 귀천이나 소천이 되기를 바란다.

잘 죽기 위해선 잘 살아야 한다. 내 인생 중 어느 정도가 주님을 위해 쓴 것일까? 누구나 종국에는 흙으로 돌아갈 것인데, 삶이 아름다운 것은 죽음이 있기 때문이다. 필립 로스나 이굴기의 문장을 따라가다 보면 일본의 개신교 사상가 우치무라 간조內村鑑三의 말이 새롭게 다가온다.

중요한 것은 무엇을 하는가가 아니라 어떻게 하는가이다. 고상하고 용기 있는 삶을 사는 것이 가장 중요하다. 이것이 모든 사람이 인생의 종착지에 도달했을 때 가장 애석해 하는 것이다.[93]

3장

꽃이 피려면 사계절이 필요하다

# 아픔은 어떻게 문학이 되는가

하상욱의 시들은 짧지만 강렬하다. 그는 우리가 무엇을 놓치고 사는 가를 보게 하는데 가족에 대한 묘사가 인상 깊다. 그에게 가족은 영어와 같다. 그는 이렇게 말한다. "마음에 있는 게 표현이 안 돼."[94] 정말 공감되는 말인데 진은영이 쓴 시 「가족」도 비슷한 고민을 말한다. 이 시는 은유를 썼기 때문에 더 진지하고 시답게 느껴진다.

밖에선

그토록 빛나고 아름다운 것

집에만 가져가면

꽃들이

화분이


다 죽었다[95]


다들 감추고 사는 비밀을 시인은 정직하게 고백한다. 우리가 시에 공감하는 이유는 이 시들이 현실을 보여 주기 때문이다. 정말 행복한 가족도 있지만 남보다 못한 가족도 수두룩하다. 가족이니까 이해하겠지 하는 방심이 갈등의 원인이 된다. "엄마가 뭘 알아" "넌 왜 일을 그딴 식으로 하니" 같은 말을 들을 때마다 아프고 때론 분노한다. 힘들수록 옆에 있어 주고 기다려 주고 다독여 줘야 하는데, 서로를 품어 줄 마음의 여유가 없다.

시를 읽다 보면 '행복은 감정이 아니라 삶의 방식이 아닐까' 생각하게 된다. 때론 삶이 구질구질하고 질척거려도 살 만한 가치가 있다. 힘들다고 생각하면 힘들고, 아름답다고 생각하면 아름다운 것이 인생이다. 그래서 인생은 신비로운 것이다. 사는 게 힘들어도 뿌리가 튼튼한 사람이 되어야 한다. 그런 사람이 되려면 자신에게는 거짓말을 하지 않아야 한다. 그래서 작가들은 글을 쓰면서 어두웠던 과거를 대범하게 받아들이게 된다.

### 람보도 외로웠다

영화 「람보」 하면 다들 배우 실베스터 스탤론 Sylvester Stallone을 떠올린다. 「람보」의 원작 소설 『퍼스트 블러드 First Blood』는 데이비드 모렐 David Morrel이 썼는데, 그는 네 살 때부터 고아원에서 자랐다. 아버지는 2차 대전 때 전사했기 때문이다. 후에 어머니가 재혼하면서 같이 살긴 했지만 집이 술집 위층이라 밤새 취객들의 술주정을 들어야 했다. 엄마와 의붓아버지의 사이도 좋지 않아서 늘 겉돌았다. 그래서 학교에선 문제아였고 동네에선 망나니였다.

모렐은 아버지에 대한 향수에 시달렸고, 그것을 떨쳐내고자 글

쓰기에 재미를 붙였다. 그것이 『퍼스트 블러드』다. '퍼스트 블러
드'는 소위 '선빵'이라 부르는 선제공격을 뜻하는데, 쉽게 말해 먼
저 코피를 터뜨려 우위를 확보하는 것이다. 1972년에 출간된 이
소설은 10년 뒤 영화 「람보」 시리즈의 제1탄이 되었다. 모렐의 어
린 시절 상처가 베트남 전쟁 귀환병인 존 람보John Rambo로 태어난
것이다. 그는 작품의 소재를 자신의 삶에서 찾았는데, 곧 상처와
트라우마가 소설의 질료가 되었다.

모렐의 인생은 람보라는 허구의 인물과 오버랩 된다. 그도 외로
웠고 람보도 외로웠다. 친구들과 어울려 다니면서 놀았지만 늘 마
음이 허전했다. 절친들과 수다를 떨어도 빈 마음은 채워지지 않았
다. 가족이 없었기 때문이다.

아프리카 남동부에 모잠비크가 있다. 1975년 포르투갈로부터
독립한 나라인데, 내전과 경제 위기 그리고 기근으로 상당한 어려
움을 겪고 있다. 모잠비크 사람들에게 있어서 '가난하다'라는 말은
돈이 없다는 뜻이 아니다. 그것은 가족이 없다는 걸 의미한다.[96]

### 실패 없는 삶에는 배울 것이 없다

이면우는 평생을 막노동꾼, 건설 현장 배관공과 보일러공으로
살았다. 최종 학력은 중졸이지만, 늦은 결혼을 하고 아이가 생기
자 더욱 열심히 일했다. 건설 일은 봄부터 가을까지만 있어서 일
이 없는 겨울에는 산속에 틀어박혀 버섯 농사를 지었다. 그런 그
에게 어느 날 시가 찾아왔다. 공사장을 전전하는 막내 동생이 안
쓰러워 큰형이 박용래의 시집 『먼 바다』를 보내 준 것이다.

시는 40대에 접어든 그의 감성을 흔들어 깨웠고, 고단한 삶에 절망하는 그를 다시 일으켜 세우는 버팀목이 되었다. 어느새 시의 매력에 흠뻑 빠진 그는 공사장으로 가는 버스 안에서 종잇장이 너덜거릴 때까지 읽고 또 읽었다. 그리고 용기를 내어 시를 쓰기 시작했다.[97] 그의 시에는 고단한 삶을 다독이는 애틋한 눈물과 잔잔한 감동이 있다.

첫 시집에 나온 시인의 이력은 '학력 별무別無, 건축 배관공'이었다. 하지만 이제 시인은 「창작과 비평」에 그의 시가 실리고, 위키백과ko.wikipedia.org에 이름을 올렸으며, 문예창작과 대학원까지 졸업했다. 이 모든 것이 형에게서 선물 받은 한 권의 시집으로 예기치 않게 일어났다. 시에는 삶을 바꾸는 힘이 있음을 그의 시를 통해 깨닫게 된다. 더불어 인생은 자신이 '아름답게' 만들어 나가는 것이며, 실패 없는 삶에는 배울 것이 없다는 것을 알게 된다.

## 치유하는 글쓰기

프랑스의 그림책 작가 클로드 퐁티Claude Ponti는 1986년 데뷔 이래 40여 년간 80여 권을 펴냈다. 그의 그림책만 보면 행복한 유년시절을 보낸 것 같지만, 그렇지 않다. 폭력적인 아버지와 우월감이 강한 어머니 밑에서 자란 데다 할아버지마저 성적으로 방탕해서 믿고 따를 만한 롤 모델이 없었다. 그런 퐁티에게 상상은 어두운 현실을 뒤집는 신의 한 수였다. 그는 인터뷰에서 삶의 반전이 어떻게 일어나는가를 이렇게 증언한다.

세 살 버릇 여든 간다는 속담은 거짓말이에요. 그 말 좀 믿지 마세요. 아이에게든 어른에게든 산다는 건 예측 불가능한 난관을 통과하는 과정이고, 우리는 언제든 그 과정에서 배우고 수정하고 진화할 수 있어요.[98]

누군가를 용서하지도, 잊지도 않고 과거에만 묶여 산다면 희망은 없다. 가장 완벽한 복수는 복수하지 않는 것이다. 퐁티는 딸이 태어나면서부터 삶의 방향을 그림책으로 바꾸었고, 곧 반전이 일어났다. 글이 그의 삶을 치유하기 시작한 것이다. 상처는 세상을 비뚤게 보도록 만들고 때로는 이성을 마비시킨다. 반면에 글쓰기는 삶을 치유하는 좋은 방법이다. 퐁티의 그림책은 그렇게 작가를 치유했고, 이제 독자들을 치유하고 있다.

# 시에는 호쾌한 반전이 있다

가을 단풍은 아름답다. 단풍이 드는 것은 나뭇잎 속 엽록소가 빠지기 때문이다. 비록 죽음의 징후지만 나뭇잎은 이때가 가장 아름답다. 이런 아련하고 울컥하는 이야기로 진짜 시는 우리를 숨 쉬게 하고 심장을 뛰게 만든다. 하지만 시의 숨소리를 들을 정도로 시에 가까이 다가선 사람은 많지 않다. 한때 우리 마음속엔 한 떼의 야생마 같은 꿈들이 살았지만 그 많던 꿈들은 어디로 사라진 걸까? 꿈들이 뛰놀던 마음속 초원엔 아파트만 가득하다.

시는 산문과 다를 뿐 아니라 삶의 호흡을 깊어지게 만드는 힘이 있다. 산문이 주제를 논리적으로 써내려 간다면, 시는 문장 구조나 배열을 거침없이 바꿔 버린다. 주제도 상징이나 이미지로 응축시켜 전달해 버린다. 그런데 시를 모르면 어떻게 될까? 익숙한 길, 논리적인 사고, 안정된 선택만 할 뿐이다. 여기에서 우리는 성경과의 연관성을 찾아볼 수 있다. 시를 대하는 태도와 하나님 나라를 대하는 태도가 연결되기 때문이다.

얼음이 녹으면 물이 된다는 것은 익숙하고 논리적인 사고다. 시적 사고를 하는 사람은 파격적으로 비약한다. 얼음이 녹으면 봄이

온다고 생각하기 때문이다. 시적 파격은 생각의 도약이 커서 불완전하게 보이기도 하지만 그 덕분에 평소에 생각하지 않은 길을 알게 된다. 이런 것은 성숙과도 이어진다. 성숙은 불완전한 삶에 익숙해지는 것이지만 우리는 그 반대일 때가 많다. 시는 우리의 익숙한 생각을 뒤집어 보게 한다.

## 누군가의 먹구름에 무지개가 되어라

미국의 국민 시인 마야 안젤루Maya Angelou가 쓴 시적 표현인 "누군가의 먹구름에 무지개가 되어라"[99]는 말은 우리에게 힘을 준다. 이 말은 꽤 많은 사람들의 마음에 안착하여 그들의 삶을 바꿔가고 있기 때문이다. 이처럼 문학의 힘은 정서적 울림에 있다. 문학에서 중요한 것은 그 울림이지 기법이 아니기에 문학은 결코 독자에게 무엇인가를 가르치려 들지 않는다. 그저 사는 데 지친 독자를 안아 주고 다독이며 다시 일어설 용기를 준다.

안젤루는 먹구름이 낄 때도 있었지만 무지개도 많았다고 고백한다. 그래서 우리에게 누군가에게 복을 나눠주는 사람이 되라고 권유하고 있다. 그녀는 자신이 하나님의 자녀라는 사실을 깨닫게 되자 삶에 기쁨이 찾아왔다고 고백했다.[100] 산과 강과 별을 만드신 분이 자신도 만들었다는 사실을 깨닫자 자존감이 생겼고, 그래서 자신에게 '누군가의 먹구름에 무지개 같은 사람이 되자'고 다짐했다. 사실 마야 안젤루는 오랫동안 밑바닥 인생을 살았다.

그녀가 펴낸 자서전인 『새장에 갇힌 새가 왜 노래하는지 나는 아네』[101]는 제목만으로도 울림을 준다. 안젤루는 8살에 성폭행을 당했고, 17살에 미혼모가 되었다. 삶은 고달팠지만 결과적으로 보면 놀라웠다. 미혼모이자 고교 중퇴생이었던 안젤루는 국민 시인이자 대학교수가 되었다. 또 할리우드 최초의 여성 흑인 감독으로 데뷔했고 그래미상을 세 번이나 받았으며, 36권의 책을 집필했다. 또 미국 역사상 두 번째로 대통령 취임식에서 축시를 발표했다.

누구나 살다 보면 힘든 시간을 만나게 되고, 때론 고난이 연거푸 이어지기도 한다. 시인의 삶에는 진주가 있었다. 진주가 어떻게 생겨나는지 우리는 잘 알고 있다. 조개의 상처로 생긴 것이다. 돌 같은 이물질이 들어오면 조개는 그것을 감싸기 위해 체액을 분비하게 되고, 그 체액이 쌓여 단단해진 것을 진주라고 한다. 진주는 상처가 주는 고통을 아름다움으로 승화시킨 결과물이다. 이것이 안젤루의 인생이었고, 또 우리의 인생일 것이다.

안젤루가 성장할 때 흑인은 보이지 않는 타자에 불과했다. 게다가 흑인 여성은 새장 속 인생 같았다. 안젤루는 17살에 미혼모가 되고, 한때 창녀촌 뚜쟁이, 창녀, 쇼걸까지 했다고 한다. 자존감 낮은 인생을 살아온 것이다. 하지만 그녀가 훗날 탁월한 시인이자 소설가, 인권 운동가, 교수, 배우, 영화감독으로 변신하게 된 것은 실패자의 역할에 길들여지길 거부했기 때문이다. 이런 맥락에서 볼 때 그녀의 시는 의미심장하다.

새장에 갇힌 새가 왜 노래하는지 나는 아네
아, 언제 그의 날개에 상처가 나고, 그의 가슴이 쓰라린지,
언제 그가 창살을 두드려대며 자유롭고 싶은지 나는 알고 있네

그것은 기쁨이나 환희의 축가가 아니라
그의 가슴속 깊은 곳에서 보내는 기도,
새장에 갇힌 새가 왜 노래하는지 나는 아네![102]

안젤루는 자신의 한스러운 인생을 분노로 토해 내기보다 시를
썼다. 자기혐오나 수치심에 빠지지 않고 그것을 시로 표현하면서
부터 기적 같은 일이 일어났다. 시궁창 같았던 인생에서 고결한 생
각이 쏟아지기 시작한 것이다. 이것이 문학의 힘이다. 어떠한 인
생이든 고결한 선택을 하는 순간―에스더의 "죽으면 죽으리라"처
럼― 하나님은 그 선택을 개인의 삶과 시대를 바꾸는 출발점으로
사용하신다.

## 삶에 관한 한 우리는 지독한 근시다

문학이 삶의 변두리로 밀려난 지 오랜데도 왜 우리는 문학을
읽을까? 살다 보면 벼랑 끝에 서는 용기가 필요할 때가 있는데,
그럴 때 문학은 나를 위로하고 삶의 딜레마를 수월하게 헤쳐 나
갈 수 있도록 돕는다. 문학은 우리 모두가 앓고 있는 질환에 대한
처방전이자 약과 같다. 인천의 가난한 달동네에 사는 아이들의 일
상을 담아낸 동화 『괭이부리말 아이들』에 나오는 어린 숙자의 속
마음이다.

선생님도 괭이부리말에 살았다는 것만으로 선생님과 가까워진 느
낌이 들었다. 그러나 선생님의 말은 숙자의 마음 깊은 곳에 난 상처

를 쓰다듬어 주지는 못했다. 그래서 숙자는 선생님한테, 사실은 부
채춤 출 때 입을 한복이 없다는 말을 하지 않았다. 운동회 때 올 사
람이 아무도 없어서 아무것도 하기 싫다는 말도 하지 않았다. 일기
를 쓰려고 일기장을 펴 들면 자꾸 어머니 생각이 나서 일기를 쓸 수
없다는 말도 하지 않았다.[103]

누군가는 먼 길을 돌아가는데, 누군가는 부모를 잘 만나 지름길
로 간다. 삶의 풍랑을 만나 휘청거릴 때 문학은 삶을 곧추세울 이
야기를 들려준다. 그 이야기가 작가의 생각이고 해석이지만 작가
만의 것은 아니다. 완성되는 순간 작품은 모두의 것이 되고, 비록
서툴다 해도 자신이 내리는 판단을 통해 독자도 작품에 개입하게
만든다. 또 독자는 이야기를 읽으며 위로를 받고 벼랑 끝에 선 삶
을 버텨낼 힘과 용기를 얻게 된다.

김중미 작가는 불공평해 보이는 삶을 펼쳐 보이면서 '어떻게
살 것인가'를 고민하게 만든다. 이런 작가의 고민은 인천 빈민촌
아이들의 삶을 읽어 내는 따뜻한 문장을 보면 알 수 있다. 시간을
되돌릴 수 없지만 작가는 이야기를 통해 과거의 상처를 치유하고
깨어진 자아를 회복시키는데, 만약 이야기가 없었다면 과거는 영
원히 고통으로만 남았을 것이다. 작가는 이것을 동수에 대한 묘사
로 보여 준다.

높다란 공장 천장 바로 밑에 벽돌 한 개가 떨어져 나가 생긴 구멍으
로 마알간 햇살이 쏟아져 들어오고 있었다. 손바닥만한 구멍으로 저
렇게 밝은 햇살이 들어온다는 것이, 어두운 공장 한구석을 환하게

비출 수 있다는 것이 놀라웠다. … 동수는 잠시 그 햇살 아래 서 있
기로 했다. 그 동안 동수의 몸과 마음을 채우고 있던 어둠을 말간 햇
살로 다 씻어 내고 싶었다.[104]

나이가 들수록 잃는 것이 있다. 순수함이다. 뭔가 알았다고 느
끼는 순간 실수하고 성공했다고 느끼는 순간 초심을 잃곤 한다.
개인도 그렇고 교회도 마찬가지다. 예수를 따르는 제자의 삶이 무
엇을 뜻하는지 알면서도 실제로는 부정하며 살아간다. 그럴수록
문학이 우리 곁에 있다는 것이 얼마나 축복인지 깨닫게 된다. 문
학은 인생이라는 꽃이 피려면 사계절이 필요하다고 말한다. 나아
가 우리가 철마다 새로워져서 복음의 감격을 누리도록 돕는다.

### 고통에 대한 이해

작가에게는 정도의 차이는 있지만 저마다 어두운 과거가 있다.
그 과거를 글쓰기를 통해 풀어내면서 치유가 일어나지만 그렇지
못할 경우에는 질병을 유발한다. 미국의 지성 수전 손택Susan Sontag
이 『은유로서의 질병』에서 질병을 몸으로 말하는 '자기표현의 한
형식'이라고 설명한 것도 이 때문이다.[105] 분명히 아팠는데 때론
자고 일어나면 몸이 괜찮아진다. 마음이 아픈 것을 몸도 알기 때
문이다. 폴 오스터Paul Auster는 『겨울일기』에서 이렇게 설명한다.

갈림길에 설 때마다 몸의 어딘가가 고장이 난다. 몸은 마음이 알지
못하는 것을 항상 알고 있기 때문이다.[106]

과거가 치유되지 못하면 성장이 멈추게 된다. 나이를 먹고 결혼을 하고 자녀를 가져도 그들은 덩치만 큰 아이일 뿐이다. 그래서 크고 작은 일에 상처받고 또 감당할 수 없는 현실 앞에 좌절하고 무기력한 자기 자신에게 화를 내기도 한다. 이것을 반전시키려면 고통은 아픔과 상처를 주지만 동시에 우리를 성장시킨다는 사실을 깨달아야 한다. 사실 지혜는 넘어지고 깨어지면서도 다시 일어설 때 얻어지는 신의 선물인 것이다. 김중미 작가의 조언이다.

　　사람이란 누구나 다 어려운 시절을 겪어. 그런데 그 어려움 속에 그냥 빠져 있기만 하면 도움이 안 되는 거야.[107]

　　성경은 실재이고 문학은 허구이지만 이 둘 사이엔 공통점이 있다. 둘 다 서사에 기반을 두고 있다. 아브라함과 다윗과 다니엘의 이야기는 결코 과거에 한정되지 않고 현재 우리의 삶에서도 이어진다. 즉 문학을 통해 나를 읽은 법을 알게 되면 성경 속 사건들－사르밧 과부, 두 렙돈을 헌금한 과부, 사마리아 여인－이 내 인생과 우리가 사는 동시대에도 재현되고 있음을 알게 된다. 문학은 삶을 읽어 내는 눈을 열어 주는 도구인 것이다.

# 문학은 우리의 뒷모습을 보게 한다

한국은 특이한 나라다. 시집이 베스트셀러가 되고 시가 일간지에 게재되는 나라다. 시는 우리에게 주는 것이 많은데, 이끼 낀 마음을 닦아 주고 무뎌진 감성을 일깨우고, 책 한 권을 꼬박 읽어야 얻을 수 있는 통찰을 주기도 한다. 프로스트는 나무들의 "간힌 싹 속에는… 장차 여름 숲이 될 것이 숨어 있다"[108]라고 알려 준다. 이 짧은 한 줄은 푸르른 여름 숲이 어디에서 시작되는지를 잘 보여 준다.

구약 시대보다 신약 시대에 이르러 신앙인들은 더욱 성숙해졌다. 성령을 받게 되자 이들은 율법의 강제 때문이 아니라 스스로 옳고 그름을 판단하면서 행동했다. 성숙하고 순수할수록 이런 경향이 강하게 드러난다. 문학을 읽고 섬세한 감성까지 배우게 되면 이를 바탕으로 더 높은 단계로 올라설 수 있다. 생각의 자극을 받으면 하늘의 시선으로 삶을 더 깊이, 그리고 더 넓게 볼 수 있기 때문이다. 삶의 변화는 곧 이런 통찰의 결과다.

## 산다는 것

산다는 것 자체가 선물이고 축복이다. 시인 문정희는 "살아 있다는 것은 파도처럼 끝없이 몸을 뒤집는 것"[109]이라고 표현했지만, 매일 아침 이것을 깨닫기란 쉽지 않다. 한 이탈리아 철학자는 "가장 원대한 비현실을 붙드는 사람만이 가장 원대한 현실을 창조해 낼 것이다"[110]라고 했는데, 여러분은 이 말을 믿는가? 인간은 고집스런 존재여서 죽음을 눈앞에 두어야 비로소 인간다워진다. 하지만 세상엔 가끔 설명할 수 없는 일들이 일어나기도 한다.

제국의 모퉁이에 사는 갈릴리 어부들이 전하는 메시지가 로마 제국으로 퍼져나갔다. 그들의 메시지내용가 제국의 시스템형식을 흔들기 시작했고, 서기 313년 로마 황제가 기독교를 공인하기에 이르렀다. 헌데 핍박이 없어지자 내용과 형식의 우선순위가 뒤집어졌다. 형식이 내용을 지배하게 되자 목회는 전문화된 리더십의 몫이 되었고, 헌금의 주 용도는 교회 자체를 유지하는 데 쓰였다. 예배도 하나님이 아니라 성도들을 위해 열리기 시작했다.

시대가 바뀐 것을 느낀다. '우리'라는 말을 쓰지만 우리는 나에 가깝다. 우리는 개인주의 사회에서 태어나고 자랐기에 공동체가 갖는 힘을 모른다. 나는 나일뿐이다. 우리가 아니다. 이제 공동체의 책임보다는 개인의 권리가 우선한다. 진리는 절대적인 것이 아니라 상대적인 것으로 해석된다. 안타깝게도 이런 현상은 나를 넘어 교회와 교단 사이에서도 그대로 나타난다. 손봉호 교수는 그 안타까움을 이렇게 토로한다.

하나님도 '내'가 잘 섬겨야 하고, 복과 은혜도 '나'와 '우리 가족'이 받아야 하며, 성장도 '우리 교회'만 해야 하고, 심지어 선교, 구제, 전도도 '우리 교회'가 주도해야 한다. '이웃'의 축복, '이웃 교회'의 성장, '다른 교단'의 선교에는 별로 관심이 없다. 따라서 그리스도인들과 교회나 교단 간에 경쟁은 있어도 소통은 없다. 이렇게 '우리 교회' 우상을 섬기기 때문에 한국 교회가 건강하게 성장하지 못하고 하나님의 영광이 가려지는 것이다.[111]

커다란 문제 속에는 언제나 작은 문제들이 있는 법이다.

사람은 결코 남에게 마음을 내주는 법이 없다. 그저 가끔씩 빌려줄 뿐이다. 만일 그렇지 않다면 우리가 어떻게 상대방의 허락도 없이 다시 그 마음을 돌려받을 수 있겠는가?[112]

작가 지넷 윈터슨Jeanette Winterson은 문제의 원인이 무엇인지 알았다. 우리가 남에게 내 마음을 주지 않는다면 주님에게도 그렇게 행하고 있는지 모른다. 주님을 사랑한다고 고백하지만 힘들면 자기 속으로 숨기 때문이다. 세상에서 가장 어려운 일이 바로 사람의 마음을 얻는 일인데, 먼저 된 자와 앞에 선 자가 뒤에 오는 사람을 품고 맞춰 주어야 한다. 이것이 어느 시대에나 필요했지만 지금은 더욱 절실하다.

## 관심이 사라지는 시대

윈터슨의 말을 듣다 보니 두 세대 전쯤엔 다들 어떻게 살았을지 궁금하다. 1950년대 이전의 미국은 집, 가게, 일터가 모두 한곳에 모여 있었고, 일상사는 걸어서 해결했다. 에어컨이 없었으므로 다들 밖에 나와 지냈고, TV도 재미가 없어서 서로 수시로 만나서 수다를 떨었다. 대부분의 모임은 즉석에서 이루어졌다. 사실 제2차 세계대전 이전엔 전 세계 99.9퍼센트의 사람들이 시도 때도 없이 만났다.[113]

미국인들이 미드 「빅뱅 이론The Big Bang Theory」 「프렌즈Friends」나 「사인펠드Seinfeld」에 열광하는 이유가 있다. 친한 친구들이 시도 때도 없이 만나 시시껄렁한 일상 이야기를 하면서 시간을 보냈던 사람 냄새나는 시절이 그리운 것이다. 수시로 만나려면 서로 가까이 붙어 살아야 하는데, 지금은 어떤가? 사람들은 스마트폰과 TV 그리고 자신만의 취미에 빠져 있다. 사회적으로 교제가 거의 없다. 온라인 쇼핑과 배달, 모바일 뱅킹 등 점점 사람과의 접촉이 사라지고 있다.

'이웃을 사랑하라'는 예수님의 가르침은 현대인의 감수성에는 낯설다. 대개 자신의 삶만 바라보며 살고 있으며, 자신에게 집중할수록 타인의 삶에 개입하지 않는다. 김영하는 소설 『퀴즈쇼』를 통해 이렇게 묘사한다.

"사람들은 남에게 별 관심이 없다. … 오랜만에 만난 사람들이 취직했느냐, 결혼 안 하느냐 묻는 것도 사실은 아무 관심도 없기 때문이다."[114]

우리는 이 쉬운 진리를 시행착오를 겪어가면서 배우고 있다.

교회 밖 상황도 비슷하다. 어딜 가든 눈을 마주치는 게 불편한 사람들은 스마트폰으로 서로 시선을 분산시킨다. 이런 경향이 신앙생활에도 영향을 주면서 교회를 다니지만 굳이 교제의 폭을 넓히지 않으려 한다. 다른 사람에 대한 관심과 배려가 없기 때문이다. 교회도 자신의 필요에 따라 고르고 교회 공동체의 신념과 목적은 소수의 헌신된 사람들의 몫일 뿐이다. 삶과 신앙이 따로 논다고 해서 고민하지도 않고 진심으로 이웃들과 기쁨과 슬픔을 함께하는 경우도 드물다.

나아가 다단계 회사나 신천지 같은 이단에 빠지거나 극좌나 극우에 집착하는 사람들이 있다. 이들은 한 가지 해석만 신봉할 뿐, 다양한 경우의 수를 보려 하지 않는다. 삶이 불확실해질수록 익숙한 생각에 집착하고 다름을 틀림으로 해석하려고 한다. 다르다는 것이 위협으로 느껴지기 때문이다. 다름이나 다양성은 공동체와 직결되기에 중요하지만, 안타깝게도 교회도 점점 믿는 자들의 공동체에서 개인들의 집합체로 변하고 있다.

매년 대학별 인기학과를 보면 한국 사회의 현재와 미래가 보인다. 대세는 의예과이고, 전문대도 취업에 유리한 학과에만 학생들이 몰린다. 심지어 인문학 전공자가 취업문을 뚫으려고 경영대나 공대 학과목을 수강하기도 한다. 생계를 책임지지 못하는 전공은 적폐 대상으로 불리는 시절이긴 하지만, 교육의 가치는 사람을 만드는 것이기에 아름다운 것 아닌가? 이제 교회마저 적폐 대상으로 내몰리는 분위기에서 원론적인 질문이 생긴다. 교회는 왜 존재하는 걸까?

## 왜 문학을 읽는가

답답한 마음에 문학을 읽는다. 읽다 보면 소설 속 이야기가 내 이야기 같은 경험을 할 수 있다. 이야기는 작품 안에만 존재하는 것이 아니다. 사랑처럼 이야기도 움직인다. 독자가 이야기를 받아들이는 순간 이야기는 독자의 상처나 두려움, 경험, 꿈과 설렘과 부딪혀 변형되고 수정되고 확장된다. 즉 이야기가 독자들을 변화시키게 되는데, 그래서 이야기는 작가와 독자가 함께 만드는 것이다. 이것은 성경을 읽을 때도 동일하게 일어난다. 다음 질문을 생각해 보자.

- 하나님이 여러분과 가장 친한 사람들을 통해 스스로가 생각하지 못했던 문제를 깨우쳐 주시리라는 믿음을 갖고 있는가?
- 하나님이 주변의 일이나 지인들을 통해 여러분의 삶과 영혼의 상태를 볼 수 있는 눈을 열어 주시리라고 믿는가?

두 질문에서 '가장 친한 사람들'과 '주변의 일'과 '지인들'을 문학이라고 가정해 보자. 우리는 성경을 많이 알고 있고 많이 암송하고 있다 해도 거기서 한발 더 나아가야 한다. 문학은 그 성경 구절이 개인적이고 사적인 자신의 삶에서 어떤 모습으로 펼쳐지는가를 보게 한다. 우리 안에는 치명적 동반자인 '죄'가 있는데, 하나님은 그것과 싸워 이기도록 '왜고민하는 힘, 생각하는 힘'라는 질문을 함께 주셨음을 기억해야 한다.

하나님을 간절히 사모할수록 죄의 저항이 줄어드는 게 아니라 더욱 강렬해진다.[115] 그래서 문학을 읽고 깊어질수록 우리는 내 힘이 아니라 하나님의 은혜로 살아감을 절감할 수 있게 된다. 즉 다윗처럼 부끄러운 모습을 고백하며 하나님께 나아오는 것이다. 진짜 제대로 된 신앙인의 삶을 살려면 생각의 근육을 키울 줄 알아야 한다. 근육이 있으면 넘어져도 덜 다치고 회복도 빠르기 때문이다. 그리고 제일 중요한 것, 자신의 신념에 대한 확신이 생기게 된다.

## 생활에 밑줄을 긋는다는 것

기형도는 독특하다. 문학 평론가 김현은 그의 시가 낯설고 우울하기 때문에 '그로테스크 리얼리즘grotesque realism'이라 불렀다. 여기에 때 이른 시인의 요절도 기형도 신화를 빚어내는 데 한몫했다. 그는 30세에 세상을 떠났지만 문단의 김광석 같은 인물로 여전히 많은 이의 가슴속에 살아 있다. 기형도에 대해서는 잘 몰라도 그의 시를 읽는 동안 가슴이 따뜻해짐을 느낄 수 있는데, 마치 안개에 젖는 것 같다.

지금도 안개를 만나는 날이면 기형도의 시 「안개」를 떠올리곤 한다. 「안개」는 1985년도 신춘문예 당선작이다. "아침저녁으로 샛강에 자욱이 안개가 낀다"로 시작되는 시를 읽다 보면 그의 시가 현실을 읽는 힘이 있다는 것을 느낄 수 있다. 교회 생활에 익숙해지면서 「안개」보다 더 자주 떠올리는 시가 생겼는데, 「우리 동네 목사님」이다. 유고집 『입 속의 검은 입』에 실린 이 시는 참된 신앙이 무엇인지 고민하게 만든다.

> 교인들은 주일마다 쑤군거렸다, 학생회 소년들과
> 목사관 뒷터에 푸성귀를 심다가
> 저녁 예배에 늦은 적도 있었다
> 성경이 아니라 생활에 밑줄을 그어야 한다는
> 그의 말은 집사들 사이에서
> 맹렬한 분노를 자아냈다, 폐렴으로 아이를 잃자
> 마을 전체가 은밀히 눈빛을 주고받으며
> 고개를 끄덕였다, 다음 주에 그는 우리 마을을 떠나야 한다[116]

이 시를 읽고 나서부터 일상은 믿음의 교과서이자 훈련장이라는 사실을 깨달았다. 독자들도 이 시를 읽으면서 가장 중요한 구절을 발견했을 것이다. 그 구절을 마음에 두고 보면 마귀의 전략은 이 땅에 종교를 세우고 교회의 이름으로 교회를 핍박하고 신앙의 이름으로 신앙인을 핍박하는 것임을 알게 된다. 많은 사람들이 맹목과 무지로 영원을 잃어버리고 있음을 이 시는 잘 보여 준다.

첫 행은 '읍내에서 그를 본 것은 이번이 처음이었다'로 시작한다. '그'라는 3인칭 대명사를 쓴 것으로 보아 화자는 교인이 아니지만 천막 교회 목사에 대해 잘 알고 있었다. 목사가 다음 주에 이 마을을 떠나야 하고, 한 주 전에 둘째 아들을 잃었으며, 교인들로부터 존경 받지 못한다는 것까지 알고 있었다. 게다가 목사가 큰 소리로 기도하지 않고 찬송할 때 박수를 힘차게 치지 않는 데다 푸성귀를 심다가 예배 시간에도 늦은 사실마저 알고 있었다.

화자는 교인들도 잘 알고 있었는데, 교인들을 세 가지 모습으로 그려낸다. 교회당 꽃밭을 마구 밟고 다니는 모습, 목사의 말에 분노하는 모습, 목사가 아들을 잃은 것에 대해 은밀한 눈길을 주고받는 모습이 그것이다. 이런 모습을 보면 교인들은 목사를 자신들의 입맛에 맞추려 하고 자신들이 생각하는 방식으로 신앙생활을 하려는 것이 분명하다. 예수를 닮아가는 삶에 대한 고민이 없는 탓은 아닐까? 시인은 이 시구 하나로 신앙의 본질을 단숨에 일깨워 준다.

'성경이 아니라 생활에 밑줄을 그어야 한다'

이런 통찰은 배웠다고 주어지지 않는다. 자신의 일상을 읽는 눈이 있어야만 한다. 그래서 하나님의 계시는 익숙한 것을 낯설게 볼 수 있는 눈을 가진 자에게 종종 드러나게 된다. 작가는 이 계시의 순간을 찾아내고 표현했다. 문학의 강점은 일상에서 자신을 돌아볼 수 있는 성찰의 시작점을 찾아낸다는 것이다. 그래서 「우리 동네 목사님」 한 편만 읽어도 예수를 믿는 것이 어떤 것인지 엿볼 수 있다.

## 우리에게 거룩함이란 〰〰〰〰

토저Aiden Tozer 목사는 "하나님을 인식하는 것은 지적 작용이 아니라 직관을 통해서 주어진다"[117]고 말했다. 문학을 읽다 보면 토저 목사의 말을 실감할 때가 있다. 성경을 읽을 때처럼 문학을 읽다가도 짜릿한 순간이 찾아오게 되는데, 삶을 흔드는 한 줄을 만날 때가 그렇다. 그 한 줄이 독자들의 생각에 자극을 주어 자신의 삶을 관찰하게 만든다. 나쓰메 소세키夏目漱石의 소설『나는 고양이로소이다』를 읽다 보면 이런 문장을 만날 수 있다.

> 무사태평하게 보이는 사람들도 마음속 깊은 곳을 두드려 보면 어딘가 슬픈 소리가 난다.[118]

우리가 속마음을 들키는 경우는 많지 않지만 유독 어떤 시나 소설의 한 문장이 내 마음을 건드린다면 생각해 볼 필요가 있다. 건드린다는 것은 마음속 어딘가에 파장을 일으킨다는 뜻이다. 살다 보면 설명하기 힘든 문제들을 만나게 되는데, 자신만의 관점과 기준이 없으면 문제를 분별하거나 정확히 응시하지도 못한다. 문학은 이러한 것을 연습하는 도구다. 박노해의 시「하늘」을 통해 연습해 보자.

> 우리 세 식구의 밥줄을 쥐고 있는 사장님은
> 나의 하늘이다
> …
> 높은 사람, 힘 있는 사람, 돈 많은 사람은
> 모두 하늘처럼 뵌다
> 아니, 우리의 생을 관장하는
> 검은 하늘이시다[119]

1980년대를 대표하는 노동자 시인 박노해의「하늘」은 시집『노동의 새벽』에 실려 있다. 장사익, 윤도현 밴드, N.EX.T 등이『노동의 새벽』에 실린 시에 곡을 붙여 앨범을 냈을 만큼 인상적인 시들이 많다. 이 중「하늘」을 통해서도 성경의 메시지를 새롭게 이해할 수 있다. '나라면 어떻게 했을까'란 가정을 해 보는 것이 문학의 중요한 기능인데, 시「하늘」에 제시된 상황과 연결지어 살펴보자.

이 시에는 모두 5개의 직업군—사장, 의사, 경찰관, 판검사, 고위 공무원—이 나오는데, 노동자의 입장에선 모두 힘 있는 사람들이다. 이들은 필화 사건을 일으킨 김지하의 시「오적五賊」에 등장하는 인물들—재벌, 국회의원, 고위 공무원, 군 장성, 장차관—과 유사하다. 우리는 이들이 신앙인이라고 가정한 뒤, 이들에게 그리스도인으로 산다는 게 어떤 의미인지 물어본다면 어떤 대답을 들을 수 있을까? 세상은 공평하다고 말하지만, 실제로는 공평하지 않기에 시인의 해석이 흥미롭다.

첫 인물은 사장님이다. 화자가 밥줄이라고 쓴 걸 보면 일터는 행복한 곳이 아니다. 직원들의 밥줄을 쥐고 있는 회사일수록 웃음이 적을 수밖에 없다. 고객은 속일 수 있어도 직원은 속일 수 없는 법인데, 힘이 없는 이에게 사장, 의사, 경찰, 공무원, 판검사 모두는 하늘 같은 존재인 것이다. 만약 내가 사장이라고 가정한다면 어떤 방식으로 직원을 대하고, 내가 종업원이라면 어떤 식으로 일을 할 수 있을까? 어느 쪽이건 남을 나보다 낫게 여기는 마음이 없다면 잘못된 것이다.

성경을 읽을 때마다 하나님의 세심함에 대해 감탄하게 된다.

"하나님은 거룩하시다"라는 진리에 기초하고 있는 레위기는 19장 9절에서 이렇게 기록하고 있다.

"… 너는 밭모퉁이까지 다 거두지 말고 네 떨어진 이삭도 줍지 말며"

하나님이 농부에게 기대하시는 거룩함은 '함께 살아가는 연약한 이들에 대한 배려'[120]로 나타난다. 이 적용을 고용주에게 한다면 거룩함은 직원들의 품삯을 속이거나 착취하지 않는 것이 될 것이다.

1997년 IMF 때의 일이다. 회사가 무너지고 많은 회사원들이 직장을 잃었는데, 그 중 한 가장이 있었다. 이제 막 예수를 믿기 시작한 청년이었는데, 교회가 작아서 청장년부에 속해 있었다. 당시 회장이 그 청년을 뺀 나머지 사람들을 따로 불렀다. 그리곤 십일조를 모아 그의 가정을 돕기로 했다. 새로운 직장을 얻기까지 시간이 좀 걸리긴 했지만 그 시간을 버티는 동안 모두의 믿음이 깊어졌다. 함께 어려움을 견디는 것, 이것이 거룩함이다. 다시 말해 거룩한 삶은 신앙인의 증거다.

하나님께 드리는 제사의 거룩함과 이웃을 대하는 삶의 거룩함이 분리된 신앙은 사실 여호와 신앙이 아니다. 겉으로는 여호와 신앙으로 보이지만 실상은 우상 숭배다.[121]

판사에게 있어 거룩함은 정의로 판결하는 것이고, 상인의 거룩함은 동일한 도량형을 사용하는 것이다. 하나님을 경외하는 삶은 말씀과 기도로 알 수 있지만, 상인에게 있어 구체적인 채점표는 일터에서 품삯이나 저울을 속이지 않는 것에 달려 있다.[122] 하나님이 보시는 거룩함은 추상적인 개념이 아니라 구체적인 실천이다. 이 거룩함을 시인 박노해는 서로가 서로를 받쳐 주는 푸른 하늘로 묘사한다.

## 자기 점검

　제1차 세계대전 이후 환멸을 느낀 미국의 지식 계급이나 예술파 청년들을 '잃어버린 세대Lost Generation'라고 부른다. 전후 세대인 헤밍웨이와 피츠제럴드F. Scott Fitzgerald가 여기에 속한다. 제1차 세계대전이 끝난 1920년대에 사람들은 억눌렀던 쾌락의 욕구를 쏟아내기 시작했다. 영화, 재즈, 자동차가 넘쳐 났고 라디오가 처음으로 보급되고 유성 영화도 등장했다. 건물은 높아졌고 술값은 더 싸졌다. 살만해진 것이다. 미국의 생활 양식이 전 세계로 퍼져 나가고 패션 산업도 전성기를 맞았는데, 바로 디자이너 샤넬Gabrielle Chanel이 1920년대를 대표한다고 할 수 있다.

　1920년대 시카고를 주름잡은 마피아 알 카포네Al Capone는 돈 되는 건 다 팔았다. 위로가 필요한 자에겐 밀주를 팔았고, 내부 정보가 필요한 자에겐 연줄을 팔았다. 힘이 없는 자에겐 주먹을 팔았고, 경찰에 체포되었을 때에는 자신이 범죄자라면 시민들 역시 유죄라고 큰소리를 쳤다. 카포네는 시카고를 지배한 공공의 적이었으나 신문과 잡지 심지어 시민들마저 그를 우상화했다.[123] 모두가 밀주, 연줄, 주먹과 연결되어 있었기 때문이다.

　1925년에 『위대한 개츠비』가 출간된 것도 우연이 아니다. 1920

년대 사람들은 모두가 부자가 되고 싶었지만 실패와 좌절을 맛보았다. 이 소설은 개츠비<sup>Gatsby</sup>라는 허구의 인물을 통해 1920년대 사람들을 사로잡은 공허한 기쁨의 실체를 적나라하게 보여 준다. 문학은 이러한 자기 점검을 통해 인생이라는 트랙에서 우리가 이탈하지 않도록 도와준다. 이런 모습을 교회에 적용시킨다면 무엇이 될 수 있을까? 교회에 등록한 후로 자신의 구원을 점검해 보는 성도는 얼마나 될까?

작은 교회라면 새신자반을 거칠 것이고 그 이후에는 전도나 봉사에 힘쓸 것이다. 중형 교회라면 제자 교육을 훨씬 체계적으로 받을 수 있다. 어느 쪽이건 하나님을 아는 기쁨이 크겠지만 세월엔 장사가 없다. 삶이 고달파지면 하늘 소리를 듣는 것에 둔감해지기 마련이다. 그래서 이걸 예방하려면 자신의 삶을 점검해야 하는데, 한국에서의 하루는 이런 것을 생각할 여유를 허락하지 않는다. 그럼에도 우리는 이것을 반전시켜야만 한다.


## 믿음이란 무엇인가

'믿음이란 무엇인가'는 우리 사회가 교회를 향해 던지는 질문이다. 흘려듣기엔 기독교가 무엇인지 몰라서 묻는 게 아님을 알기 때문에 귀가 쭈뼛 선다. 기독교가 도대체 어떻게 생겨먹었는지 알기 위해서 묻는 것이다. 어디서부터 잘못된 것일까? 교회가 점점 정치판을 닮아갈 뿐 아니라 안타깝게도 보수는 믿음을 남용했고, 진보는 믿음을 경시해 왔다. 그 어느 쪽도 책임에서 자유로울 수 없다.

진보든 보수든 길을 잃은 데에는 성경을 제대로 읽지 않은 탓이 크다. 보수는 자신이 원하는 부분만 뽑아서 읽었고, 진보는 성경 자체를 제대로 읽으려고 하지 않았다. 진보와 보수 모두 올바른 분배를 논하지만, 정의는 분배의 문제만이 아니라 올바른 가치의 문제이기도 하다.[124] 이 모든 논의를 한마디로 요약하면 하나님 나라의 부재다. 즉 진보와 보수 모두 예수님이 가르치신 본질적인 메시지를 제시하지 못하고 있는 것이다.

왜 하나님은 우리가 예수 그리스도를 삶의 주인으로 모시고 구원자로 믿는 순간 천국으로 데려가시지 않을까? 분명 거기에는 이 땅에서 우리 각자가 해야 할 몫이 있기 때문이고, 또 이 땅에서 배워야 할 무언가가 있기 때문이다. 미국 시인 아치볼드 매클리시 Archibald Macleish는 다음과 같은 문장을 남겼다.

"경험을 통해서 배우는 아픔보다 더 진한 아픔이 있다. 바로 경험을 통해 배우지 못하는 아픔이다."[125]

무엇을 미리 본다는 것은 신의 선물이지만 거기엔 고통이 따르기 마련이다. 에스겔, 예레미야, 아모스, 미가 같은 선지자들이 활동한 시대는 죄와 부패로 요동쳤다. 진리를 듣기 싫어하는 백성들에게 하나님의 말씀을 외쳐야 할 선지자의 삶도 힘겨울 만했다. 하나님의 마음을 이들도 느꼈기 때문이며, 특히 배반의 아픔은 말할 수 없이 커서 예레미야의 눈에서는 눈물이 마를 날이 없었다. 에스겔은 몇 번씩이나 예언자의 직분을 벗어던지려 했다.

빛과 소금으로 산다는 것은 세상이 감당할 수 없는 사람이 되라는 뜻이다. 경쟁 사회에서 기독교의 정체성을 드러내며 사는 것이기에 절대 쉽지 않다. 그래서 대개는 두 가지 방식 중 하나를 선택하는데, 직장을 그만두거나 아니면 적당선에서 타협한다. 하지만 어느 것도 현실적인 대안이 되지 못하기에 월요일만 되면 긴장하게 된다. 게다가 주일 설교 말씀을 통해 힘을 얻지 못하면 한 주의 삶이 한없이 더딜 뿐이다. 그리고 신앙적·도덕적 딜레마가 튀어나올 때마다 고민할 수밖에 없다.

예배와 섬김은 지극히 당연한 일이지만 이제 성가신 일이 되고 말았다. 교회 안에서도 다수의 관심사는 하나님의 사람으로 사는 것이 아니다. 경제적으로 윤택하게 잘사는 것이다. 알다시피 성공과 재물이 하나님의 선물이라고 해서 그렇다고 가난이 부끄러운 것은 아니다. 하지만 현대 교회에서 가난은 무능이자 수치로 여겨진다. 그래서 다수는 헌신을 원하지만 가난에 빠질까 두려워한다. 우리를 위해 가난해진 예수님을 생각하면 정말 기막힌 역설이다 고린도후서 8:9.

우리 각자의 꿈은 하나님의 사람으로서 빛과 소금의 삶을 사는 것이다. 다만 교회 안에선 가능한 꿈이지만 현실이라는 벽에 부딪히는 순간 하나님의 사람으로 살겠다는 신념은 마음속 깊은 곳으로 잠수하고 만다. 현실에서는 기독교인의 정체성을 지키며 산다는 것이 달걀로 바위 치기처럼 느껴질 수 있다. 다음 글을 읽어 보자. 혹자가 "너 혼자서 어떻게 세상을 바꿔"라고 물을 때 들려줄 수 있는 대답이 들어 있다.

눈멀고 귀먹어 민둥하니 낯바닥 봉창이 된 달걀, 껍데기 한 겹, 그까짓 것 어느 귀퉁이 모서리에 톡 때리면 그만 좌르르, 속이 쏟아져 버리는 알 하나. 그것이 바위를 부수겠다. 온몸을 던져 치면, 세상이웃을 것이다. 하지만 바위는 아무리 강해도 죽은 것이요, 달걀은 아무리 약해도 산 것이니, 바위는 부서져 모래가 되지만, 달걀은 깨어나 바위를 넘는다.[126]

작가 최명희가 『혼불』 10권에서 한 말이다.

# 친구를 만나듯 좋은 문장을 만나라

좋은 친구를 만나듯 좋은 문장을 만나야 한다. 그래야 길이 열리고 생각이 열리기 때문이다. 정말이지, 좋은 문장은 인생의 친구처럼 드물게 찾아온다. 마찬가지로 하나님의 사람도 친구 같은 문장을 만나야 한다. 좋은 친구는 늘 내 편에서 날 이해해 주는 존재인데, 좋은 문장이 그런 역할을 한다. 좋은 문장은 힘들 때 가만히 내 옆을 지켜 줄 뿐 아니라 인생을 단단하게 빚어가기도 한다. 다음은 김은주 작가의 문장이다.

> 상대방을 판단하는 데 가장 큰 기준이 되는 것은 아이러니하게도 상대방이 아니라 그날의 나의 기분, 나의 취향, 나의 상황, 바로 '나' 이다. 그러므로 특별한 이유 없이 누군가 미워졌다면 자신을 의심하라.[127]

『달팽이 안에 달』에서 김은주 작가는 밝히지 않았지만 경험에서 우러나온 말임을 직감할 수 있다. 이런 직감은 위기철의 소설 『고슴도치』에서도 느낄 수 있다.

'몹시 슬픈' 자는 결코 엉엉 울지 않으며, 오직 억울한 자만이 엉엉 우는 법이다. 억울함은 타인을 향한 감정이지만, 슬픔은 스스로를 향한 감정이니까.[128]

삶이 주는 압력을 견디려면 한 문장이 있어야 한다. 삶이 불확실해도 한 문장을 붙들면 그래도 견딜만해진다. 세상 사람들 역시 막연한 불안감에 '오늘이 생의 마지막이라면 나는 뭘 할까'라고 묻곤 한다. 가정임에도 이 물음은 그들을 절박하게 만든다. 그나마 톨스토이가 『참회록』에서 "사람이란 소중한 무언가를 믿기 때문에 사는 것"[129]이라고 결론을 내려준 게 위안이 된다. 그래서 우리에게 '어떻게 살 것인가'는 중요한 질문이며, 그리스도인이라면 그 답을 알고 있어야 한다.

진정한 성공을 꿈꾼다면 때론 고생도 해봐야 하고, 고정 관념을 뒤집는 질문도 던져야 하고, 무엇보다 세상을 진리로 이끄는 법을 배워야 한다. 예수님은 이 땅에서 백마를 탄 정복자가 아니라 어린 나귀를 탄 모습으로 오셨음을 기억해야 한다. 그리고 좋은 글을 읽으며 시야를 넓혀야 한다. 사실 우리는 불확실로 인해 더 많은 기회와 관점을 얻기도 한다. 혹시라도 성공의 징후가 보이지 않아 초조하다면 C. S. 루이스C.S. Lewis가 『순전한 기독교』의 「소망」 편에서 쓴 말을 기억할 필요가 있다.

이 세상의 어떤 경험으로도 충족되지 않는 열망이 내 안에 있다면, 그것은 아마도 내가 다른 세상에 맞게 창조되었기 때문일 것이다.[130]

신앙생활에서 문학이 활용되는 경우는 드물다. 신앙은 고사하고 인생에도 도움이 안 된다고 여기지만, 그래도 문학은 꽤 쓸모가 있다. 신앙생활은 예기치 못한 일을 연속적으로 경험하는 과정인데, 기본적인 답을 준비하지만 독창적인 해결책을 찾아야 할 때가 더 많다. 그런 순간에 문학은 답을 찾는 방법을 가르쳐 준다. 흔히 답은 상식을 따르면서도 상식을 깨는 경우가 많고, 문학은 그 미묘한 차이를 일러준다.

　초심을 지키고 싶은 것은 작가도 마찬가지다. 나탈리 골드버그 Natalie Goldberg는 "뼛속까지 내려가서 써라"고 조언하고, 최명희는 "손가락으로 바위를 뚫어 글씨를 새긴다"고 고백한다. 초심을 잃지 않으려면 간절함이 있어야 하고, 그 간절함이 인생 작품을 만든다. 문제는 이 간절함이 한 번에 완전한 형태로 주어지지 않는다는 데 있다. 뭔가 바꾸고 싶지만 어떻게 해야 할지 막막하다면 한 줄의 힘을 기억하자.

　그리스도인은 '왜 나는 그리스도인이 되길 원하나?'로 자기 점검을 해야 한다. 즉 자신이 무엇을 원하는지 묻는 것이다. 이것은 소명의 문제이자 가치관의 문제다. 인생의 끝자락에 섰을 때 무엇을 보고 싶은가? 그때 보고 싶은 것을 한 줄로 정리해 보라. 한 줄은 그것을 쓴 사람의 내적 자아를 드러내는데, 핵심 가치는 자신을 지키는 데드라인 역할을 한다. 그것이 여러분의 삶을 하나님 나라로 이끌어 갈 것이다.

## 한 줄의 힘 ～～～～

　구글의 창립 모토는 '사악해지지 말자$^{Don't\ be\ evil}$'였는데, 현재
는 '옳은 일을 하라$^{Do\ the\ right\ thing}$'이다. 스탠포드 대학원생 두 명
이 전 세계의 모든 문서를 찾아 주겠다는 포부를 품고 세운 검색
전문 회사인 구글은 현재 전 세계 10만 명이 넘는 직원을 두고 있
다. 그들을 먹여 살리려면 수익을 내야 하지만 비즈니스 환경은
늘 변하기 마련이다. 그들은 자신이 정한 원칙을 지킬 것인가, 아
니면 환경에 순응할 것인가를 매번 결정해야만 한다. 그런데 구글
의 경우 타협을 택했기 때문에 현재 비난을 받고 있다.

　구글이 성공한 이유는 아무도 정의해 놓지 않은 불확실한 길을
가고 그 길에서 부딪치는 힘든 문제들과 맞붙어 씨름한 데 있다.
구글은 큰 이익을 볼 때마다 스스로에게 '사악해지지 말자'고 다
짐했다. 이런 초심을 윤동주는 "하늘을 우러러 한 점 부끄럼이 없
기를"이라고 표현한다. 이 한 줄이 있다면 행동은 더 쉽고 결정도
더 빨리 이루어진다. 그래서 누구나 자신이 하는 일을 가늠할 수
있는 기준이 필요하다. 삐뚤삐뚤한 생각도 한 줄로 정리하면 반듯
해지는 것처럼.

　우리는 확신 없이 휘두른 스윙으로 삼진 아웃이 되어선 안 된
다. 인생에서 진짜 중요한 것이 뭔지 알면 삶은 단순해지는 법이
다. 세상을 바꾼 사람들은 대부분 많은 것들에 정통하지 않았다.
그저 한두 가지에 능했을 뿐이다. 만약 삶이 무기력하게 느껴진
다면 가슴을 뛰게 하는 한 줄 문장을 찾길 바란다. 이 바쁜 시대에
시를 읽는다는 게 쉽지 않지만 중요한 한 줄 문장으로 엮인 시는

인간의 본질을 단 몇 단어로 꿰뚫는다. 인생은 중요한 것에 침묵할 때 끝장나기 쉽지만, 시는 그것을 지켜내는 강력한 삶의 무기가 될 수 있다.

오늘날에도 우상 숭배는 여전하지만 우리는 둔감한 탓인지 그것을 잘 감지하지 못한다. 생각해 보면 금송아지 앞에서 절하지 않아도 하나님이 아닌 다른 존재에게 마음으로 고개를 숙일 때가 얼마나 많았는가? 우상 숭배는 우리가 수시로 저지르는 죄다. 우상에 빠질수록 부끄러움을 견디는 힘은 더욱 약해지고 신앙생활을 '기브 앤 테이크give and take'로 생각하기 쉽다.

살다 보면 소신을 굽혀야 한다는 생각이 들 때가 있다. 나약한 인간은 타락할, 타협할, 포기할 마음을 가지고 있기 때문이다. 그렇게 작은 이익에 비겁해지려고 할 때 나를 지켜 주는 것이 바로 한 줄 문장이다. 그 한 줄에는 내가 꿈꾸는 신앙의 본질을 담고 있는 경우가 많다. 고난과 역경을 딛고 성공을 일궈 낸 사람들의 삶은 남다르다. 그들은 신념을 지키기 위해 무던히도 애를 썼기 때문이다. 그래서 이들의 삶과 생업에서는 신념이 맞물려 돌아가게 된다.『욕망해도 괜찮아』속 한 문장을 보자.

창의성이란 학교에서 배울 수 있는 기술이 아니라 근본적으로 '남과 다를 수 있는 용기'야.[131]

뭐가 문제인지 모를 땐 사는 게 별로 힘들지 않다. 그런데 무엇이 문제인지 알게 되는 순간, 문제는 삶에 도전을 준다. 진정한 성공을 꿈꾼다면 자신의 인생에 대한 확신이 있어야 한다. 인생이란 가장 '나다운 나'를 찾아가는 긴 여정이 아닌가? 안타깝게도 많은 사람들은 그 여정의 끝에서 '나다운 나'를 만나지 못한다. 때로는 남과 다를 수 있는 용기, 미움 받을 용기를 내지 못했기 때문이다. 그러기에 우리는 자신의 선택에 대한 타인의 평가에 주눅이 들어선 안 된다.

그리스도인은 하나님 나라라고 하는 현상 너머의 본질을 꿰뚫어 보아야 한다. 제대로 생각하는 것이 중요한 이유가 여기에 있다. 미국 건국의 아버지 벤저민 프랭클린은 이렇게 말했다.

"많은 사람들이 25세에 죽었는데 장례식은 75세에 치른다."132

프랭클린은 신념을 포기하는 순간을 죽은 것으로 이해한 것이다. 선악을 알게 하는 나무의 열매를 먹은 뒤 아담과 이브가 겪은 슬픔이자 사울 왕의 슬픔이 바로 이것이다. 그래서 이 슬픔을 피하기 위해 자신만의 한 줄 문장을 가져야 한다.

### 나비의 꿈 ~~~~~~~~

성령님은 평범한 이야기에 불꽃을 일으켜 누군가의 삶에 기적을 일으킨다. 트리나 폴러스Trina Paulus는 이런 기적을 '나비의 꿈'으로 가르쳐 주었다. 한 마리 작은 줄무늬 애벌레가 나비의 꿈을 꾼다. 하지만 그 꿈을 잡으려면 서로가 서로를 짓밟고 올라가는 성공으로 가는 기둥에서 내려와야만 한다. 단 한 번뿐인 삶을 아무도 그 실체를 보지 못한 '나비의 꿈'에 건다는 것은 두려운 일이다. 머뭇거리는 작은 애벌레에게 늙은 애벌레가 이렇게 격려한다.

너는 아름다운 나비가 될 수 있을 거야. 우리 모두 널 기다리겠어.[133]

늙은 애벌레의 말은 "나를 따르라"는 주님의 말씀처럼 들린다. 나비의 꿈은 곧 예수님의 제자로 살겠다는 꿈이다. 헌데 제자들이 사는 나라는 '거꾸로 뒤집힌 왕국'이 아닌가? 이곳에선 우리가 알아왔던 세상의 가치, 전제, 규범이 완전히 뒤집힌다. 큰 자는 오히려 섬기는 곳이다. 그런데 주님이 보이지 않는 이유는 다들 높은 곳만 바라보기 때문이다. 주님은 가장 낮은 곳에 계시면서 "너도 나와 함께 이곳에 있을 수 있는가"라고 물으신다. 이것이 부르심이다.

어두운 곳에 빛이 비춰지고 부패한 곳에 소금이 들어가야만 정의가 살아날 수 있다. 이런 것이 안 될 때에는 사회 전체가 몸살을 앓게 된다. 반면에 모두가 나비의 꿈을 꾸고 하나님이 하실 일을 기대할 때 병든 사회가 회복될 수 있다. 다시 말해 우리의 역할은 하나님이 하실 일을 기대하는 것이다. 『혼불』의 작가 최명희도 '나비의 꿈'을 꾸었다. 작가는 우리 그리스도인들이 경청해야 할 중요한 말을 들려주는데, 그가 어려서부터 집안 아저씨에게 들은 말이다.

저 나무는, 땅 위의 둥치와 가지 모양, 길이 그대로 반대편 땅속에 똑같은 모양, 길이로 뿌리를 내린단다.[134]

신앙의 기본을 땅속의 뿌리가 깨우쳐 준다. 뿌리가 어두운 땅속으로 한 뼘씩 내려야만 땅 위의 가지도 한 뼘씩 솟아오른다. 내가 쏟는 눈물과 땀이 뿌리를 타고 땅속으로 내려가는 만큼 나무는 눈부시게 아름다운 지상의 햇살 속으로 하늘을 향해 가지를 뻗는 것이다. 그리스도의 푸른 숲을 이루는 나무도 마찬가지 방식으로 뿌리를 내린다. 올라가려면 내려가야 하는 법, 이런 삶을 리빙스턴과 바울이 잘 보여 준다.

### 십자가 신앙 ～～～～

용기의 진가가 위험 속에서 드러난다는 사실을 리빙스턴을 통해 확인할 수 있다. 리빙스턴은 아프리카 잠비아에서 10년 동안 전도한 끝에 한 사람을 얻었다. 하지만 그 대가는 혹독했는데, 길도 없는 밀림을 지나가다 나뭇가지에 찔려 한쪽 눈을 실명하고 말았다. 한번은 사자에게 어깨를 물려 죽을 뻔한 적도 있었다. 게다가 두 아이와 아내마저 풍토병으로 잃었다. 그럼에도 리빙스턴은 선교지를 떠나지 않았다. 그의 삶은 바울의 삶과 맞닿아 있다.

삶이 끝나갈 즈음 사도 바울은 로마 감옥에 갇혀 있었고, 곧 겨울이 다가오는데 몸을 덮을 외투 하나 없었다. 오직 누가만이 그의 곁에 있었다. 세상적인 기준으로 본다면 바울의 삶은 분명 실패였다.[135] 허나 바울은 믿음의 경주를 쉬지 않았고, 이제 결승선에 도달했다. 바울은 자신을 위해 '의의 면류관'이 마련되어 있다고 고백했다디모데후서 4:7-8. 그것은 주어진 인생을 치열하고 신실하게 살아 낼 때에만 나올 수 있는 고백이다. 이런 십자가 신앙갈라디아서 6:14은 바울의 삶의 원칙이자 기술이었다.

4장

문학에서 삶의 기술을 얻다

# 현실을 보는 유연한 눈을 얻다

박영선 목사가 쓴 『구원 그 이후』란 책 서문에 저자의 고민이 담겨 있다. 기독교는 내일에 대한 소망을 강조하지만, 저자는 지금 당장 현실에서 쓸 수 있는 '발언권'이 없다는 문제를 고민했다.[136] 존 스토트John Stott 목사도 이 문제를 다루면서 그 답을 교회의 이중 정체성에서 찾았다. 교회는 세상에서 나와 하나님께 속한 '거룩한' 사람들이지만 동시에 세상으로 보냄을 받은 '세상적인' 사람들이라는 것이다.[137]

예수님도 현실에 대한 발언권을 가르치셨다. 빛과 소금마태복음 5:13-16에 비유하시면서 "세상에 있되 세상에 속해서는 안 된다"요한복음 17:11-19고 가르치셨다. 빛은 어둠에 있되 속을 비추어야 하고 소금은 녹아 음식 속으로 스며들어야 한다. 이 균형을 맞추지 못하면 위선자나 니체가 경고한 괴물이 되고 만다. 즉 우리는 세상과의 싸움 가운데 스스로 괴물이 되지 않도록 조심해야 한다. 종교 재판, 교리 싸움, 청교도의 마녀사냥과 이단 시비는 이것을 적나라하게 보여 준다.

기독교를 싫어하는 사람들이 좋아하는 책이 있다. 신앙인들이 자기 점검을 하기 위해 쓴『기독교 죄악사』나 기독교의 추악한 이면을 다룬 책들이다. 무신론자들은 기독교의 역사적 실화들을 입맛대로 골라 읽는다. 교회나 기독교 혹은 하나님 나라라는 이름으로 행해진 일이었지만, 진짜 그리스도인이라면 행할 수 없는 일이다. 이단들도 교회라는 이름을 사칭하듯 그렇게 기독교를 사칭하여 벌어지는 일들은 지금도 우리 곁에서 일어나고 있다.

교회를 안 다녀도 교회가 십자가로 가는 좁은 길이 아니라 성장과 부흥으로 가는 8차선 대로 위에 있음을 잘 알고 있다. 그 안타까움에 여러 목회자들은 '목사가 죽어야 교회가 산다'고 자책한다. 하나님이 목사를 세우신 것은 예수님을 따라 사는 삶이 어떤 삶인지 성도들에게 모델로 보이려고 하신 것이다. 허나 교회가 부흥하면 목사는 신의 대리자가 되어 절대 순종만 요구하게 된다. 계인철 목사는 한국 교회의 안타까운 현실을 이렇게 정리한다.

말씀이 선포되는 강단은 로또 판매장이었다. 성도들은 로또 당첨을 꿈꾸며 강단의 말씀을 자기 뜻대로 해석했고, 자기 입맛에 맞는 말씀만을 골라 먹으며 자아의 포만감에 취했다. 목이 터져라 '주여'를 외치며 말씀을 자기 입맛에 꿀송이 같이 넣어 주는 목사들이 있는 곳을 향하여 경쟁적으로 몰려갔다. 심한 갈증의 목마름, 배가 등에 붙은 굶주림으로 사나워진 들짐승처럼 우르르 소문난 목사들을 찾아가서 신처럼 떠받들며 맹신자들이 됐다. … 그러다 보니 그 거대한 교회는 하나님의 소유가 아닌 담임목사의 소유가 되어 세상도 웃는 코미디 아닌 코미디 집단이 됐다.[138]

작가 최명희가 1997년 단재상을 수상하면서 "어둠은 빛보다 어둡지 않다"고 수상 소감을 밝혔는데, 작가의 말이 현실이 되었다. 빛이 어둠보다 어두워졌다. 교회가 왜 이렇게 된 것일까? 원인은 여럿이지만 삶을 성찰하고 복기하지 않은 탓이 가장 크다. 문제가 생기면 "기도합시다"라는 한마디로 덮기만 했기 때문이다. 교회가 부흥할수록 교회의 구조가 담임목사에게 집중된다. 교회와 기업의 차이는 명칭뿐이다. 신학자 하비 콕스 Harvey Cox는 이렇게 일갈한다.

> 초대형 교회가 기업과 가장 흡사한 특징은 … "혹독하게 성장을 강조한다"는 점이다. … 초대형 교회는 교인의 숫자를 늘리고 더 많은 헌금을 모으는 데 노력을 집중한다. 이런 활동이 대부분 노골적인 물질주의고, 진정한 영적 의미가 전혀 없다는 사실은 아랑곳하지 않는다.[139]

교회가 성장하고 부흥하는 것은 하나님의 은혜이겠지만 지금은 그 부흥과 성장이 상품처럼 팔리고 있다. 교회 내 많은 프로그램이 기업들의 사내 프로그램과 별반 차이가 없다. 많은 행사와 기도회 및 집회들은 '목적'에 너무 몰입되어 있다. 그저 말씀이 좋아서, 주님이 좋아서 이루어져야 할 일들이 일회성 이벤트로 끝나기가 일쑤다. 예수님이 바쁜 사역 중에 하나님께 나아가 오랜 시간 기도한 것이 오로지 전도의 목적 때문이었을까?

인생은 복잡하기에 쉬운 답이 없지만, 현실에 대한 발언권을 가지려면 현실의 모순과 한계를 정확히 잡아내야 한다. 세상에선 결과가 모든 것을 판별하기에 결과를 보장하지 못하는 과정은 무시될 수 있다. 헌데 결과가 하나님 나라의 원칙이라면 전도라는 방법으로 복음을 전하라고 하지는 않았을 것이다. 현실은 언제나 보이는 결과만 원한다. 이를 반전시키려면 하나님을 전적으로 신뢰해야 한다.

## 발언권은 어디에 있나

이 시대의 지배적인 문화를 종종 드라마가 보여 주기도 한다. 2013년에 방영된 드라마 「돈의 화신」에 나오는 연기자 김수미의 대사다.

"돈하고 인정은 상극이야. 인정에 휘둘리면 돈이 도망가는 거야, 알아?"

성경 말씀을 외우고 살아도 그것을 실천하려는 순간 삶은 고달파진다. 곧 말씀을 살아내는 것은 힘겨운 싸움이다. 신앙의 소신이 약해지면 도덕적 상상력도 약해진다. 그런데 도덕적 상상력이 약해지면 이것은 공감과 존중과 배려의 부재, 생명에 대한 경시로 이어지게 된다. 비슷한 일이 신앙의 현실성에 눈을 뜰 때도 일어난다.

신앙 생활의 모순을 알게 되면 우리는 교회라는 신앙의 공동체가 사회 조직과 별반 다르지 않다는 사실에 실망하게 된다. 여기가 갈림길이다. 그저 "기도하면 돼" 아니면 "그냥 믿으면 돼"라고 말할 수도 있지만, 그때에 문학은 신앙의 갈등을 해결하는 도구이자 우리의 질문에 대한 하나님의 답이 되기도 한다. 콩고 선교사

가족의 이야기를 담은 소설 『포이즌우드 바이블』 속 문장이다.

> 우리 딸들은 이렇게 말할 것이다. 보세요. 어머니, 어머니에겐 자신의 삶이 없었어요. 그 애들은 모른다. 사람은 오직 자신의 삶만을 갖고 있다는 것을. 내가 본 것들을 그 애들은 결코 모를 것이다.[140]

소설은 추상적인 이야기가 아니라 구체적인 삶의 이야기다. 우리는 작품 속 누군가의 죽음을 지켜보며 그것이 모두의 죽음이자 나의 죽음임을 배우게 된다. 누군가는 곧 모든 사람이기 때문이다. 우리가 힘들어도 내일을 꿈꾸는 것은 더 나은 삶을 살고 싶기 때문인데, 신앙의 삶 또한 더 나은 삶으로 가는 길이다. 하지만 그 길은 남들과 다른 길을 가는 것이고, 다른 관점으로 세상을 바라보는 것이다. 이런 삶을 '빛과 소금'으로 비유하지만 실제로는 내가 죽는 것이다.

현실에 대한 발언권이 과거엔 어땠을까? 1세기 때의 그리스도인은 나그네, 주변인, 약자였기에 사회적·정치적 발언권이 없었다. 그래도 그들은 당당했다. 치명적인 전염병이 돌자 귀족들도 가족을 버렸는데, 그리스도인들은 오히려 병자들을 데려와서 돌보았고 죽음을 두려워하지 않았다. 이런 담대한 믿음을 로마인들은 감당할 수 없었다. 이런 신앙인의 가치관이 한 개인의 삶에서 펼쳐질 때 그것이 사회를 향한 신앙인의 발언권이 된다.

1세기엔 무역로를 장악하는 사람이 발언권을 가졌다. 누가 생필품과 사치품을 가능한 빨리 습득하느냐가 중요했기에 무역항과 무역로를 선점하기 위해 전쟁을 벌였다. 모든 길은 로마로 통한다는 말이 1세기에 누가 패권을 잡았는지 잘 말해 준다. 1세기 때 무역이 가졌던 힘은 21세기에 와서 생명 공학, 인공 지능, 사물 인터넷, 가상현실, 빅데이터 같은 분야로 바뀌었다. 이것들은 현실의 삶을 넘어 미래에도 발언권을 갖게 될 것이다.

## 누가 배교자를 욕하는가

문학을 읽다 보면 허구적 인물의 삶이 내 삶과 겹쳐 보이는 순간이 찾아온다. 문학이 나를 읽기 시작한 것이다. 인생에서 길을 잃는 원인이 내 안에 있을 때가 많은데, 그때 소설은 도움이 된다. 배교는 요즘 자주 논의되는 주제는 아니지만, 엔도 슈사쿠의 『침묵』을 읽으면 우리 역시 작품 속 배교자들과 별반 차이가 없음을 알 수 있다. 소설에서 영악한 일본 관리는 체포한 로드리고 Rodrigues 신부의 신념이 아니라 연민을 공략한다.

자네가 배교하겠다고 말하면 저 사람들은 구덩이에서 나올 수가 있어. 고통에서 구원받는 거지. … 그리스도는 배교했을 것이네. 사랑 때문에, 자신의 모든 것을 희생해서라도.[141]

심문관이란 직책을 가진 관리는 신부가 예수님의 얼굴을 그린 성화를 밟는 시늉만 해도 고문 받는 농부들이 풀려날 것이라고 유혹한다.

그건 어디까지나 보잘것없는 형식일 뿐이오. 형식 같은 것은 아무래

도 상관없는 게 아니겠소. 형식으로만 밟으면 되는 거요.[142]

신부는 결국 성화를 밟았다. 배교를 한 것이다. 성화는 기독교인을 찾아내는 가장 유용한 방법이었다. 조금이라도 밟기를 주저하면 의심받았다. 성화는 닳아서 색이 바래지고 얼굴도 우묵하게 들어가 있었다. 예수의 얼굴을 그린 동판을 둘러싼 나무판자에는 거무스름한 엄지발가락 자국이 남아 있었다. 많은 일본인들이 밟았기 때문이다. 구리 동판에 새겨진 그분은 신부에게 말한다.

밟아도 좋다. 나는 너희에게 밟히기 위해 이 세상에 태어났고, 너희의 아픔을 나누기 위해 십자가를 짊어진 것이다.[143]

배교 후 신부는 지울 수 없는 상처를 안고 살아가야 했다. 작가는 그것을 영혼이 빠져나간 인생 같다고 묘사한다. 신부는 그리스도를 여전히 사랑하지만 내상이 너무 깊어서 감당할 수 없을 정도였다. 그럴수록 그는 더 깊은 자기 연민과 분노에 빠졌고, 조용하고 침착한 태도를 보이긴 했지만 점점 황폐해져갔다. 증오와 모멸의 감정을 모두 안고 있었기 때문이다. 어쩌면 이것은 작가 엔도 슈사쿠의 속마음인지도 모른다.

엔도는 자신의 신앙을 '일종의 기성복'[144]이라고 여겼다. 그는 믿음이 없었음에도 교회를 떠나지 못했다. 교회를 떠나는 것은 어머니를 배신하는 것이라고 느꼈기 때문이다. 교회를 떠나지도, 믿지도 못하는 작가의 딜레마가 기치지로Kichijiro의 모습 속에 잘 드러나 있다. 엔도는 이 작품의 실제 주인공은 기치지로라고 하는

데, 그는 가롯 유다 같은 캐릭터이다. 한없이 나약하고 비겁한 인물로서 로드리고 신부가 붙잡힌 것도 그의 고발 때문이다.

작가는 『침묵』에서 들려주는 이야기가 독자의 이야기가 될 수 있음을 보여 준다. 예수님의 비유 역시 언제라도 제자들의 이야기가 될 수 있었다. 이것을 놓치면 비유를 살아야 할 삶이 아니라 지켜야 할 교훈으로만 읽게 된다. 이런 분별력을 키우려면 삶의 행간과 그 이면을 읽을 줄 알아야 한다. 소신이 중요해도 지나치면 꽉 막힌 사람이 되는 것처럼 믿음으로 사는 것이 중요해도 지나치면 현실성 없는 사람이 되고 만다.

내가 틀릴 수 있다면 상대도 틀릴 수 있고, 용서할 수 있어야 용서도 받게 된다. 이것이 성경의 법칙이고 작가가 전하고자 하는 메시지다. 문학은 소중하지만 작아서 안 보이는 삶의 조각들을 찾아낸 뒤 그것들을 통해 삶이 뭔지를 배우게 한다. 어느 시대나 먹고 사는 것이 중요하긴 했지만, 깨어 있는 자는 '인간답게 산다는 것은 무엇일까'를 묻곤 했다. 이런 질문에 대한 훈련이 안 되었기 때문에 한국 사회가 흔들렸던 건 아닐까?

### 실패한 인생을 복기하다

많은 그리스도인들은 예배가 끝나기 무섭게 재빠르게 흩어져 스마트폰과 일상의 즐거움으로 돌아간다. 이제는 앱이 성경을 대신하고 설교는 무조건 짧아야 하며, 기도는 목회자의 몫으로만 돌린다. 예배가 점점 틀에 박힌 일이 되고 있다. 여러분은 이런 시대의 변화에서 무엇을 보고 있는가? 강아지도 생후 4~5개월 사이에 사회화 과정을 겪는다. 이 시기를 놓치면 힘든 재활을 해야 하는데, 지금의 교회가 꼭 그런 것 같다.

소설 읽기는 일종의 복기復棋다. 즉 승패가 결정된 판을 다시 되짚는 것이다. 어떤 수에서 승패가 갈렸는지, 승자는 보았지만 패자는 보지 못한 경우의 수가 무엇인지를 간단히 되짚는 것이다. 진 바둑을 복기하는 것은 쉬운 일이 아니지만, 국수 조훈현은 아플수록 복기하라고 말한다.[145] 이 복기가 일상에서는 자기 검증이며, 바로 소설이 하는 일이다. 다시 말해 소설은 실패한 인생을 글로 복기한 것이다. 헌데 안타깝게도 그리스도인들이 회개는 하지만 복기는 하지 않는다.

소설은 인생, 특히 실패한 인생에 대한 관찰 보고서와 같다. 보고서는 팩트에 근거하여 정보를 전달하지만 소설은 그 정보가 뼛속까지 느껴지도록 만든다. 실패한 인생을 다양한 시점으로 복기하면서 '나는 누구인가'를 뼛속까지 알게 하는 것이다. 신앙생활도 조금만 복기해 보면 알 수 있다. 한 교회에서 몇십 년 동안 함께 신앙생활을 했어도 고민을 털어놓거나 부탁할 수 없는 사이라면 친한 관계는 아니다.

"기도합시다"라는 한마디로 문제를 덮기보다 우리 자신을 한 번 점검하는 것이 필요하다. 신앙생활을 하면서 행복하고 감사하지만 뭔가 부족하다고 느낀다면 자기 점검이 필요하다는 말이다. 하나님의 은혜가 흐르는 삶을 살지만, 지금과 다른 뭔가를 해야 한다고 느껴진다면 자신을 점검해 봐야 한다. 그래서 문학은 하나님을 아는 데뿐만 아니라 자신을 아는 데에도 유용하다. 이것을 가장 적극적으로 활용한 사람이 성경에서는 다윗이었고, 영화배우 이소룡에게도 그런 순간이 찾아왔다.

이소룡李小龍[리 샤오룽]은 무술로 잘 알려졌지만 철학을 전공했다. 워싱턴 주립대 철학과 출신으로 19살 때 꿈을 찾아 떠난 미국에서 빨리 자리를 잡을 수 있었다. 하지만 그는 유명해질수록 '나'라는 사람이 없다는 느낌을 받았는데, 마음속에 이런 의문이 있었다고 한다.

"사람들은 어째서 승리에 그토록 집착하는 걸까? 승리 뒤에는 도대체 무엇이 있을까?"[146]

이 의문은 허상들을 걸러내는 체의 역할을 하는데, 소설에서 만난 한 줄도 이런 체의 역할을 한다. 우리가 무엇을 믿고 확신하는가는 중요하다. 그러나 우리의 신념이 맹신으로 변질되지 않도록 하는 것도 마찬가지로 중요하다. 문학은 자기 검증으로서 자신도 모르게 굳어져 자기 멋대로 해석하지 않도록 주의를 준다. 바리새인들은 자신들의 믿음에 대한 자부심과 확신이 있었지만, 아이로니컬하게도 그것이 예수님과 진리에 대해 문을 닫게 했다. 이런 일은 지금도 일어나며, 소설에서도 볼 수 있다.

세상은 날마다 새로운 정보를 생산해 내고 있으며, 빠르게 변하는 만큼 우리의 시각도 유연해져야 한다. 현실을 보는 눈이 유연하고 균형 잡힐수록 현명한 결정을 내릴 확률이 더 커지기 때문이다. 마찬가지로 신앙을 건강하게 유지하려면 현실을 비판적으로 읽되 균형을 잃어선 안 된다. 사실 위험의 근원은 우리의 바깥보다 내면에 있는 경우가 많다. 그래서 자기 성찰로 균형을 잡지 못한다면 우리는 자신의 관점이라는 세계 안에서 평생 갇혀 살게 될 것이다.

살다 보면 슬럼프에 빠질 때가 있다. 운동처럼 삶에서도 열심히 산 사람일수록 슬럼프에 빠지기 쉽다. 더 잘하고 싶다는 생각이 몸을 굳게 만드는데, 그럴 때마다 운동선수들은 타이어를 몸에 매고 바닷가를 달린다. 특별할 것도 없지만 그렇게 슬럼프에서 벗어날 수 있다. 그 단순한 동작이 사실은 초심을 회복시키기 때문이다. 그런 면에서 우리도 초심을 가져야 한다. 처음 노래를 배우는 사람이 노래 대회에서 일등을 욕심내지 않는다. 그저 노래의 즐거움을 배울 뿐이다.

성경 속 야곱도 슬럼프에 빠졌었다. 그의 인생이 벼랑 끝까지 몰리게 되자 그제야 기도를 하게 되는데, 그만큼 간절했던 것이다. 기도하는 야곱은 속마음을 감추지 않았고, 자신의 실체를 솔직하게 고백하자 삶의 돌파구가 열리게 되었다. 반면에 사울 왕에게는 이런 솔직함과 간절함이 없었다. 다윗은 실수하고 실패하고 때론 수치와 망신을 당하면서도 끝까지 하나님의 은혜를 구했다. 이 모든 것이 나를 읽는 연습이다. 나를 읽는 것이 중요한 이유는 그것이 모두를 읽는 것이기 때문이다.

## 져야 하는 싸움

인생에는 이겨야 하는 싸움도 있지만 져야 하는 싸움도 있다. 성장이 아니라 성숙을 목표로 한다면 져야 하는 싸움에선 져야 한다. 두려움은 이겨야 하는 싸움이다. 겸손, 낮아짐, 내려놓음이

져야 하는 싸움이다. 예수님은 사탄이 내민 왕관을 거부했는데, 이것은 져야 하는 싸움에서 진 것이다. 인간은 지는 것을 자존심과 연결시키기 때문에 지는 싸움은 이기는 싸움보다 훨씬 더 어렵다. 그래서 여전히 많은 사람들이 져야 하는 싸움에서 이기고 있다.

우리 사회에는 성공이란 신에게 무릎을 꿇지 않는 사람이 필요하다. 하지만 부자 아빠는 유능하고 가난한 아빠는 무능하다고 여기기에 다들 성공하려고 몸부림치면서 산다. 작은 가게 건너편에 같은 업종의 큰 매장이 들어와 작은 가게가 문을 닫게 되었다 해도 비즈니스는 비즈니스일 뿐이다. 우리는 그저 더 싸게 파는 가게로 간다. 작은 가게로 생계를 지탱하는 이웃은 보이지 않는다. 이런 실수를 피하려면 삶에 원칙이 있어야만 한다.

그리스도인으로 제대로 살려면 삶에 원칙이 있어야 한다. 예를 들어, 팔복八福, beatitudes은 구체적인 삶의 강령이자 세상을 바꾸는 방식이지만 실천하는 이는 너무 적다. 팔복을 실천하려는 순간 세상에서 너무 많은 것을 잃을 수밖에 없기 때문이다. 그래서 팔복에 관한 설교를 들을 때면 겁이 난다. 팔복의 삶을 살려면 쓰고 남은 것이 아니라 꼭 필요한 것을 주어야 하기 때문이다. 그래서 팔복은 그리스도의 제자임을 보여 주는 명확한 증표가 될 수 있다.

신앙인은 예배하는 삶을 살아야 한다고 하는데, 그럼 예배는 무엇이고, 우리는 예배 시간마다 어떤 경험을 하고 있는가? 그저 한 가지 종교 의무를 끝냈다는 만족감을 안고 집으로 돌아가는가? 그리스도인으로 산다는 것은 무엇일까? 한국 교회는 예배를 많이 드리기로 유명하다. 그만큼 우리는 자주 하나님을 만나고 삶이 변하고 있는가? 진정한 예배는 횟수가 아니다. 우리에게는 그리스도의 제자로 산다는 것에 대한 정확한 이해가 필요하다.

21세기를 사는 우리가 기원전 5세기 인물인 느헤미야를 그리워하는 이유는 무엇일까? 그의 삶에는 애통함과 금식과 기도와 깨어짐이 있었다. 가장 가난한 사람들 속에서 일했던 테레사 수녀Mother Teresa의 삶에도 애통함이 있다. 우리가 애통하고 깨어지기 전에는 부흥도, 갱신도, 각성도 없을 것이다. 복음서에서 말하듯 "모든 것을 버리고"는 신앙생활의 끝이 아니라 시작이다. 예수님을 따르는 첫 시작이다.

인간은 참 고집이 세다. 예수님을 찾아온 부자 청년처럼 경로를 이탈하거나 오류라고 판명이 나도 금세 바꾸지는 않는다. 불편해도 그냥 참는다. 귀찮기 때문이기도 하고 그 짧은 사이에 길들여졌기 때문이기도 하다. 부르심에 대한 인식이 없으면 연봉 순위에 의존해 미래의 진로를 결정하게 된다. 이것은 세상이 무엇을 중심으로 돌아가고 있는가를 보여 주는 동시에 우리가 무엇을 놓치고 있는가도 보여 준다. 그래서 신실한 삶은 하나님의 은혜이지만 동시에 의식적인 노력의 결과라고 말할 수 있는 것이다.

우리가 뭔가를 깨닫게 되는 계기는 성공보다는 성공의 부재일 때가 많다. 우리는 낮은 자리에 서게 되었을 때 비로소 길을 아는 것-말씀이 가르쳐 주는 것-과 그 길을 걷는 것-말씀대로 사는 것-이 어떻게 다른지 알게 된다. 크든 작든 내가 하는 선택은 결국 내 안에 숨겨진 자아를 드러내는데, 예수님의 사역은 죽기까지 자신을 비우는 것이었다. 비움, 그것이 예수의 본질이다. 예수님의 삶 자체가 자기를 비우고 낮추고 순종하고 섬기는 것이었다. 그런 의미에서 빌립보서 2장은 통념에 가장 역행하는 말씀이 아닌가 되새겨 본다.

## 나를 건드리는 문장

문학을 읽으면 얻는 것이 있다. 좋은 문장을 얻기도 하고 좋은 생각을 얻기도 한다. 때로는 평생 친구를 만나기도 한다. 『어린 왕자』는 누구나 찾아가서 마음을 나누는 좋은 친구다. 헤밍웨이의 『노인과 바다』는 삶이 힘겹게 느껴질 때 찾아갈 수 있는 친구다. 나이지리아 작가 치마만다 응고지 아디치에 Chimamanda Ngozi Adichie 는 소설 『태양은 노랗게 타오른다』에서 이렇게 말한다.

풍요롭게 살아본 경험이 없는 사람은 쓸모없는 물건조차 버릴 줄 모른다.[147]

『상실의 상속』에서 인도 작가 키란 데사이 Kiran Desai 는 이렇게 표현했다.

가난에 시달린 사람은 빨리 늙는다.[148]

문학은 이런 문장을 품고서 삶에 지친 친구를 위로한다. 작가는 독자들에게 남에게 보여 줄 수 없는 나 자신의 모습을 대면하게 만든다. 작가는 수많은 상처로 뒤덮여 도저히 페르소나 persona 로는 감출 수 없는 민낯인 그림자 shadow 를 서사를 통해 의식의 영역으로 불러올린다. 그리고 인간의 불완전함을 이해하는 것이 문제

해결의 시작이 된다. 소말리아 출신 작가 누르딘 파라<sup>Nuruddin Farah</sup>
도 이를 지적한다.

> 사람들은 죽는 순간까지 자기 자신의 문제에만 탐닉하는 경향이 있
> 다.[149]

나는 '진짜 나'를 알고 있을까? 경험적으로 볼 때 아니다. 우리
는 사실 무지하다. 문학을 읽어야 하는 데에는 다 이유가 있다. 우
리는 문학을 읽으면서 내 문제가 무엇인지 깨달을 수 있기 때문이
다. 누구나 상처나 콤플렉스를 지니고 살아가면서 어떻게든 그것
을 숨기려 하고, 감추는 것이 많다 보니 삶에서 '나'는 여러 가지
모습으로 나타나게 된다. 작가 은희경은 『새의 선물』에서 "진짜 나
는 '보여지는 나'가 아니라 '바라보는 나'이다"[150]라고 말한다.
'보여지는 나'가 수모를 받는 반면, '바라보는 나'는 상처를 덜
받는다. 이 말은 우리가 눈으로 읽는 것이 단어들이 말하는 것과
다를 수 있다는 의미다. 어느 쪽을 택하든 나를 아프게 하고 힘들
게 하고 불안하게 하는 것이 무엇인지 심리학을 통해서 점검하는
기술을 습득할 수 있겠지만, 문학도 매우 유용한 도구로 사용된
다. 프랑스 작가 로맹 가리<sup>Romain Gary</sup>의 소설 『여자의 빛』에서 한
문장을 뽑아 보았다.

> 진실이라고 해서 모두 받아들일 만한 것이 아니오. 진실에는 난방
> 장치가 없어서 진실 속에서 사람들이 얼어 죽는 경우가 종종 있다
> 오.[151]

이번엔 키란 데사이가 『상실의 상속』에서 진실을 묘사하는 대목이다.

> 진실은 조금 모였을 때 가장 잘 보인다는 것을 그는 깨달았다. 작은 진실도 많이 모이면 결국에는 불유쾌한 커다란 거짓이 될 수 있기 때문이다.[152]

이런 문장이 내 안의 뭔가를 툭 건드린다. 내가 문장에 반응했다는 것은 내 안에 그와 관련된 무엇인가가 있다는 뜻이다. 즉 문장이 나를 건드리는 곳에는 반드시 무언가가 있다. 까마득한 어린 시절에 들은 어떤 말이 지금도 기억난다면 자극을 받은 것이 분명하다. 또 사는 게 뭔가 싫어 방황할 때 문득 떠오르는 기억이 있다면 그제야 그것이 나도 몰랐던 아픔과 상처 혹은 한 번도 꺼내보지 않은 마음속 생각임을 알게 된다.

우리가 복면을 쓰게 되면 '평소의 나'라면 하지 않을 행동도 서슴없이 하게 된다. 그리고 그때 비로소 '내가 평소에 사용하지 않는 나'를 알 수 있게 된다. 그런데 이런 경험이 왜 중요할까? 각자의 삶은 하나님이 디자인하신 자기 자신에게 이르는 길이고, 그 길의 의미를 해석할 수 있는 사람은 오직 자기 자신뿐이다. 사회에서 일어나는 일은 가족 문제를 확대시켜 놓은 것인데, 그 가족의 시작도 '나'이다. 이런 깨달음은 분별력 있는 성숙한 사람들에게만 찾아오는 것이다.

## 고독사 ~~~~~~~~~

언어학자 사이토 다카시<sup>齋藤 孝</sup>는 "혼자 있는 시간이 나를 단단하게 만들어 준다"[153]고 말했지만, 그것이 항상 좋은 결과를 낳는 게 아니다. 실패하고 넘어질 때마다 자아가 가벼워지는 이도 있지만 자아가 깨어지는 이도 있다. 어떤 사람은 마음을 다치고 산에 들어가 은둔하기도 한다. 심지어 '자기만의 방'에 숨거나 외로움에 목숨을 끊기도 한다. 오늘날에는 고독이 무시할 수 없는 사회 문제가 되었다. 네덜란드 작가는 이것을 고슴도치의 생각을 빌어 설명한다.

여기가 제일 안전해, 외롭지만 안전해.[154]

일본 작가 마루야마 겐지<sup>丸山健二</sup>는 산문집 『소설가의 각오』에서 고독을 이길 힘이 없으면 작가가 될 수 없다고 말한다.[155] 바꿔 말해 고독을 견디며 다져낸 내공이 있어야 세상에 맞서는 문장을 쓸 수 있기 때문이다. 우리가 뭔가를 깨닫게 되는 계기도 혼자일 때가 많다. 홀로 산에 오르거나 낚시를 하는 이유가 그것이다. 한편 『이방인』, 『노인과 바다』, 『백년 동안의 고독』 같은 소설들은 고독이라는 인간의 감정을 긍정적으로 다룬다.

그런데 가끔은 격하게 외로워야 할 때도 있겠지만, 이제는 더 이상 고독이 내가 누구인지를 깨닫는 시간이 아니다. 사람들에게 고독은 버림받은 것으로 읽힌다. 고독은 곧 죽음에 이르는 병으로 치닫고 있다. 그래서 고독<sup>loneliness</sup>과 홀로 있는 것<sup>being alone</sup>을 구별하는 것이 중요하다. 어떤 의미에서 고독은 연결이 끊어진 퓨즈 같은 느낌이다. 소설가 폴 오스터는『고독의 발명』에서 이렇게 고백한다.

나는 다른 사람의 고독 속으로 들어가기란 불가능하다는 것을 실감한다. 만일 우리가 다른 누군가에 대해서 조금이나마 알 수 있게 된다는 것이 사실이라면, 그것은 단지 그 사람이 자기를 알리려고 하는 범위 내에서다.[156]

요한복음 5장 속 병자도 고독했다. 아픈 사람에게 시간은 고통스러울 정도로 천천히 지나가는 법인데, 숫자 '38'은 그 세월이 얼마나 길었는지를 잘 보여 준다. 그의 긴 병에 가족도 무심해진 듯했다. 예수님은 그 병자가 병보다 더 깊은 아픔에 시달리고 있음을 아셨는데, 그것은 가족과 공동체로부터의 단절이었다. 병자에게는 물이 요동하는 순간 연못물에 넣어 줄 사람조차 없었던 것이다. 그는 병이 아니라 고독과 가족에게조차 버림받았다라는 상처받은 감정에 묶여 있었다.

산다는 것 자체가 선물이지만 고독사하는 사람들은 여전히 많다. 놀랍게도 90퍼센트가 남자이며, 심지어 청년들도 홀로 죽는다. 한때는 회사의 사장, 요리사 혹은 택시 기사였는데, 홀로 죽었다. 돈은 자신을 지키는 마지막 보루였는데, 사회적 관계의 끈이 약한 이들에게 경제력 상실은 치명타였다. 병이 들어 경제 활동을 못하게 되자 이들은 순식간에 무너졌다. 가장 절실할 때 누구에게도 도움을 청할 수 없었다.

고독은 사회적 약자를 표적으로 삼지만 때때로 경제적으로 여유 있는 인생에도 예기치 않은 격랑으로 덮칠 때가 있다. 예고 없이 건강하던 가족을 잃거나 인생을 헛산 것 같은 느낌이 들 때 두렵고 낯선 감정이 의식 속으로 밀려든다. 상실은 그렇게 우리에게 다가오는 것이다. 이 상실감은 치유가 쉽지 않다. 우리는 그저 앞만 보고 달렸지, 감정을 다스리고 슬픔에서 벗어나는 법을 배우지 못했기 때문이다.

또 슬픔과 달리 절망은 위로하기가 쉽지 않다. 그런데도 예수님은 사마리아 여인을 찾아가 그녀를 회복시키셨다. 이웃의 시선을 피해 한낮에 물을 길러 나왔던 여인이 복음을 이해하게 되자 절망이 사라진 것이다. 요한복음 4장 28절은 "여자가 물동이를 버려두고 동네로 들어가서 사람들에게 이르되"라고 적고 있다. 한 여인이 회복되고, 그 소식은 마을 전체로 퍼져 나갔다. 동시에 용도 폐기된 소셜 네트워크가 다시 작동하게 된다.

### 동물권

철학자 피터 싱어Peter Singer 교수가 1975년에 발표한 『동물 해방』에서 처음으로 언급하면서 주목받기 시작한 동물권은 이제 정의만큼 중요하다. 시야를 조금만 넓히면 문화 속에 자리 잡은 편견이 보이게 되는데, 민족에 대한 자부심도 지나치면 인종주의로 변질된다. 영화 「엑스맨」에서 인간은 변종 또는 돌연변이들을 위험하게 여겼다. 변종들은 늘 괴물로 간주되고 인간의 정체성을 위협한다고 보는 것이다. 문학에서는 드라큘라나 변종을 인간 행동에 대한 은유라고 설명해 왔다.

말에서 '잡雜'이 들어가면 열등하다는 의미이지만 잡종을 영어로 표현하면 하이브리드hybrid가 된다. 그 가치가 아직 알려지지 않은 풀을 우리는 잡초라고 부른다. 황대권은 잡초라는 말 대신에 야초野草라는 말을 쓰는데,[157] 문학은 이런 작은 차이를 보게 한다. 공중 나는 새도 하나님이 먹이신다. 비록 동물권은 대다수 신앙인들이 생각조차 않는 주제일 테지만 실제로는 중요하다. 동물을 대하는 태도와 사고가 사회적 약자, 인권, 정의에도 똑같이 적용되기 때문이다. 동물은 낯선 주제인 것 같지만 십계명의 네 번째 계명신명기 5:14에서는 사람이 쉴 때 동물도 쉬게 하라고 말한다.

"일곱째 날은 네 하나님 여호와의 안식일인즉 너나 네 아들이나 네 딸이나 네 남종이나 네 여종이나 네 소나 네 나귀나 네 모든 가축이나 … 아무 일도 하지 못하게 하고 …"

이 구절이 새롭게 보이지 않겠지만 제3세계에서는 하루도 쉬지 못하는 곳이 너무도 많다. 이런 삶은 여러 가지 위장된 모습으로 우리 곁에 있는데, 동물은 그것을 읽는 코드다. 동물 보호는 동물이 아니라 사람을 변화시키는 길이다. 실제로 미국에서 총기 살해범들은 대부분 동물을 학대한 경험을 갖고 있다고 한다. 또 동물 보호는 동물의 고통을 시민들이 함께 노력하면 막을 수 있다는 점에서 윤리적이고 정치적인 질문을 제기한다. 동물의 고통을 줄이려는 생각이 사회적 약자, 인권, 사형제 변화에도 적용되고 다문화, 탈북자, 난민 같은 논의로도 연결되어진다.

문학은 삶에 대해 열린 질문을 하는데, 동물을 통해서도 이것을 살펴볼 수 있다. 요즘 동물권에 대한 관심이 부쩍 높아졌으며,

동물은 물건이 아닌 생명체로 인식이 바뀌고 있다. 산책과 간식의 기쁨도 모른 채 줄에 묶여 살던 개가 이제는 가족의 일원으로 받아들여진다. 비록 「시골 개 1미터의 삶」은 묶여 있는 개에 대한 이야기이지만, 시선을 조금만 넓히면 그것이 제3세계 여자들의 삶이고 성공에 묶여 있는 자아의 모습임을 알 수 있을 것이다. 지금의 사회는 동물에 대한 깊은 성찰을 요구한다.

캐나다 구스Canada Goose라는 점퍼는 보온성이 뛰어나고 디자인도 예뻐서 많은 사람들이 즐겨 입는다. 이 제품에는 거위털이나 오리털이 사용되는데, 문제는 이 털을 산 채로 뽑는다는 데 있다. 모자 장식에도 코요테 털을 쓴다. 헌데 사냥꾼의 덫에 걸린 코요테는 생의 마지막 순간까지 고통으로 발버둥친다. 동물의 고통이 나의 패션을 위해 소비되는 것이다. 문학도 여기에 주목하는데, 비평가 수전 손택은 『타인의 고통』에서 이렇게 설명한다.

> 문학은 우리 아닌 다른 사람들이나 우리의 문제 아닌 다른 문제들을 위해서 눈물을 흘릴 줄 아는 능력을 길러 주고 발휘하도록 해 줄 수 있다.[158]

동물의 생명도 존중받아야 하고, 그들도 인간의 보호가 필요하다. 생명의 무게는 동물도 똑같다. 세상 끝날에 인간만 구원 받는 게 아니라 만물이 다 구원을 받는다. 성경에서 거지 나사로에게는 개가 유일한 위로였다. 동물을 함부로 대하는 태도는 우리 사회의 부끄러운 민낯이다. 반대로 동물의 생명을 존중하는 사회가 인간의 생명을 얼마나 소중하게 다루겠는가?

우리는 왜 키플링Rudyard Kipling의 『정글북』이나 잭 런던Jack London 의 『야성의 부름』 같은 동물 스토리를 읽을까? 아마도 우리 자신을 더 잘 보기 위해서일 것이다. 동물은 두 가지 이유로 희생되는데, 하나는 인간의 우월성 때문이고 다른 하나는 인간의 죄 때문이다. 동물 중 인간만이 죄를 짓는다. 오직 인간만이 거짓말을 하고 악해질 수 있으며, 야수성을 드러내기까지 한다.[159] 문학은 인간이 얼마나 역설적인 존재인지 되돌아보게 만든다.

남아공 작가 쿳시John Maxwell Coetzee는 2003년 노벨 문학상 수상자다. 그의 소설 『동물로 산다는 것』에는 카뮈Albert Camus 이야기가 나온다. 카뮈가 알제리에서 소년 시절을 보낼 때 죽어가는 닭 울음소리를 듣게 되었다. 카뮈는 그 기억이 너무 강렬해서 1958년에 단두대 사형을 반대하는 글을 쓰게 된다. 그의 글은 부분적이지만, 사형제 폐지에 일조했다. 닭에 대한 한 번의 강렬한 기억이 사형제 폐지로 이어진 것이다.

### 동물로 산다는 것

우리나라에서는 한 해 전국에서 10만 마리의 개들이 버려진다. 대소변을 못 가리거나 짖거나 병에 걸리면 버려진다. 외로워서 강아지를 키우지만 불편하면 버린다. 실험용 동물은 유기견보다 더 열악하다. 특히 개는 장기가 사람과 비슷해서 자주 실험에 이용된다. 실험용 개의 94퍼센트는 비글이다. 착하고 사람을 좋아해서 쓰는 품종이다. 비글이 사람을 위한 신약 개발과 독성 실험 등에 이용되지만, 그 끝은 결국 안락사다. 비글에게 있어 삶은 고통과 죽음을 의미할 뿐이다.

캐나다의 아니타 크라이츠Anita Krajnc는 트럭에 실려 도살장으로 끌려가는 돼지를 우연히 목격했다. 물을 주지 않았기 때문에 폭염 속에서 돼지들의 고통이 엄청났다. 대부분 도살 전 12시간 동안은 먹이를 주지 않는다. 평생 폭 60센티미터의 좁은 공간에 갇혀 살다가 도살장으로 가는 길마저도 만만치 않은 것이다. 한국 사회에서 돼지고기가 사라지는 일은 없겠지만 돼지의 고통에 최소한의 반응은 해야 한다. 이것이 인간다움으로 가는 첫 걸음이기 때문이다.[160]

그나마 개 농장과 학대견, 음식물 쓰레기통에 버려진 강아지 사진은 사회적 공분을 살 수 있었다. 헌데 육계肉鷄는 A4 용지 한 장도 안 되는 공간에서 살다가 생을 마치게 된다. 한두 달 살기 위해 태어나는 셈이다. 공장식 농장의 돼지 또한 좁은 우리에서 강제로 몸이 불려지고, 스트레스를 받아 서로 물지 못하도록 새끼 때 진통제도 없이 앞니를 뽑아 버린다. 혹자들은 인권처럼 중요한 일도 많은데 왜 굳이 동물권까지 보호해야 하느냐고 비판한다. 가장 중요한 이유는 성경의 가르침 때문이다.

인간은 창조 세계에서 특별한 위상을 갖고 있는데, 그것은 다른 존재들을 정복하라는 뜻이 아니라 돌보라는 것이다. 그래서 우리는 인간이 동물과 어느 정도 혹은 본질적으로 다른가가 아닌, 왜 인간은 동물과 다른가를 물어야만 한다. 동물이 인간과 같은 권리를 가진 존재라는 뜻이 아니다. 인간에겐 다른 동물들을 돌보아야 할 책임이 있다는 것이다. 인간만이 하나님의 형상을 갖고 있기 때문이다.[161] 우리는 이 사실을 절대로 잊어서는 안 된다.

# 풍요가 아닌 가치를 선택하다

롯의 아내를 생각해 보자. 소돔을 탈출할 때 뒤를 돌아보지 말라는 천사의 경고를 어겨서 소금 기둥이 되었다. 처음에는 그녀의 잘못이 사소해 보였고, 그래서 이 이야기를 이해하지 못했다. 하지만 뒤를 돌아보는 사소한 동작이 그녀의 내면을 보여 주는 결정적인 증거임을 깨닫게 되면서 일상을 읽는 훈련이 얼마나 중요한지 실감했다. 뒤를 돌아본 것은 두고 온 것들에 대한 아쉬움을 보여 주는데, 몸은 떠났으나 마음이 떠나지 못한 것이다.

롯의 아내의 사례는 대형 마트나 동네 가게에서 반찬을 사는 것과도 연결된다. 마트에서 반찬을 사는 일은 사소해 보이지만 영적이고 도덕적인 문제이기도 하다. 반찬을 어디에서 사는가가 그 사람의 우선순위를 보여 주기 때문이다. 다시 말해 내가 선택한 소비가 이 세상에서는 어떻게 이해되고 해석되는지를 말해 준다. 상황만 다를 뿐 롯의 아내와 겹쳐진다. 우리의 선택은 언제나 속내를 보여 준다.

미국의 기독교 작가 짐 월리스Jim Wallis는 "경제가 가치보다 우선할 때 그것은 우상이다"[162]라고 외쳤다. 그는 보수적 급진주의

자다. 기독교 신앙에 대한 전통적 신념을 철저하게 지킨다는 점에선 보수주의자이지만 그것을 추구하는 방법으로 타협을 불허하고 하나님의 정치를 저돌적으로 추구한다는 점에선 진보적이다.[163] 짐 월리스는 가난한 자에 대한 배려[마태복음 25장]가 예수님에 대한 배려임을 깨달으면서 일상과 세계를 새롭게 보기 시작했다.

월리스는 가치가 경제보다 우선한다고 생각했다. 이런 시각이 누군가를 불편하게 만들 수도 있지만 이는 성경이 가르치는 것이다. 오늘날 한국 교회는 십일조, 동성애, 낙태 같은 문제를 중요하게 다룬다. 물론 이 사안들이 중요하지 않다는 건 아니지만 성경에서 말하는 핵심 이슈는 아니다. 예수님이 중요하게 여긴 핵심 사안은 정의와 긍휼과 믿음이었다. 예수님은 바리새인들을 향해 이렇게 꾸짖으셨다.

> 화 있을진저 외식하는 서기관들과 바리새인들이여 너희가 박하와 회향과 근채의 십일조는 드리되 율법의 더 중한 바 정의와 긍휼과 믿음은 버렸도다 그러나 이것도 행하고 저것도 버리지 말아야 할지니라[마태복음 23:23]

이런 예수님의 뜻에 월리스도 동참했고, 구약학자 월터 브루그만[Walter Brueggemann]도 동참했다. 브루그만은 성경의 핵심 이슈는 공적·경제적 이슈이며, 예언자들이 경제를 왜곡하는 탐욕을 끊임없이 경고했다고 말한다. 맥락은 약간 다르지만, 경제학자임에도 도덕의 중요성을 간파한 제프리 삭스[Jeffrey Sachs] 교수는 『문명의 대가[The Price of Civilization]』에서 이렇게 선언한다.

미국 경제 위기의 뿌리에는 도덕적 위기가 존재한다.[164]

삭스 교수는 '이 시대 가장 중요한 경제학자'로 불리는데, 1997년 한국의 외환 위기 당시 국제통화기금IMF이 내린 고금리 처방을 강력하게 비판한 인물이다. 삭스는 미국 경제 위기의 원인을 정치인과 경제 엘리트의 도덕적 위기에서 찾았다. 정치인과 경제인의 도덕적 판단 능력이 흔들린 탓에 미국 사회 전반이 흔들렸다고 본 것이다. 도덕적 상상력을 사회의 건강을 확인하는 잣대로 본다는 점에서 그는 짐 월리스와 궤를 같이 한다.

## 윤리적 소비 ～～～～

윤리적 소비라는 말이 종종 거론되면서 이런 제목을 붙인 책들도 출간되고 있다. 소비 행위는 반드시 사회나 환경에 영향을 미치기 때문에 소비자가 윤리적으로 올바른 선택을 하도록 하는 것이 윤리적 소비의 핵심이다. 윤리적 소비는 우리가 커피 한 잔을 마실 때에도 커피를 생산하는 농부에게 어떤 일이 일어나는지를 보여 준다. 즉 우리가 무엇을 먹는지에 따라 세상에 영향을 미친다는 것인데, 초콜릿이 대표적이다.

우리는 결코 아동 노동으로 생산된 초콜릿을 원하지는 않지만 대체로 값싼 초콜릿을 원한다.[165]

윤리적 소비를 생각할 때마다 신앙의 성숙이란 개인의 특출함으로 끝나는 것이 아니라 함께 성숙해지는 것임을 느끼게 된다. 소비자로서 같은 값이면 더 싸고 질 좋은 것을 선택하는 것은 상식이다. 허나 그리스도인이라면 한 가지가 달라야 하는데, 바로 세상의 이면을 볼 수 있어야만 한다. 만약 값싼 초콜릿이 어떻게 만들어지는지 알게 된다면 비정규직의 아픔도 읽을 수 있을 것이다.

윤리적 소비는 세계의 절반이 왜 가난의 굴레에 갇혀 있는지 잘 설명해 준다. 우리는 이것이 갖는 성경적 의미를 이해해야 하는데, 만약 우리가 윤리적 소비라는 이타적인 생각을 받아들인다면 사회는 달라질 것이다. 이것이 선한 영향력이다. 세상이 엉망진창인 이유는 필요한 곳에 꼭 있어야 할 소금 같은 사람이 없기 때문은 아닐까?

예루살렘으로 가는 마지막 여행길 내내 예수님은 "제자의 삶에는 대가가 따른다"고 가르치셨다. 예수님을 따른다는 것은 좁은 길이자 십자가의 길을 걷는 것이지만, 이것이 윤리적 소비로도 확인될 수 있을 것이다.


## 좋은 회사란 무엇인가

미국에서 제일 큰 유통업체인 월마트는 공급 사슬의 맨 위에 있다. 월마트가 싼 이유는 사실 공급자를 쥐어짰기 때문이다. 월마트가 원하는 납품 가격을 맞추려면 공급자 역시 공급 마진 그리고 직원들의 월급과 복지 혜택을 줄여야만 한다. 공급자가 이 규칙을 따르지 않으면 소비자는 그 규칙을 따르는 다른 업체의 더 싼 제품을 구매하게 된다. 그러면 가격이 비싼 물건은 시장에서 자연히 퇴출될 수밖에 없다. 중국 제품이 월마트나 할인 매장을 휩쓰는 이유가 이것이다.

강조하지만 대형 할인 매장에서 물건을 사지 말라는 게 아니라 좀 더 다양한 경우의 수를 고려하자는 것이다. 월마트도 경쟁을 피할 수 없다. 월마트도 종업원들에게 더 나은 월급과 복지를 제공하고도 다른 업체를 상대로 경쟁력을 갖기란 쉽지 않을 것이다. 하지만 대개 그 피해는 약자의 몫으로 돌아간다. 저가 항공 요금은 매력적이지만, 누군가의 희생을 토대로 한다. 청소업체에서 파견한 비정규직이나 교회 사역자들도 마찬가지고, 기업도 예외가 아니다.

청바지로 유명한 회사 리바이스Levi's는 1989년 천안문 사태 후 중국과 거래를 끊었다. 중국의 열악한 인권에 대한 사회적 기업의 도전이었다. 하지만 중국의 값싼 노동력을 이용할 수 없어서 청바지 가격을 올려야 했다. 미국 소비자들은 가격이 오른 제품을 구매하지 않았다. 결국 경영이 어려워진 리바이스는 9년 뒤인 1998년에 소신을 굽히고 중국과 다시 거래를 터야만 했다.

빌 클린턴의 행정부에서 노동부 장관을 지낸 로버트 라이시Robert Reich 교수가 쓴 『슈퍼자본주의』를 보면 소비자의 성향을 분석한 글이 나온다. 유럽에서 실시한 설문 조사의 결과를 분석해 보면 소비자 중 4분의 3은 착한 기업의 제품을 구매하겠다고 답했다. 하지만 실제로 행동으로 옮긴 소비자는 겨우 3퍼센트였다고 한다. 착한 기업이란 사회적 책임을 다하는 윤리 경영과 상생을 외치는 기업을 뜻한다. 그런데 경영학자 피터 드러커Peter Drucker 는 착한 기업을 논하는 임원이 있다면 당장 해고하라고 서슴없이

말한다.[166]

우리 사회가 혼란스러운 이유는 오래 전에 해결했어야 할 문제를 방관한 탓도 크다. 한 예로 사람도 시간처럼 사용해 왔는데, 경기가 나빠지면 즉각 직원들을 해고했다. 또 기근이 오면 사회적 약자들부터 선택적 죽음을 당한다. 노벨 경제학상을 받은 센 Amartya Kumar Sen 교수가 분석한 내용인데, 교회도 마찬가지다. 교회 안에서도 이런 일이 벌어진다. 좋은 회사란 제품이 만드는 것이 아니다. 그 안에 몸담은 사람들이 만드는 것이다.

기업은 언제나 이윤 창출을 통한 성장을 목표로 하기에 고민이 많을 것이다. 하지만 기업이 모든 이의 입맛을 맞출 순 없는 법이다. 괴테는 『파우스트』에서 "인간의 마음속에 두 개의 영혼이 산다"[167]라고 묘사하는데, 작가는 분명 이중적인 인간의 모습을 보았을 것이다. 괴테는 인생에서 무엇이 옳고 그른지, 사람들은 왜 그런 행동을 하는지 궁금해 하면서 캐릭터를 통해 이것을 관찰했다. 어쩌면 위대한 문학작품에는 답이 숨어 있을지도 모른다.


## 우리의 적

때때로 별것 아닌 듯한 우리의 선택이 예상치 못한 결과를 낳기도 한다. 예를 들어, 봉급은 적고 오를 기미도 없다 보니 할인매장에 가서 저렴한 물건을 찾는다고 가정해 보자. 공교롭게도 그 손님은 같은 마트에 물건을 납품하는 A라는 회사 직원이다. 헌데 장바구니에 들어가려면 뭔가 가격 경쟁력이 있어야만 한다. 하지만 그는 좀 더 싼 B회사의 제품을 선택한다. 분명 물건을 싸게 사긴 했지만 궁극적으로는 그 피해가 자신에게 돌아온다. 단순화시키다면 가해자가 곧 피해자인 셈이다.

이런 이야기를 들으면 마음이 싸해진다. 선교나 헌신은 고사하고 일상생활에서나마 작은 손해를 감내하는 것이 우리에게는 불가능해 보인다. '퍼스트 무버first mover'라는 말이 있다. 스티브 잡스나 라이트 형제처럼 블루오션을 처음 만든 사람을 가리키는 말이다. 새로운 시장을 만든 공로는 퍼스트 무버에게 돌아가기 마련이다. 하지만 정상에 올라서자마자 자신들이 딛고 올라선 성공의 사다리를 차 버려서 후발 주자들을 차단한다. 우리의 적은 곧 우리 자신이었다.

기업이 성공하면 파급 효과가 크다. 일자리가 생기고 주주들은 투자 수익을 얻고 지역 사회도 발전하게 된다. 하지만 싸우지 않고 승리하는 법은 드물기에 기업들은 어떻게든 경쟁업체와 차별화하여 더 큰 이익을 얻을까를 두고 고심한다. 이런 경쟁 구도에 소비자도 개입하게 되는데, 이제 제품의 사활을 결정하는 것은 생산자가 아니라 소비자다. 이는 작품의 의미를 결정하는 것이 작가가 아니라 독자인 것과 같은 맥락이다.

이런 맥락에서 소비자와 공급자의 관계를 좀 더 글로벌하게 생각해 보자. 사실 슈퍼자본주의의 파급 효과는 한 기업, 한 도시, 한 국가에만 국한되지 않는다. 한국 소비자의 선택은 곧장 국경을 넘어 외국의 공급자와 노동자에게도 즉각 영향을 미친다. 『슈퍼자본주의』 3장에서 설명한 내용을 요약해 보면 다음과 같다.

캘리포니아 공무원 수만 명이 은퇴에 대비하여 한 연금 기금에 돈을 넣는다. 기금 운영자들은 자신들의 임무가 이 돈을 최대한 불리는 데 있음을 알고 있다. 기금 운영자들은 돈을 안전하게 해외 기업에 투자한다. 그리곤 그 투자 회사를 관찰한다. 어느 날 자신들이 투자한 회사에서 고객들에게 서비스를 과하게 준다고 여겨졌다. 그래서 기금 운영자들은 서비스를 줄이라고 권유했지만 회사 측이 거절하자, 곧 그 회사의 주식을 팔겠다고 위협했다. 결국 투자 받은 회사는 고객에게 주었던 오랜 관행을 중단해야만 했다.[168]

미국 공무원들은 자신들의 연금이 다른 국가의 시민들에게 영향을 미친다는 사실과 연금 기금이 '나'라는 연금 가입자의 수익을 늘리기 위해 그들을 압박하고 있다는 내막을 전혀 모를 것이다. 국제 관계에서 싸움의 양상은 거칠어지고 있지만 우리는 그에 대해 무지하다. 그래서 "우리가 만난 적은 바로 우리 자신"이라는 라이시 교수의 지적이 마음을 찌른다.

여러분과 나는 공범이다. 우리는 소비자와 투자자로서 세상이 날뛰도록 만든다. 시장은 놀랄 정도로 우리의 기대에 아주 잘 반응하고 있으며, 시간이 갈수록 더 잘 반응한다. 그러나 우리 대다수는 두 마음을 갖고 있다. 두 마음 중에 상대적으로 더 약해진 것은 우리 안의 시민이다.[169]

라이시 교수의 발언은 정말 짜릿하다. 그가 말하는 '우리 안의 시민'은 신약 성경에서 말하는 '속사람'고린도후서 4:16과 같다. 이 시대 가장 격렬한 전쟁터는 바로 개인의 내면세계다. 그래서 신앙인은 일상의 작은 행위 하나하나에 대해 기독교적으로 생각하는 연습을 해야 한다. 작은 예를 들어 보자. 동네 서점이 있지만 시간에 쫓겨 온라인 서점에서 책을 주문하곤 했다. 어느 날 보니 서점이 문을 닫았다. 온라인 주문은 선한 의도였지만 결과는 분명하다.

## 우선순위

1970년대 포드 핀토Ford Pinto는 인기 있는 소형차였다. 그런데 자동차 뒤쪽 연료 탱크에 심각한 결함이 있었는데, 뒤에서 추돌을 당하면 차가 폭발하는 것이었다. 사망자가 잇달아 나왔지만 포드 자동차는 안전장치를 달지 않았다. 안전장치를 부착하려면 한 대당 11달러의 추가 비용이 들기에 차라리 사고가 날 때마다 보상을 해 주는 쪽을 선택한 것이다. 실제 1,250만 대에 안전장치를 부착하는 것보다 사고 차량에 보상금사망자 180명을 지불하는 비용이 훨씬 적었다.[170]

| 안전장치를 달았을 때 비용 | 안전장치를 달지 않았을 때 비용 |
|---|---|
| 1250만대×11달러=<br>1억3,700만 달러 | 사망보상금　180명×20만 달러=3,600만 달러<br>부상보상금　180명×6만7천 달러=1,200만 달러<br>차량수리비　2,000대×700달러=140만 달러<br>------------------------------------<br>총합　　　　　약 4,950만 달러 |

포드 자동차는 생명의 가치보다 보상금을 선택한 것이다. 이 모든 것의 원인은 경쟁이었다. 당시 포드 자동차는 폭스바겐과 소형

차 시장을 두고 경합을 벌이고 있었다. CEO 아이아코카[Lee Iacocca]는 제작 일정 단축과 대당 2천 달러, 하중은 2천 파운드[907Kg]를 요구했다.[171] 엔지니어들은 충돌 실험을 통해 사전에 연료탱크의 폭발 위험성을 알고 있었지만 경영진의 결정에 따랐다. 아이아코카가 평소에 "안전은 아무것도 팔지 못한다"는 말을 입에 달고 살았기 때문이다. 한 엔지니어는 이렇게 고백했다.

> 회사는 엔지니어가 아니라 세일즈맨이 운영했다. 우선순위는 스타일링이었고 안전은 뒷전이었다.[172]

## 도덕적 불감증

세상에는 돈으로 살 수 있는 것과 돈으로 살 수 없는 것이 있다. 살 수 있는 것에는 가격이 매겨지고 살 수 없는 것에는 품위가 주어진다. 가격이 매겨지는 것은 다른 것으로 대체 가능하지만 품위는 대체 불가능하다.[173] 이것은 철학자 칸트의 생각이다. 18세기 당시 유럽인들은 품위를 제2의 천성으로 여겼기 때문에 근대를 거치면서 품위를 의도적으로 발달시켰다.[174] 하지만 우리는 품위를 가격과 같은 것으로 간주하기도 하는데, 최근 우리 곁에서 그러한 일이 있었다.

몇 년 전 홈플러스가 경품으로 모은 개인 정보 2천 400여만 건을 보험사에 231억 7천만 원에 팔았다. 대법원의 유죄 판결 전 서울중앙지법 재판부는 "법이 요구하는 개인 정보에 대한 제3자 유상 판매 고지 의무를 다했으며, 고객들도 자신의 개인 정보가 보험 회사 영업에 사용된다는 점을 인식하고 제공한 것으로 보인다"며 무죄로 판단했다. 이 판단의 근거는 응모권에 적힌 1밀리미터 크기의 글씨였다.[175] 사실상 너무 작게 써놓아 읽을 수 없었다.

강형구 변호사가 쓴 보험 분쟁 사례가 생각난다.[176] 한 주부가 집에서 형광등을 갈다가 넘어져 눈을 다쳤다. 4개월 뒤 시력은 0.02가 되고, 1년 반 뒤엔 완전히 실명했다. 하지만 그 주부는 보험금을 한 푼도 받지 못했다. 보험 회사가 실명 기준을 '광각 인지 불능'으로 바꾸었기 때문이다. 우리는 눈이 안 보이면 실명이라고 생각하지만 보험 회사는 '광각 인지 불능'으로 본 것이다. 눈이 안 보여도 눈동자가 불빛에 반응하면 실명이 아니다. 이는 실명의 기준이 수혜자가 아니라 보험 회사에 있었던 것이다.

두 사건 모두 도덕적 불감증을 보여 준다. 앞으로도 이런 일은 일어날 것이다. 그때 우리는 성경적이고 인간적인 판단을 해야 할 것이다. 이것은 원리 원칙과 유연한 사고를 동시에 이해해야 한다는 뜻이다. 실수를 반복하지 않으려면 삶을 읽고 해석하는 눈을 키워야 한다. 무엇보다 문학은 삶의 본질을 파악하도록 도와준다. 문학은 하나님과 세계와 이웃과 우리 자신을 보게 하는 창이다. 러시아 문예이론가 미하일 바흐친Mikhail Bakhtin은 이렇게 설명한다.

문학 작품은 새로운 해석으로 위대해진다.[177]

성경이 위대한 것은 우리들 각자의 삶에서 새로운 해석을 만들어 내기 때문이다. 정치학자 박명림 교수는 선한 사마리아인의 비유를 이렇게 해석한다.

"어떤 신앙을 가졌는가, 어떤 율법을 믿는가, 어떤 지위에 있는가는 중요하지 않다. 정말 아파하는 자, 눈물 흘리는 자, 사망에 이르는 자를 한 번 더 돌아볼 수 있는가가 중요하다."[178]

해석은 이처럼 의미 있는 목소리와 관점을 찾아내는 것이다. 그래서 개인의 삶과 사회의 변화는 새로운 해석이 빚어낸 결과물인 것이다.

## 아브라함의 선택

살다 보면 선택을 해야 하는 순간이 찾아온다. 가축이 불어나 조카 롯과 동거가 불가능하게 되자 아브라함은 결정을 내려야 했다. 그는 먼저 선택할 수 있었지만 그 권리를 양보했다. 조카 롯이 푸르른 요단을 선택했기에 아브라함은 척박한 땅을 가질 수밖에 없었다. 롯은 현실적인 판단을 따라 선택했고, 아브라함은 하나님의 약속에 순종했다. 언뜻 보기에 아브라함이 손해인 것 같지만 그의 선택은 하나님 나라를 세워가는 출발점이 된다.

아브라함과 롯 둘 다 하나님을 경외하며 살았지만 결과는 판이하게 달랐다. 롯은 '풍요'를 따라갔고, 아브라함은 '약속'을 따라갔다. 롯은 선택을 했고, 아브라함은 결단을 했다. 신앙의 진실은 우리가 무엇을 가치 있게 보는가로 판명되는데, 하나님 나라를 바라보지 못하면 기득권의 삶을 내려놓지 못한다. 세습이 이걸 잘 보여 준다. 자녀는 '나'라는 자아의 확장판이기 때문이다. 아브라함에게도 이삭은 자신의 확장판이었는데, 아브라함은 그걸 깨는 결단을 하게 된다.

문학은 다윗의 선택이 오늘날 어떠한 모습으로 재현되는지를
보여 준다. 다윗은 골리앗에 맞섰지만 아합 시대엔 그 누구도 이
세벨에 맞서지 못했다. 악이 오래도록 지속된 이유가 그것이다.
세상과 맞서는 훈련은 아주 작은 일로도 가능하다. 예를 들어 공
과금을 자신의 힘으로 낼 때 진짜 사회 교육이 시작된다. 또 오슨
스콧 카드가 쓴 과학 소설 『엔더의 게임』에서 주인공 엔더는 겨우
여섯 살인데도 전투 학교에 입학하여 골리앗 같은 외계 종족과
싸우는 법을 배우게 된다.

아브라함의 선택을 지금 식으로 말하자면 최고의 입지 조건을
가진 매장을 먼저 선택할 수 있도록 기회를 양보한 것이다. 양보
해서 얻게 된 매장은 골목 안쪽에 있어 손님들이 그곳에 매장이
있는지도 잘 모른다. 우리는 아브라함의 양보를 믿음으로 설명하
지만 아브라함처럼 선택하는 신앙인은 얼마나 될까? 거의 없을
것이다. 그의 선택은 상식에 어긋난다. 스타벅스 매장 전략을 설
계해서 제갈공명 소리를 듣는 아서 루빈펠트Arthur Rubinfeld는 이렇
게 말한다.

> 목표로 한 곳에서 최고의 입지를 가진 매장을 임대하지 못했다면
> 기다리라. 차선을 택하지 말라.[179]

다윗과 골리앗 이야기를 읽을 때 우리는 다윗이 이긴 것을 당
연하게 여긴다. 하지만 신앙생활의 관건은 적용이다. 다윗의 이야
기는 지금 나에게 도움이 되는가? 그의 실수와 선택은 우리에게
매뉴얼과 같다. 다윗은 자신의 비무장을 속도라는 강점으로 해석

했다. 그런 지혜는 하나님의 눈으로 세상을 볼 때 주어지는 것인데, 그때 현실과 삶은 다르게 보일 것이다. 문학은 다윗의 삶이 우리에게도 일어날 수 있음을 보여 준다. 그래서 우리에게도 아브라함과 같고, 다윗과 같은 해석의 눈이 필요하다.

# 사소한 것에서 진실을 보다

사는 데 지쳐서 설교가 들리지 않고 기도하기도 싫어질 때가 있다. 문학은 그 낮아진 마음을 따라 들어와 그리스도인이 어떤 삶을 살아야 하는가를 깨우쳐 준다. 문학은 작은 것, 사소한 것, 그래서 안 보이는 것에 주목한다. 작가는 아주 작거나 사소해 보이는 것도 눈여겨본다. 셜록 홈즈가 풀어낸 사건의 열쇠들도 언제나 사소한 것이었다. 작은 디테일을 읽는 연습을 두 가지 예—카네기와 우유 배달 차량—로 생각해 보자.

### 삶이 화려할수록 영혼은 빨리 상한다

지금 세상에서 성공이란 돈을 잘 버는 것이다. 이것이 바로 구약 시대에 산당山堂을 없애지 못한 이유다. 하나님을 믿어도 산당을 통해 재물의 복을 얻길 원했기에 선한 왕들도 산당을 부수질 못했다. 겉으론 하나님께 쓰임 받는다고 말하지만, 실제론 하나님이 나를 통해서 드러나길 바라는 것이 우상이다. 돈은 표면적인 우상일 뿐이다. 묘하게도 이런 모습을 우리 또한 가지고 있는데,

앤드루 카네기[Andrew Carnegie]도 이것을 보여 준다.

카네기의 재산을 현재의 가치로 환산하면 2,980억 달러인데, 원화로 약 330조 원이다. 카네기의 재산을 1998년도 미국 전체 경제 규모와 비교해 보면 0.6퍼센트 정도 된다.[180] 당시 미국 인구가 2억 7천만 명이 넘었는데, 미국 총 자산의 0.6퍼센트를 한 개인이 차지한 셈이다. 한편 미국의 부자 1퍼센트가 1980년엔 전체 부의 9.5퍼센트를 차지했다면 2017년엔 29퍼센트를 차지했다.

1848년 카네기 가족은 생활고로 인해 미국으로 이민을 갔다. 당시 13세였지만 20년 뒤인 33세에 억만장자가 되어 있었다. 철강 사업에 전 재산을 투자했는데, 대박이 난 것이다. 1861년 4월, 링컨 대통령 취임 한 달 뒤에 남북전쟁이 일어나 철의 가격이 폭등했기 때문이었다. 카네기는 거부가 되었고, 후에는 자선가들의 롤 모델이 되었다. 그는 한 개인이 기부를 통해 사회를 어떻게 바꿀 수 있는지 보여 주기도 했다.

비록 거부가 되긴 했으나 카네기는 채울 수 없는 공허함을 느꼈다. 미국 역사학자 조셉 프레이저 월[Joseph Frazier Wall]이 쓴 전기인 『앤드류 카네기』를 보면 "나에게 보내는 글"이라는 비망록이 나온다. 카네기가 직접 남긴 메모인데, 흥미롭게도 "우상 숭배 중에서도 최악의 형태는 부를 축적하는 것"이라고 쓰여 있다. 카네기는 35세에 조기 은퇴할 계획을 적어 놓았다.

비즈니스 걱정에 푹 빠진 채 가장 짧은 시간 내에 돈을 더 많이 버는 데에만 생각의 대부분을 보내는 삶을 더 오래 계속한다면 틀림없이 내 인생은 저급하게 되어서 영구적으로 회복할 희망은 버려야

할 터이다. 나는 서른다섯 살에 은퇴할 계획이다.[181]

카네기는 자신을 잘 알았기에 2년 뒤에 은퇴한다고 계획한 것이다. 그리고 공부와 독서 계획을 세웠다. 하지만 그 계획은 실현되지 않았다. 그는 결국 비즈니스를 계속했고 그 결정이 자신의 삶에 영향을 끼쳤다. 물론 나중에 재산을 정리하고 나서 많은 기부를 하기도 했다. 전 세계에 그가 세운 도서관만 2,486개나 된다. 하지만 그가 세운 제철소에서 일했던 한 노동자는 이렇게 말한다.

우리는 도서관을 지어달라고 하지 않았습니다. 그보다는 임금을 올려 주기를 바랐죠.[182]

도서관 수와 노동자의 발언은 서로 엇갈린다. 여기가 사각지대다. 다른 사람은 보지만 내가 보지 못하는 곳을 문학은 주목한다. 카네기가 발표한 「부의 복음」이라는 글은 참신했다. 그는 돈을 선하게, 그리고 공공의 유익을 위해 썼다. 그런데 제철소 노동자는 다른 시각으로 그를 해석한다. 위스콘신 대학의 한 철학교수는 "카네기는 자신이 준 것을 진짜로 가졌을까"란 원론적인 질문을 던지기도 한다.[183]

교수의 질문은 윤리적 관점으로 본 것이다. 카네기가 기부한 돈이 아무리 많아도 윤리적으로 올바르게 얻은 것이 아니라면 그는 훔친 것을 기부한 것이 된다. 즉 카네기가 기부한 돈도 정당한 소유가 아니었다고 주장한 것이다. 우리의 고민은 여기에 있다. 세상을 도덕이라는 가치를 따라 움직이게 하고 싶지만 현실은 경제라는 논리를 따라 움직이기 때문이다.

필립 얀시Philip Yancey는 영문학 교수이자 작가인 애니 딜라드 Annie Dillard를 자신의 영적 멘토 중 하나로 손꼽았다.[184] 딜라드는 『한 미국인의 어린 시절』이라는 비망록을 썼는데, 여기에 1950년 대 펜실베이니아 주의 피츠버그가 묘사되어 있다. 저자가 성장한 도시로 카네기의 본거지가 이곳이기도 하다. 제철업의 리즈 시절, 이곳은 미국에서 제일 잘나가던 도시였다. 그는 미국인의 삶을 읽 어 내면서 앤드루 카네기를 이렇게 묘사한다.

> 당시 노동자들은 제철소 바닥이 너무 뜨거워서 신발 밑에 나무판을 댄 채 12시간 교대 근무를 해야 했다. 2주에 단 한 번 쉬었지만 그 전날 24시간을 근무해야 쉴 수 있었다. 게다가 이들 노동자들은 40 대 전에 죽곤 했는데, 그 원인은 사고와 질병이었다.[185]

카네기가 비록 엄청난 기부를 했지만 돈을 버는 방식은 수치스 럽다는 평가를 받았다. 19세기 중반 미국 노동자들의 노동 환경 은 열악했지만 카네기는 그것을 배려하지 않았다. 나의 진짜 모습 은 내가 떠난 다음에 드러나는 법이다. 그러나 사람들은 이 사실 을 너무 늦게 깨닫곤 한다. 삶이 화려할수록 영혼은 빨리 상한다 는 걸 소설에선 『위대한 개츠비』가, 삶에선 카네기가 생생하게 보 여 준다.

포기는 나약함 같지만 때론 꼭 필요한 능력일 수 있다.[186] 실제 로 성공했음에도 스스로 생을 일찍 마감하는 사람들이 있다. 왜일까? 많은 걸 희생해 가면서 올라선 정상의 모습이 허망했기 때문이다. 한 기업가는 "시련은 있어도 실패는 없다"고 말했지만, 때론 성공이 돌이킬 수 없는 실패가 될 수도 있다. 우린 때때로 포기할 수 있어야 한다. 머릿속에선 '조금만 더하고 그만두어야지'라고 속삭이겠지만, 인간은 자신이 원하는 곳에서 멈추지 못한다. 카네기처럼.

## 믿음이 관찰되다 〰️

> "처음 98%는 잘하는데 마지막 2%를 제대로 마무리하지 못하는 사람이 많다."
>
> – 톰 피터스Tom Peters

중국의 한 유제품 회사에서 제품 홍보 전략을 세웠다.[187] 산뜻한 100대의 우유 배달 차량에 멋진 브랜드 로고를 새겨 도시 이곳저곳을 달리게 했는데, 금방 사람들의 시선을 사로잡아서 매출이 순식간에 뛰어올랐다. 그런데 얼마 못 가 우유 판매가 급감했다. 유제품의 맛을 확인해 보고 판매망도 점검했지만 아무 이상이 없었다. 나중에 알아보니 바로 배달 차량이 문제였다.

처음엔 깨끗하고 산뜻했던 배달 차량이 시간이 지나 지저분해졌는데, 아무도 세차를 하지 않았다. 지저분한 배달 차량을 보면서 소비자들은 그 안에 담긴 우유 역시 불결할 것이라고 여겼지만, 직원 중 누구도 배달 차량의 청결도가 판매를 좌우하리라고 예상하지 못했다. 그저 제품을 홍보하는 데 몰입한 나머지 자신들이 동시에 관찰된다는 사실을 깜빡 잊은 것이다.

배달 차량과 직원들이 복음과 무슨 상관이 있을까 싶지만, 내 자신이 복음을 전하는 '걸어 다니는 광고판'이라고 생각해 보면 금방 알게 된다. 착하고 충성된 종의 인생을 살려면 '복음은 선포되지만 동시에 관찰된다'는 사실을 마음에 새겨야 한다. 세월이 수상하다 보니 요즘은 신앙인들이 전하는 복음의 메시지를 메신저를 보면서 확인하려고 한다. 그래서 우리가 무엇을 말하는가보다 그들이 무엇을 듣는가를 눈여겨보게 된다.

이런 논리로 세상은 메시지와 메신저를 동일시한다. 우리는 복음의 메시지를 강조하지만 사람들은 메신저에 더 주목한다. 세상은 이 둘을 구분하지 않기 때문이다. 우리가 경험하는 현실은 어떤가? 성경은 아는데 삶에 변화가 없다. 교회는 나가지만 교회의 본질과 목적이 무엇인지 모른다. 영적 깊이가 없고 점점 종교인이 되어간다. 말씀대로 산다고 하지만 주변 사람들로부터 신뢰를 받지 못한다. 세상을 변화시키겠다고 말하지만 세상을 보는 시야가 너무 좁다.

조지 바나George Barna가 쓴 『예수처럼 생각하라』[188]는 전체를 이런 내용으로 채우고 있다. 영적 전쟁은 언행일치라는 작은 것부터 시작되는데, 이것을 모르는 이들이 너무 많다. 요즘 기독교를 비판하는 사람들은 일부 기독교 리더들의 아킬레스건이 어디인지 잘 안다. 그래서 리더들의 신념이 아니라 커튼 뒤에 숨겨진 삶—실언, 불륜, 성추행, 횡령, 세습 등—을 노출시킨 뒤 이것을 끈 삼아 기독교 전체를 묶은 다음, 예수님과 그분의 신부인 교회를 공개적으로 모욕한다.

## 관점의 개입

"문학 어디에서든 우리는 신학을 만난다."[189]

존 뉴먼John Henry Newman 추기경이 1852년 『대학의 이념』이란 책에서 한 말이다. 뉴먼은 19세기 영국 기독교에서 매우 중요한 인물이다. 뉴먼은 문학이 세속화에 저항하는 강력한 도구란 사실을 알고 있었음이 분명하다. 인간은 그저 세상 속에서 살아가는 것이 아니라 세상을 만들어 가는 존재다. 이 과정에서 문학은 인간이 세상에 길들여지지 않도록 감시하는 역할을 한다.

독서는 정적인 것 같지만 매우 역동적인 작업인데, 독자의 해석이라는 과정이 개입되기 때문이다. 그래서 독서는 소비자를 생산자로 만드는 작업이다. 독자는 이야기를 따라만 가는 수동적인 관찰자가 아니다. 어느 순간 자신의 관점을 개입시키는데, 이것이 해석이다. 자신의 생각을 말하는 순간 독자는 허구에서 현실 속으로 뛰어들게 된다. 중국계 작가 하진哈金[진쉐페이]이 쓴 소설 『전쟁 쓰레기』를 예로 들어 보자.

하진은 미국에서 문학 박사를 받았지만 1989년 천안문 사태가 일어나면서 중국으로 돌아가지 못했다. 지금이야 교수이지만 처음엔 먹고살 방도를 찾아야 했다. 그래서 취직하는 대신 글을 쓰기로 선택했다. 영어를 늦게 배웠음에도 발표하는 작품마다 놀라움을 주었다. 『기다림』과 『전쟁 쓰레기』는 두 번이나 퓰리처상 최종 후보에 올랐다. 『전쟁 쓰레기』는 한국 전쟁이 배경인데, 어떻게 이야기가 발굴되어 세상에 공개되는지를 보여 준다.

이 소설에서 프롤로그와 마지막 장면을 제외한 모든 이야기는 한국 땅에서 일어난다. 사단장이었던 페이는 포로로 붙잡혔지만 신분을 잘 감추고 살아남았다. 휴전이 되면서 귀국했으나 고국에 선 도리어 쓰레기 취급을 당한다. 자결하지 않고 포로가 되었기 때문이다. 페이는 국가를 위해 헌신했지만 국가는 그가 포로로 잡힌 것만을 트집 잡았다. 이로 인해 국가란 무엇인가를 다시금 생각하는 계기가 되었다. 작가에게도 분명 이와 관련된 경험이 있었을 것이고, 그 결과로 세상에 나온 것이 『전쟁 쓰레기』다.

『전쟁 쓰레기』의 배경은 한국 전쟁이며, 그것을 외국인의 시선으로 읽고 있다. 하진은 인민해방군에서 5년간 복무했기에 군대에 대한 묘사가 꽤 섬세하다. 『전쟁 쓰레기』를 읽다 보면 지엽적인 사실이 눈에 들어오는데, 전체 흐름에선 벗어나 있긴 해도 흥미로운 대목이 있다. 소설 속 등장인물들은 대부분 공산주의자들이고 그린 박사[Dr. Greene] 한 사람만 그리스도인으로 묘사하고 있다. 그녀는 중국 선교사의 자녀로 중국에서 의대를 졸업했다.

그린 박사는 한국전쟁이 발발하자 군의관으로 자원해서 달려왔다. 대충 수술하는 다른 군의관들과 달리 그린 박사는 헌신적이었다. 이것이 비기독교 작가인 하진의 눈으로 묘사되었다는 점이 흥미롭다.[190] 독자가 이것을 찾아낸다면 곧 이것이 독자의 해석이다. 작가는 작품 곳곳에 복선을 숨겨 놓았는데, 사실 해석이란 작가가 숨겨 놓았거나 작가도 알아채지 못한 것들을 찾아내는 것이다. 그런데 이것이 신앙생활과 관련이 있을까? 당연히 관련 있다.

성경 속 세상은 직접 살아 봐야만 알 수 있는 외국 같은 곳이다. 즉 아브라함이나 모세가 살던 세상을 우리가 직접 보고 느껴야 알 수 있다. 우리는 이것을 문학 작품을 읽으면서 배우게 된다. 환자로서의 경험을 해 본 의사가 뛰어난 임상의가 될 수 있듯 이해의 본질은 다른 사람이 되어 보는 것이다. 오해와 분열은 한쪽의 생각만 들을 때 일어나는 것이 아닌가? 하나님이 우리에게 두 귀를 주신 이유가 무엇이겠는가? 두 배로 듣지만 공평하게 들으라고 주셨을 것이다.

귀를 기울이면 혼탁해진 이 땅에서도 여전히 아름답게 살아가는 사람들의 삶이 보이고 들린다. 우리가 귀를 기울여야만 그들을 찾을 수 있다. 그래서 하나님의 사람은 들을 줄 알아야 한다. 하늘 소리와 사람의 마음에서 오는 소리를 들어야 한다. 무엇보다 우리의 두 귀로 찬성과 반대, 빛과 어둠을 균형 있게 보고 들을 수 있어야 한다. 듣고 싶은 것만 들어서는 안 될 것이다.

## 아이패드

소설 속 등장인물들은 흩어진 점과 같다. 이 점들이 연결되어 맞춰지면 숨겨진 그림이 드러나고, 그 속에 욕망이 선명하게 인화된다. 문학은 인간의 내면 깊숙한 곳에 감춰진 욕망을 드러내는 통로이지만, 우리는 이것을 시대를 읽는 코드로도 볼 수 있다. 시대마다 당대의 문화에 영향을 미치는 시대정신이라고 하는 가치와 개념이 있다. 이 시대정신은 다수의 여론으로 형성되었기에 개인이 그 영향을 피하기는 쉽지 않다.

2011년 애플의 신형 아이패드가 처음 나왔을 때 그것을 너무나 사고 싶었던 청년이 있었다. 아이패드를 살 여유가 없었던 그는 자신의 신장 하나를 매물로 내놓았다.[191] 자신의 신장을 팔아서라도 사고 싶었던 것이다. 그에게 아이패드는 삶의 목표였고, 자신의 전부였다. 청년의 이야기를 들으면서 어리석다 여길 테지만 이것은 인간이 걸어온 삶이다. 인간은 소유나 혹은 애장품을 통해 행복을 느끼고 삶의 안정을 찾기 때문이다.

## 왜 그리스도인으로 살길 원하는가

영화 「람보」 시리즈의 원작 소설을 쓴 데이비드 모렐은 대학에서 젊은 작가 지망생들을 가르치면서 종종 이렇게 묻곤 했다.

"왜 여러분은 작가가 되길 원하는가?"

저마다 대답은 달랐다. 창작의 희열을 말하는 사람도 있었지만 대다수는 스티븐 킹Stephen King처럼 되길 원했다. 유명하고 돈 잘 버는 베스트셀러 작가. 이것이 그들의 진짜 속마음이었다.

3억 명 넘게 사는 미국에서 소설가로 생계를 유지하는 사람은 얼마나 될까? 250명이 채 안 된다. 나머지 대다수 작가들의 평균 연소득은 6,500달러에 불과하다.[192] 우리 돈으론 700만 원쯤 된다. 이런 상황을 잘 아는 모렐은 그들이 왜 작가가 되길 원하는지 궁금했다. 모렐의 질문을 신앙인들에게 던진다면 이런 질문이 될 것이다.

"왜 우리는 그리스도인으로 살길 원할까?"

누구나 의미 있는 삶을 꿈꾸고 또 그렇게 살고 싶은 것이 인간의 본성이지만 한계가 있다. 모두가 의미 있는 삶을 꿈꾸지만 실제로는 자신이 부여한 만큼만 의미를 갖는다. 가상의 선이 있다는 뜻이다. 우리는 자신의 말로 정의한 것만 지킬 수 있다. 바로 자신의 꿈에 대해 동의했다 해도 이후로 그 동의가 잘 지켜지는지 주기적으로 확인해야 한다. 그것이 곧 연습이다. 연습은 내가 꿈만 꾸던 것을 가능하게 해주는 힘이다.

### 땅끝은 어디일까

땅끝은 선교지를 일컫는데, 일반적으로 위도 10~40도 사이에 집중된 미전도 종족이 있는 땅을 말한다. 이 땅끝이 요나 시대엔 스페인이었고, 사도행전 시대엔 로마였다. 어떤 이는 땅끝을 예루살렘이라고 생각한다. 물론 우리가 말하는 땅끝은 복음이 전파되지 않은 나라와 민족과 종족뿐만 아니라 복음을 듣지 못한 사람들이지만, 주님을 모른다면 어디에 있든 땅끝에 있는 것이다. 따라서 아프리카 동부의 소말리아도 땅끝일 수 있다.

1992년 9월, 「USA 투데이」의 해외특파원인 잭 켈리<sup>Jack Kelley</sup> 기자가 소말리아를 찾아갔다. 내전과 해적으로 알려진 땅이었다. 「USA 투데이」는 1982년에 창립되어 10년도 안 돼 전국지가 된 신문사인데, 켈리는 거기에서도 주목받는 기자였다. 특종을 연이어 터트렸기 때문이다. 그는 극심한 기근에 시달리고 있던 소말리아의 한 마을을 취재하다가 또 다른 특종을 터트렸다. 그는 9월 9일자 신문에 이런 기사를 실었다.

앞을 못 보는 세 살짜리 여자아이가 뼈만 남은 엄마 옆에서 쭈그리고 앉아 있었다. 엄마와 딸은 사막의 메마른 땅바닥에 누워 있었고, 아이는 엄마에게 먹을 것을 주려고 애쓰고 있었다. 이름을 알 수 없는 여자아이는 엄마의 입에 손을 뻗었다. 엄마는 20대 중반으로 보였지만 이미 죽어 있었다. 아이는 엄마에게 "먹어 봐"라고 말하면서 자신의 손가락으로 엄마의 머리칼을 빗겼다. 하지만 늦었다. 엄마는 죽었기 때문이다. 너무 가슴이 아파 아무도 그 아이를 쳐다보지 못했다.[193]

'

켈리의 기사는 미국 독자들을 감동시켰다. 이 기사는 즉시 전 세계 신문에 번역되어 실렸고, 한국 신문에도 실렸다. 감동 받은 독자들은 소말리아를 후원할 방법을 찾기 시작했고, 이 기사는 즉각 미국 전역의 교회 설교와 예화에 등장했지만, 안타깝게도 이 기사는 가짜였다. 더 안타까운 것은 오래 전에 이미 거짓으로 드러났음에도 여러 가지 다른 버전으로 유포되고 있다는 것이다. 설교나 목회 단상 같은 블로그에서 여전히 인용되고 있다.

켈리는 발군의 취재력으로 연달아 특종을 터트리곤 했다. 그의 특종 기사는 「USA 투데이」 1면을 장식했고 늘 화제를 낳았다. 덕분에 신문사 고위직 임원들과도 친분을 쌓게 되었고, 쇄도하는 인터뷰와 TV 출연 요청을 받았다. 마당발답게 86개국을 취재차 방문하면서 36명의 국가수반들과 인터뷰하기도 했다. 게다가 퓰리처상 후보에도 다섯 번이나 올랐다. 그는 한마디로 신문사의 스타 기자였다.

잘나가던 켈리가 2004년 1월 갑작스럽게 신문사에 사직서를 냈다. 문제를 직감한 신문사는 곧장 조사팀을 꾸려 그가 18년 동안 근무하면서 작성한 1,400편의 기사 중 특히 1991년부터 2002년 사이에 쓴 기사들을 꼼꼼히 파헤치기 시작했다. 결국 그동안 동료들이 우려했던 것이 사실로 드러나고 말았다. 켈리는 가짜 기사를 써왔던 것이다. 강도 높은 조사가 이루어진 뒤, 잭 켈리와 신문사는 공개 사과를 했다.

켈리는 특종의 쾌감을 한 번 맛보게 되자 끊을 수 없었다. 쏟아지는 관심과 찬사는 그를 더 깊은 수렁으로 끌고 갔다. 그는 욕을 먹어도 싸다. 거짓말을 했기 때문이다. 헌데 켈리는 신앙인이었다. 인터뷰에서 "기사를 쓸 때마다 하나님이 기뻐하시는 것이 느껴진다. 저널리즘은 나의 소명이다"라고 소신을 밝히기도 했다. 켈리의 이야기는 인간이 얼마나 자기기만에 탁월한 존재인지 잘 보여 준다. 하지만 그만 나쁜 놈인가? 안타깝게도 그것은 우리의 또 다른 모습이기도 하다.

켈리 기자는 사울 왕의 현대판 버전이다. 그는 인정받고 싶은 욕망이란 낚시 바늘에 걸린 것이다. 내가 간절히 원하는 것이 결국엔 나에게 상처를 주고, 원하는 것이 집착이 되면 삶이 부패하게 된다. 이런 일이 생기는 것은 우리 스스로 자초한 탓이 크다. 한마디로 욕심이 잉태하면 죄를 낳게 된다는 말이다. 켈리의 가짜 뉴스는 삶의 현장에서 그리스도인으로 살 수 있는 사람만이 땅끝에서도 그리스도인으로 살 수 있음을 보여 준다.

# 삶의 본질을 꿰뚫어 보다

우리 주위에는 패스트푸드점, 보험 회사들, 각종 게임들, 코인 세탁소, 노래방, TV 프로그램 등이 늘어 간다. 이런 것들이 식사나 여가 시간 및 세탁에 대한 고민을 해결해 준 덕분에 수명에도 영향을 미쳐서 지난 100년 동안 평균 수명이 50년이나 늘었다. 사회가 발전할수록 수동적인 생활이 늘어났고 이런 삶의 변화가 신앙인들에게도 영향을 끼쳐서 많은 신앙인들이 편리함에 길들여졌다. 길들여지면 우리는 '올바른' 행동보다는 '똑똑한' 행동을 하기 쉽다.

우리 대부분은 미디어, 음악, SNS, 영화, 게임 같은 매체로부터 영향을 받는다. 또 시간의 상당 부분을 연예인, 맛집, 메이저리그, 패션 정보, 스포츠에 대한 정보를 분류하는 데 소모한다. 심지어 신앙인들조차 자신의 내면을 살피는 일에 관심을 잃고 있다. 대개는 '좋아요'로 확인되는 다른 사람들의 판단에서 자신의 존재감을 이끌어낸다. 다른 사람들의 시선과 판단에서 자신의 존재감을 찾고 있는 형편이다.

기독교 신앙에서 정체성을 세우는 것이 무엇보다 중요한데, 정체성이 없으면 대개는 타인의 시선과 인정을 통해 그것을 확인하려고 하기 때문이다. 인스타그램이나 페이스북을 보면 패션, 맛집, 자동차, 사는 집을 통해서 자신이 누구인지를 확인하고 또 보여 주려고 한다. 우리가 이런 방식으로 자신의 삶을 평가하고 있다면 이미 길을 잃은 것이다. 진리에 대한 방향 감각을 가지려면 내면이 건강해야 하고, 이를 키우기 위해 자기 점검이 필요하다. 여기에서 문학은 그 시작점 역할을 한다.

노년을 아프게 하는 것은
새벽 뜬눈으로 지새우게 하는
관절염이 아니라
어쩌면
미처 늙지 못한 마음이리라[194]

이 시의 핵심은 마지막 말에 있다. '미처 늙지 못한 마음.' 시라고 말은 했지만, 이것이 시일 수도 있고 아닐 수도 있다. 제페토—필명으로, 주로 다음 포털daum.net에서 활동하는 일명 '댓글 시인'—란 이름의 누리꾼이 남긴 인터넷 댓글이기 때문이다. 형식면에선 시가 분명하지만, 풀어쓴 산문일 수도 있다. 새로운 시대는 새로운 고백과 새로운 감성을 요구하는데, 하나님은 목마름을 작가의 마음에 부어 글을 쓰게 하신다. 제페토란 네티즌은 늙어가는 시대를 관찰한 것이다.

## 첫 문장

삶의 본질을 꿰뚫어 보는 이는 목회자만이 아니다. 시인이나 소설가도 삶의 본질을 꿰뚫어 본다. 셰익스피어는 「리어왕」에서 이렇게 쓰고 있다.

"사랑 때문에 저지른 어리석은 짓을 하나도 기억할 수 없다면 당신은 사랑에 빠진 적이 없는 것이다."[195]

19세기 영국 소설가 조지 엘리엇George Eliot은 사랑을 이렇게 표현했다.

"이별의 아픔 속에서만 사랑의 깊이를 알게 된다."[196]

두 작가 모두에게서 인간의 내면을 꿰뚫는 말이 나왔다.

베스트셀러는 그 시대 사람들이 무엇을 갈망했는지 보여 주고, 금서는 그 시대 권력자들이 무엇을 두려워했는지 보여 준다. 베스트셀러와 금서가 사회의 흐름을 읽는 코드라고 한다면 신앙인의 삶을 읽는 코드는 뭘까? 우리는 제대로 된 신앙인의 삶을 살기 위해 노력하는데, 참다운 나 자신이 되는 길은 왜 그렇게 멀고 험할까? 그래서 더더욱 우리에겐 자기 점검이 필요하다. 무엇보다 마음에 담고 사는 한 줄 문장이 있다면 도움이 될 것이다.

우리를 둘러싼 세상은 늘 분주하지만, 주변을 둘러보면 좋은 시도 많다. 좋은 시에는 반드시 깨달음을 주는 시구가 있다. 황지우의 시 「너를 기다리는 동안」의 마지막 구절—"너를 기다리는 동안 나는 너에게 가고 있다"—처럼 말이다. 소설도 마찬가지다. 조세핀 하트Josephine Hart는 인간의 내면 묘사에 뛰어나다고 평가 받는 소설가다. 그녀의 대표작 『데미지』의 첫 문장을 읽으면 이야기 속으로 빠져들 수밖에 없다. 바로 소설에 꽂히는 것이다.

> 내면의 풍경이란 게 있다. 영혼의 지형이랄까. 우리는 평생토록 그 지형의 등고선을 찾아 헤맨다. 운이 좋아 그것을 찾는 이들은 물이 돌 위를 흐르듯 느긋하게 그 등고선 위를 흘러 집에 이른다.[197]

첫 문장에 고개가 끄덕여진다면 독자는 소설을 읽게 된다. 작가의 대답을 듣기 위해서다. 이것은 찰스 디킨스Charles Dickens의 『두 도시 이야기』 첫 문장에서도 느껴진다. 디킨스의 문장을 읽다 보면 우리는 여전히 19세기를 살고 있다는 생각이 든다.

> 최고의 시절이자 최악의 시절, 지혜의 시대이자 어리석음의 시대였다. 믿음의 세기이자 의심의 세기였으며, 빛의 계절이자 어둠의 계절이었다. 희망의 봄이면서 곧 절망의 겨울이었다. 우리 앞에는 무엇이든 있었지만 한편으로는 아무것도 없었다. 우리는 모두 천국을 향해 가고자 했지만 우리는 엉뚱한 방향으로 걸어갔다.[198]

디킨스는 자신의 시대가 잘못되었다는 것을 감지했다. 그래서 그는 삶의 모순—최고와 최악, 지혜와 어리석음, 믿음과 의심, 빛과 어두움—을 대치시키지만 실제로는 독자들에게 어느 쪽을 선택할지 묻고 있다. 로버트 프로스트Robert Frost 역시 시 「가지 않은 길」에서 독자들에게 같은 메시지를 보낸다. 인생이란 선택의 연속이며, 시인처럼 자신의 선택에 확신이나 아쉬움이 있어야 한다.

이처럼 다들 인생에 대해 고민하면서 살 것 같지만, 다수는 소설 『에브리맨』의 화자처럼 말할 것이다.

"아, 결국 이렇게 되었네요. 이제 우리가 할 수 있는 일은 없어요."[199]

소설가에게 첫 문장은 무척 중요하다. 작가의 의도와 작품의 전체 내용을 암시하기 때문이다. 그래서 좋은 작품은 대개 첫 문장이 좋다. 톨스토이는 『안나 카레니나』를 4년 동안 집필하면서 소설의 첫 문장을 탈고를 끝낸 맨 마지막에 썼다.

"행복한 가정은 서로 닮았지만 불행한 가정은 모두 저마다의 이유로 불행하다."[200]

쓰는 내내 톨스토이는 첫 문장을 고민했던 것이다. 이처럼 첫 문장 증후군이 없는 작가는 드물 것이다. 대부분 작가들은 첫 문장에 애착을 갖는다. 독자의 시선을 붙잡아야 자신이 힘들게 쓴 이야기를 읽을 것이기 때문이다.

팔복도 소설 속 첫 문장과 같다. 팔복은 예수 그리스도의 마음이자 하나님 나라의 핵심 가치인데, 우리를 향한 하나님의 뜻은 우리의 성향이나 사회적 트렌드와 전혀 다르다는 걸 보여 준다. 사실 하나님 나라의 가치는 세상의 가치와 충돌하고, 이것이 팔복에서 잘 드러난다. 흔히 우리는 사람들이 그리스도인의 모습 때문에 시험이 들 땐 예수만 보라고 위로한다. 하지만 1세기 때 사람들은 성도들의 삶의 모습을 보면서 복음이 무엇인지 깨달았다.

## 설교가 들릴 때 ～～～～～～

"적용이 시작되는 곳에서 설교도 시작된다."[201]

설교의 황제라고 불린 스펄전Charles Spurgeon 목사의 말이다. 설교는 목회자의 주업이지만 설교자가 타성에 젖어 자신에게 적용시킨 경험이 없으면 설교는 도덕적으로 흘러가기 쉽다. 늘 뭘 가르쳐야 한다고 느끼기 때문이다. 좋은 설교는 설명하지 않고 보여준다. 물론 아무리 좋은 설교라도 잊혀지기 마련이지만 좋은 설교일수록 뭔가를 남긴다. 시간이 흘러도 그때 받은 느낌만은 남아있다. 그것이 좋은 설교다.

이런 설교의 원리는 소설에도 적용 가능하다. 좋은 소설은 이야기가 남다르지만 진짜는 그 강렬한 이미지다. 대개 좋은 소설엔 생각만 해도 설레는 묘사나 문장이 있다. 영화도 마찬가지다. 「E.T.」에서 서로 손가락을 마주하는 장면, 자전거를 타고 하늘을 나는 장면, 「터미네이터 2」에서 로봇 T-800배우 아널드 슈워제네거이 엄지를 치켜든 채 용광로로 들어가 스스로 소멸을 선택한 순간 등 이런 장면을 처음 보았을 때 느꼈던 놀라움과 감동은 오래간다.

좋은 소설은 절대로 빨리 읽을 수 없다. 반면 흡입력이 뛰어나서 중간에 멈출 수 없는 소설은 베스트셀러가 되고 영화로 만들어지기도 한다. 하지만 그 책을 다시 읽는 경우는 드물다. 설렘이 없기 때문이다. 반면 진짜 좋은 소설은 다르다. 읽다가 중간에 멈추는 일이 빈번하게 일어나는데, 내 삶을 흔들어 놓는 문장들 때문이다. 글은 글 쓰는 사람을 닮아가기에 독자들도 글의 영향을 받는 것이다. 다음은 단편 소설 속 한 문장이다.

우린 노력하지 않는 한, 서로를 이해하지 못한다. 이런 세상에 사랑이라는 게 존재한다. 따라서 누군가를 사랑하는 한, 우리는 노력해야만 한다.[202]

설교도 마찬가지다. 성도들이 진짜 듣고 싶어 하는 설교는 강의식 설교가 아니다. 아마도 설교자 자신이 고군분투하며 살아가는 삶을 보여 주는 설교일 것이다.[203] 성도 자신의 삶이 힘들기 때문이기도 하고, 목회자를 통해서 살아 계신 하나님을 경험하고 싶기 때문이기도 하다. 그런 설교는 성도들의 뇌리에 강렬한 이미지를 만들고 설교자의 일상 속에 묘사된 예수님과의 친밀한 관계에 흥미를 갖게 된다. 한 설교자의 고백을 들어 보라.

설교란 설교문을 준비해서 그것을 전하는 것이 아니라 설교자를 준비하여 그를 전하는 것이다.[204]

설교자가 말씀을 자신에게 먼저 적용시키지 않으면 성도는 적용이 없는 설교를 흘려듣는다. 그 설교가 그 설교이기 때문이다. 지루한 시간을 참아 내면 주일을 지켰다는 안도감이 밀려온다. 그리고는 바쁜 한 주를 보낸다. 그 한 주를 사는 동안 신앙적인 고민은 별로 없다. 그리고 다시 주일이 오면 교회에 가지만 삶을 나누지는 않는다. 그저 어떻게 한 주를 보냈다는 가벼운 정보만 교환할 뿐이다. 그러다 보니 신앙의 깊이가 1센티미터도 안 된다. 청교도 목사 존 오웬John Owen은 이렇게 말한다.

그 어느 누구도 자신이 먼저 듣지 않는 한 다른 사람에게 제대로 된 설교를 할 수 없다.[205]

## 중세를 사는 현대 교회

우리는 천국에 가는 꿈만 꾸면서 살았던 중세인들 같다. 루터를 비롯한 몇몇 신앙인들은 잠이 든 시대를 고민했지만, 다수는 그들의 시대가 깨어 있다고 생각했다. 여전히 예배는 드려졌고, 그 어떠한 죄인이라도 천국행 티켓을 살 수 있었기 때문이다. 죄는 삶 속에 깊이 스며들어 있었지만 대부분 지옥을 무서워하지 않았다. 신부의 성례를 받으면 천국에 간다고 철석같이 믿었기 때문이다. 요즘은 그 티켓이 주일성수와 헌금으로 대체된 듯 보인다.

통계를 보니 지난 10년 간 교회를 떠난 사람들은 15만 명이 넘는데, 그중 청년들의 비중이 가장 높았다. 그들은 교회도, 목회자도, 신학교도 넘쳐나는데 여전히 다닐 만한 교회가 없고 존경할 만한 목회자가 없다고 푸념한다. 이제 문제는 실천이다. 다시 말해 구원은 죽은 다음에 이루어지는 것이 아니라 이 땅에서도 선취하며 살아야 한다는 뜻이다. 최주훈 목사는 『루터의 재발견』에서 이렇게 적고 있다.

개신교 정신은 이 땅에 불량품 교회·불량품 목사·불량품 신학이 사라지고, 그 자리에 건강하고 바른 교회가 세워지며, 바른 신학의 토대 위에 바른 정신의 목사들이 하나님 나라 일구기를 꿈꾸는 것이다. 소비자가 똑똑해야 하듯 신자 스스로 똑똑해져야 한다. 이것

이 만인사제직이다.[206]

16세기 교회는 권위를 놓치지 않기 위해 말씀을 왜곡시켰다. 진리는 변하지 않았지만 진리의 왜곡은 끊임없이 일어났다. 그래서 깨어 있는 사람들은 교회가 본질로 돌아가야 한다고 외쳤고, 프로테스탄트 교회가 그렇게 시작되었다. 지금의 우리 역시 제2의 종교개혁을 절실히 바라고 있다. 실수를 반복하지 않으려면 '생각하는' 신앙인이 되어야 한다. 즉 스스로 고민하고 삶에 적용하는 법을 배워야 한다는 뜻이다.

예이츠William Yeats의 시에 "춤과 춤추는 이를 구별할 수 있는가"[207]라는 표현이 있다. 사실 댄스와 댄서는 구분이 안 된다. 세상도 마찬가지일 텐데, 중세 교회는 세상은 더러워도 교회는 깨끗하다고 생각했기 때문이다. 물론 단번에 천국에 갈만큼 자신하는 사람은 없었기에 면죄부가 팔릴 수 있었다. 죄는 돈 되는 장사였다. 이 장사는 신성한 거래로 불렸으며, 거래가 이루어지는 곳에선 언제나 교황의 깃발이 나부꼈다.[208]

교회사에서 교황의 권력은 엄청났다. 1077년 신성로마제국중세의 독일의 황제였던 하인리히 4세도 파문을 받게 되자 눈밭에서 맨발로 사흘간 교황에게 용서를 빌기도 했다. 교황에게는 천국 문을 열고 닫을 수 있는 열쇠가 있다고 보았기 때문이다. 그런데 열쇠의 목적은 접근의 통제가 아니라 즐거이 드나드는 데 있고,[209] 드나드는 것보다 더 중요한 것은 그 안에 사는 것이다. 이것을 모르면 천국에 갈 생각만 하게 된다. 이때부터 신앙생활은 기쁨이 아니라 의무가 되고, 목회는 부르심이 아니라 직업이 되고 만다.

## 복음으로 똑똑해져야 하는 이유

"가장 중요한 것은 눈에 보이지 않아."[210]

『어린 왕자』에 나오는 여우의 고백이 예사롭게 들리지 않는다. 제일 중요한 것은 눈에 보이지 않기에 지금의 한국 교회가 위기인 것이다. 세상 사람들은 심지어 기독교 가치들을 뒤집고 변형시키려고 한다. 또 기독교가 반대하는 것만 눈여겨보면서 그 가치들을 평가 절하한다. 지금의 기독교 가치들은 세상의 모든 것이 그러하듯 기복을 겪고 있다. 그런데 상황이 나쁘기 때문에 위기인 것이다. 프랑스 작가 폴 부르제Paul Bourget는 이렇게 말한다.

당신은 당신이 생각한 대로 살아야 한다. 그렇지 않으면 당신은 사는 대로 생각하게 될 것이다.[211]

요즘 기독교가 약해져서 속상하지만, 그보다 더 속상한 것은 성경의 핵심 가치들이 교회 안에서조차 외면당하는 것이다. 이제 우리 모두 스스로에게 물어야 한다.

"기독교의 진리는 진짜인가, 가짜인가?"

진짜라고 믿는다면 확신이 있어야 하고, 그 확신대로 살아야 한다. 그리스도인이 된다는 것은 내 성공과 내 생각이 아니라 하나님의 뜻과 계획을 이루어가는 것이다. 다시 말해 우리의 생각이 아니라 하나님의 생각을 선택할 때마다 나의 자아는 죽게 된다. 그것이 바로 바울의 "나는 날마다 죽노라"고린도전서 15:31는 고백이다. 복음서를 보면 예수님의 제자들이 자신의 인생을 전환하는 장면들이 나오는데, 누가는 마태가 부르심을 받는 순간을 이렇게 기록하고 있다.

그가 모든 것을 버리고 일어나 따르니라 누가복음 5:28

'모든 것을 버리고'는 예수를 따르는 첫걸음이었는데, 이제는 목표가 되었다. 복음 회복 운동인 종교개혁이 역사적으론 끝났지만, 개혁이라는 시각에선 여전히 진행 중이다. 성경은 마지막 시대에 배교가 왕성하게 일어날 것이라고 했다. 존 맥아더 John MacArthur 목사 또한 거짓 종교 지도자는 위장에 능하다고 경고하고 있다.[212] 게다가 지금도 면죄부가 팔리고 있다. 한 번 예수님을 주님으로 영접하면 모든 걱정은 끝이라는 값싼 복음이 그 중 하나일 것이다. 이제는 성도들 자신이 복음으로 똑똑해져야만 한다.

### 반쪽 신자

누구나 아픈 손가락이 있다. 청교도들에게도 아픈 손가락이 있었는데, 자식이다. '반쪽 신자'라는 말을 아는가? 영어로 'Half-way Christian'이라고 하는데, 반쯤 헌신된 그리스도인이라는 뜻이다. 반쪽 신자는 성경은 알지만 신앙생활에 대한 열망이 없고, 교회를 출석하고 자신이 교인이라고 말하지만 그리스도인인지는 확신하지 못한다. 지금으로 말하면 교회에 안 나가는 모태 신자 또는 가나안 성도를 말한다.

1620년 102명의 청교도들이 영국을 떠나 뉴잉글랜드로 왔는데, 한 세대만에 반쪽 신자란 말이 생겨났다. 신실한 청교도들이 어쩌다 반쪽 신자가 됐을까? 당시 시민권은 교회 멤버십과 연결되어 있었기 때문에 회중 앞에서 신앙을 고백해야 멤버십이 주어졌다.[213] 청교도들은 신앙의 자유를 찾아 아메리카 땅까지 찾아왔기에 새로운 땅에서 후손들에게 믿음을 물려주고 싶었다. 그래서 교회에 출석해야만 가게를 운영할 수 있는 라이선스를 주기로 결정했다. 즉 멤버십이 있어야 투표를 하고 가게도 열 수 있었다.

하지만 마음처럼 안 되는 게 자식 농사다. 자식에게 신앙이 없다 보니 먹고살 방법이 막막했다. 가게라도 열어야 생계를 꾸려갈 수 있는 길이 열리는데, 교회 멤버십이 없으니 쉽지 않았다. 안타까운 부모들이 많았기 때문에 1662년에 교회는 어쩔 수 없이 부모나 조부모의 믿음에 근거하여 자녀들에게 교회 멤버십을 주었다.[214] 이처럼 자신이 아닌 부모나 조부모의 믿음에 근거해서 멤버십을 받았기 때문에 '반쪽 신자'라고 불리게 된 것이다.

자식들이 살아갈 터전을 만들기 위해 정복 전쟁을 끝내고 보니 자녀들의 신앙이 엉망이었다. 사사기의 이야기다. 그런데 신앙의 자유를 찾아 신대륙에 찾아온 청교도들에게도 이 일이 일어났고, 바리새인들에게도 일어났고, 지금 우리 시대에도 일어나고 있다. 성경에서는 믿음으로 산다는 것이 단순하게 기술되어 있기 때문에 우리는 종종 중요한 사실을 잊어버린다. 내가 원하는 소원이 때론 최악의 결과를 낳을 수 있다는 것이 그것이다. 그래서 우리에겐 자기 검증이 필요하다.

서기 150년 즈음 진리를 지키고 이단을 막기 위해 교회는 도그마*dogma*와 신경信經에 몰두했다. 그런데 시간이 흐르면서 성경 말씀보다 그것을 해석하는 신학의 위상이 더 높아졌다. 의도와는 달리 교리와 성경에 탁월한 신학자나 목회자가 훨씬 부각되었다. 처음엔 겸손하게 시작했으나 섬김을 받는 데 익숙해지자 하나님 자리에까지 앉게 되었다.[215] 이러한 실수가 청교도 사회에서도 일어났고, 지금의 한국 교회에서도 일어나고 있다.

바리새인은 1세기 유대 사회의 핵심이었다. 유대 땅에 유대인이 200만 명쯤 살았는데, 이 중 바리새인은 겨우 6천 명이었다. 수는 적었지만 종교 권력을 잡고 있었기 때문에 그 영향력은 컸다. 그들에 대한 유대인들의 지지 또한 절대적이었다. 때문에 헤롯대왕이나 로마 통치자들도 바리새인들을 함부로 대할 수 없었다. 헌데 예수님은 일주일에 두 번 금식하고, 십일조를 하고, 말씀을 입에 달고 사는 그들에게 '회칠한 무덤'마태복음 23:27이란 격한 표현을 쓰셨다.

바리새인들은 회당을 근거지로 삼아 토라tôrāh를 삶의 모든 영역에 적용시켰다. 로마가 성전과 유대 땅을 통제했기에 마지막 남은 토라만은 철저하게 지키려고 했다. 세월이 흐르면서 삶은 더 복잡해지고 율법은 늘어만 갔다. 그러자 '하나님을 사랑하라'는 본질은 사라지고, 그 빈자리에 '자기 의'만 남게 된 것이다. 이런 실수가 우리에게도 나타나는데, 『주홍 글자』는 신자들의 생각이 굳어질 때 어떤 일이 일어나는지를 문학으로 보여 준다.


## 공동체적 부르심

스탠리 존스Stanley Jones는 척박한 땅 인도에서 50년 넘게 선교사로 헌신한 감리교 선교사다. 그는 "교회가 당면한 첫 번째 문제는 무엇인가"라는 질문을 받았는데, 조금도 주저하지 않고 "엉뚱함"이라고 답했다. 이는 성경의 가르침이 성도의 삶에 아무런 연관 관계가 없음을 보았던 선교사의 답이다.[216]

소금이 된다는 것은 악이 퍼지지 않도록 막는 역할을 한다는 뜻이다. 이런 영향력은 개인뿐 아니라 사회에서도 나타나야 하는데, 한국 교회가 교회 밖에서 미치는 영향력이 매우 약해졌다. 이제는 그 누구도 설교를 듣고 교회를 찾지 않는다. 그래서 삶의 현장에서 그리스도를 전하는 롤 모델이 필요하다. 왜냐하면 함께 일하는 동료의 삶을 보고 관심을 갖게 되기 때문이다. 그 동료는 곧 교회가 무엇인지, 예수는 누구인지 들여다볼 수 있는 창인 셈이다.

요즘 기독교에 대한 잘못된 정보와 편견 때문에 진리를 거부하는 사람들이 있다는 것은 참으로 슬픈 일이다. 편견은 스스로 번식하면서 퍼져 가는데, 그것을 수정하는 사람이 적기에 기독교는 계속 폄하될 수밖에 없다. 요즘 그 누구도 흑인, 유대인, 여성, 동성애자를 공개적으로 비하하지 않는다. 하지만 기독교에 대해서만큼은 거침없이 조롱한다. 허나 우리는 교회 안에서 설교로만 불평한다. 이 흐름을 바꾸려면 동물 보호 단체나 동성애 단체들의 움직임처럼 전략적인 접근이 필요하다.

출판사들도 기독교 서적에 대해 편견을 갖고 있다. 뉴에이지나 불교 혹은 샤머니즘 같은 주제를 다룬 책들은 거침없이 내지만 기독교 서적에 대해서는 꺼려한다. 복음이 가장 필요한 곳은 기독교 매장이 아니라 일반 시장이 아닌가? 이것을 뚫을 방법을 찾아야 한다. 작가 톨킨처럼 그리스도인은 자신의 분야에서 최고가 되어 자신이 믿는 예수를 세상 가운데 알려야 한다. TV를 켜면 뛰어난 가수들이 넘쳐나는데, 그런 대중가수들에게 넘치는 재능을 준 데에는 다 이유가 있을 것이다.

우리 시대에는 신앙의 소신을 가진 그리스도인들이 필요하다. 이것은 개인적 믿음과 공적인 신앙이 맞물려야 한다는 뜻이다. 김근주 교수는 『복음의 공공성』이란 책에서, 또 짐 월리스Jim Wallis는 『하나님의 정치』라는 책에서 이에 대해 상세하게 설명한다. 구약 시대의 회심은 개인적이면서도 공동체적 부르심이었다.[217] 헌데 기독교 신앙이 개인적이고 사적인 영역에만 머무른다면 교회는 세상 속에서 예수님을 드러내지 못할 것이다. 그러므로 지금은 개인뿐 아니라 교회도 회개해야 한다.

### 1세기 기독교의 성장 이유

로드니 스타크Rodney Stark 교수는 미국 텍사스 주 베일러 대학교에서 사회학을 가르친다. 그가 쓴 『기독교의 발흥』을 보면 로마 귀족도 전염병에 걸리면 버려졌다는 사실을 알 수 있다. 주후 260년경 로마에서는 전염병 때문에 하루에 5천 명씩 사망했다.[218] 그 버려진 병자들을 그리스도인들이 거두어 돌보았다. 그러다 병에 감염되어 목숨을 잃어도 그 일을 멈추지 않았다. 그 모습을 지켜본 3세기 파리의 초대 주교 디오니시우스Dionysius는 이렇게 썼다.

위험에도 불구하고 그들은 환자들을 돌보았고, 그리스도 안에서 환자들의 필요를 돌보며 간호했다. 그리고 환자들과 함께 평화로이 이 땅에서의 삶을 마감했다. 그들은 환자들의 병에 감염되었어도 이웃들의 질병을 감싸 안았으며, 그들의 고통을 조심스럽게 받아들였다. 타인들을 돌보며 치료하다가 수많은 사람들이 환자들의 죽음을 자신들이 떠안았으며, 그들 대신 죽었다.[219]

로마의 식민지 사람들은 세 가지로마 시민권, 부, 안전를 꿈꾸며 살았다. 부자가 되면 어떻게든 로마 시민권을 사려 했고 그 후엔 향락에 젖어 들었다. 사치가 만연해지면 도덕적으로 타락하기 마련이다. 쾌락에 젖어 살았지만 전염병이 돌자 사회가 일시에 정지되는 듯했다. 하지만 어둠 속에선 빛이 드러나는 법. 세계 최고의 학문과 문화를 가졌던 그들이지만 전염병이 돌자 귀족들도 가족을 버렸다. 반면 그리스도인들은 버려진 자들을 돌보며 죽어 갔다.

그리스도인들의 과격한 사랑 실천은 로마 제국 내에서 빠르게 퍼져 나갔다. 죽음을 두려워하지 않는 그리스도인의 삶은 그들에겐 경이 그 자체였다. 특히 가난한 자와 병자를 긍휼히 여기는 교인들의 삶을 보면서 로마인들은 당황했다. 실로 기독교가 남긴 자취와 영향력은 매우 놀라웠다. 주후 250년이 되자 수도 로마에서 그리스도인의 수가 5만 명으로 불어났다.[220] 4세기 초엔 로마 인구의 3분의 1 이상이 그리스도인이었다. 이제 그리스도인은 로마 황제도 힘으로 침묵시킬 수 없는 존재가 된 것이다.

스타크 교수는 이것을 통계로 보여 준다. 즉 주후 40년 당시 그리스도인의 수를 1천 명으로 가정한 뒤, 10년마다 40퍼센트 씩연 3.42% 성장했다고 추정해 보자. 이런 가정을 토대로 계산해 보니 주후 100년에 그리스도인의 수는 7,530명이었고, 로마 제국 인구

중 0.0126퍼센트였다. 주후 200년경 그리스도인의 수는 21만 7천 명이고, 제국 내 비율은 0.36퍼센트가 되었을 것이다. 또 주후 250년에 그리스도인의 비율은 1퍼센트가 되었을 것이다. 그리고 주후 300년에는 629만 명이 되었고, 비율은 10.5퍼센트에 다다랐을 것으로 추측된다.

물론 한 사회학자의 추정이지만, 초기 기독교는 박해에도 불구하고 놀랍게 성장했다. 특히 3세기는 역사가들이 '피의 시대'라고 부를 정도로 순교자가 많았다. 사자의 밥이 되고 몸에 기름이 발라져 횃불처럼 불타 죽으면서도 그리스도인들은 믿음을 포기하지 않았다. 순교자들을 지켜본 로마인들은 그리스도인들의 담대한 믿음을 궁금해했다. 결국 자신들도 전염병으로 죽음을 맞게 되자 그리스도인을 찾게 되었다.

## 상식을 뒤집는 초대교회

초대교회는 우리의 상식을 뒤집는다. 종교사 교수 아서 노크 Arthur Darby Nock는 초대교회 땐 직접 전도하지 않았는데도 사람들이 믿었다고 말한다.[22] 교회 자체가 메시지였고, 복음이었고, 선교였고, 예배였기 때문이다. 복음은 구원받은 삶으로 표출되었으며, 예배는 모임으로 끝나지 않았다. 예배는 예수님의 가르침에 대한 순종이었고, 희생하는 삶으로 이어졌다. 이런 개인의 헌신이 가족을 넘어 교회로 모아지자 로마 제국이 뒤집어지고 말았다.

초대교회 교인들은 박해를 당연시했다. 그리스도의 고난에 동참한다고 여겼기 때문이다. 곧 박해는 오히려 이들의 믿음을 더욱 강하게 만들었다. 이들은 권위와 경외심을 동시에 불러일으켰다. 그리스도인이란 말도 우연히 나온 게 아니다. 그들은 다시 오실 예수님을 소망하며 힘든 시기를 버텼다. 이런 강인한 그리스도인들이 있었기에 기독교가 공인된 주후 312년까지 그리스도인의 수는 30년마다 50만 명씩 늘어나게 되었다.

사실 안디옥 사람들은 스데반 집사의 순교 후 벌어진 박해를 피해 그곳에 온 그리스도인들을 관찰했다. 당시 50만 명이 모여 살던 안디옥은 로마제국에서도 세 번째로 큰 여러 나라 사람들이 모여 사는 국제적인 무역 도시였다. 이곳에서 안디옥 사람들은 그리스도를 따르는 사람들에게 '그리스도인'이란 꼬리표를 붙였다. 누가는 사도행전 11장에서 이때의 일을 두 가지로 설명한다.

a. "제자들은 안디옥에서 처음으로 '그리스도인'이라고 불리었다."
b. "수많은 사람들이 믿고 주님께로 돌아왔다." 사도행전 11:21, 26, 새번역

신약에서 '그리스도인'이란 말은 세 번 나오지만, 특별하다. 제자들에겐 안디옥 사람들이 더 이상 유대인이라고 부를 수 없는 무엇인가가 있었다. 당시 그리스도인들은 테레사 수녀처럼 살았고, 그들의 믿음은 삶으로 확인되었다. 이것을 로마인들도 보았고 안디옥 사람들도 보았다. 우리의 고민은 진짜 그리스도인답게 살아야 한다는 것이다.

5장

문학의 밭에서 상상력이 자라다

# 유연하게 사고한다는 것

새 깃털에 관심을 가진 조류학자가 있었다. 한번은 호주 남부 습지로 탐조 여행을 갔을 때 흑고니가 눈앞에 나타났다. 검은 백조 black swan를 볼 때까지 조류학자의 머릿속에 있는 고니는 언제나 백조였기에 그 모습은 충격이었다.[222] 블랙 스완은 이처럼 그 존재만으로도 우리를 강력하게 흔들어 놓았다. 신앙인의 생각도 굳게 하나에 매몰되기보다 부드럽고 유연해야 한다. 한마디로 풀잎처럼 휘어질 수 있어야 한다. 이에 대해 성경 여러 곳에서 보여 준다.

예수님은 안식일에 손 마른 사람을 고치셨다마가복음 3:1-6. 율법의 정신은 사랑이지만, 바리새인들은 그것을 깨닫지 못했다. 단지 율법의 문자와 형식에만 집착했는데, 생각이 경직되어 있었기 때문이다. 또 사마리아 땅에 발을 디디면 더러워진다고 생각했다. 그래서 유대와 갈릴리를 오고갈 때 사마리아 땅을 피하기 위해 늘 먼길을 돌아서 다녔다. 하지만 예수님은 거침없이 경계를 넘고 사마리아 여인을 만나러 가셨다.

뉴스를 보면 열차 사고로 다리를 절단당한 사고 수습 현장에서 셀카Selfie를 찍거나 테러가 일어난 사건 현장을 배경으로 셀카를

찍는 행인에 대해 분개하는 기사들이 종종 있다. 또 뉴욕 지하철에서 한 승객이 선로에 떨어진 적 있었다. 멀리 기차가 들어오고 있는데, 근처에 있던 사람은 달려가서 구하기보다 그 장면을 찍기 위해 카메라를 꺼내 들었다. 인간의 존엄성에 대한 성찰이 없으면 누군가의 불행이 그저 내 인스타그램에 올릴 풍경으로만 보일 뿐이다.

문학의 역할은 기계적으로 사고하지 않는 인간을 키워내는 데 있다. 인공 지능이 머잖아 인간을 뛰어넘을 것이기에 중요한 문제로 대두되고 있다. 앞으로 전쟁의 승패도 더 유연한 사고를 가진 자에게 유리하게 전개될 것이다. 다윗과 골리앗의 싸움은 이것을 잘 보여 준다<sup>사무엘상 17:38-49</sup>. 골리앗은 갑옷을 입고 근접전을 벌이는 싸움 방식을 생각했지만, 다윗은 거리를 두고 속도전으로 싸웠다. 자신의 약점보다 장점을 더 강화시키는 이러한 관점이 리더에게 요구되는 자질일 것이다.

다윗은 무기<sup>칼과 창</sup>와 무장<sup>갑옷과 방패</sup>을 앞세운 골리앗에게 끌려가지 않았다. 골리앗은 갑옷과 놋 투구를 썼고, 세 가지 무장—던지는 창, 찌르는 창, 옆구리에 찬 칼—을 갖추었다. 이 모든 무장은 근접 전투에 적합한 것이다. 다윗은 이런 골리앗의 우위를 속도로 제압했다. 다윗은 갑옷을 입지 않았기에 기동성이 있었다. 게다가 다윗이 35미터 거리에서 무릿매로 돌을 던졌다면 그 속도는 초속 34미터<sup>시속 122.4km</sup>였을 것이다.[223]

블랙 스완, 손 마른 사람, 사고 현장에서의 셀카, 다윗과 골리앗의 싸움은 현재 우리의 삶과 연결되어 있다. 성경의 역사와 문화는 우리의 삶 사이에 일련의 연결 고리가 있는데, 상상의 눈이 열

릴수록 이것들이 우리 곁에 더 가까이 다가올 수 있다. 우리와 맞닿아 있는 것이다. 하지만 어떤 이는 구경꾼으로, 또 어떤 이는 참여자로 생을 마감한다. 소설 『나를 보내지 마』에서 이것을 확인할 수 있다.

## 인간과 복제 인간

노벨상 수상자 가즈오 이시구로<sup>Kazuo Ishiguro</sup>가 쓴 『나를 보내지 마』는 복제 인간인 클론들의 시선으로 인간의 존엄성을 성찰하고 있다. 클론들은 16세부터 장기 기증자가 되는데, 서너 차례 기증 후에는 생을 마감한다. 이들의 존재 목적은 장기 이식이었다. 한편 클론들을 지켜보면서 안타까워한 사람이 있었다. 클론들에게도 영혼이 있는지 확인하기 위해 마담이 했던 방법은 그들의 그림과 글을 수집하는 것이었고, 그 이유를 이렇게 설명한다.

> 왜냐하면 작품이란 그걸 만든 이의 내적 자아를 드러내기 때문이지! 그렇지 않나? 너희의 작품이 너희의 '영혼'을 드러내기 때문이라고![224]

소설에서 클론들의 운명을 알고 있는 한 선생님은 장기 기증자가 될 학생들에게 열심히 살려고 애쓰지 말라고 가르치면서 이렇게 말한다.

"네가 얼마나 창의적인지는 중요하지 않아."[225]

하지만 마담은 클론들이 만든 모든 작품, 곧 색채화, 스케치, 도

기류, 수필과 시를 꼼꼼히 살폈다. 그녀는 클론들이 그저 의학 재료를 공급하기 위한 존재가 아님을 알았던 것이다. 다른 선생님들이 애써 냉혹한 현실<sup>장기 기증</sup>을 외면할 때 마담 한 사람은 다르게 반응했다.

> 사람들은 최선을 다해 되도록 너희 존재를 생각하지 않으려 했단다. 그럴 수 있었던 건 너희가 우리와는 별개의 존재라고, 인간 이하의 존재들이라고 스스로에게 납득시켰기 때문이지. 그것이 우리의 작은 운동이 시작되기 전의 실상이었단다. 우리가 무엇에 맞서야 했는지 알겠지?[226]

『나를 보내지 마』에서 다수는 호기심을 억누르며 산다. 하지만 소수는 호기심과 두려움 속에서 주어진 장기 기증자의 삶을 이해하려고 애쓴다. 소설 속 복제 인간을 조금 더 확장시키면 무엇이 될까? 상상은 그것이 '한국에서 아프리카인으로 산다는 것'과 이어질 수 있음을 보여 준다. 이런 분별력을 갖게 된다면 마태복음 25장을 통해 가난한 자들과 함께하시는 하나님을 발견할 수 있을 것이다. 문학은 이런 분별의 힘을 키워 준다.

### 낯선 곳에서 하나님을 만나다

이승복도 장애라는 낯선 곳에서 하나님을 만났다. 장애를 만나기 전까지 그의 삶의 목표는 올림픽 메달리스트였다. 체조를 선택한 것도 어찌 보면 운명이었다. 낯선 이민자의 땅 미국에서 체조는 여덟 살 아이가 숨을 쉴 수 있고, 또 숨을 수 있는 유일한 공간이었다. 그런데 그 공간이 이승복에게 장애를 주었다. 올림픽을 앞두고 운동 중 사고로 사지 마비 척수 장애인이 된 것이다.

이승복은 마루에만 서면 펄펄 날았다. 하루 종일 뛰고 구르고 공중에서 도는 동작을 수없이 반복했지만 힘들지 않았다. 체조는 삶의 의미였기 때문이다. 그런데 그 꿈이 꺾였다. 장애인이 된 후 의사라는 꿈을 꾸었지만 그 길은 더 힘들었다. 하지만 의사가 된 후 장애가 주는 의미를 깨달을 수 있었다. 지금 그의 존재가 블랙 스완이다. 그 자신의 존재만으로도 환자들에게 희망을 주는 것이다. 그의 현재는 곧 환자의 미래이기 때문이다. 이승복은 이렇게 말한다.

나에게 장애는 축복이었다. 다른 의사들보다 환자들의 마음을 더 빨리 열 수 있고, 그들에게 더 가까이 다가갈 수 있었다. 그들에게 나는 의사인 동시에 그들과 똑같은 환자였다. 나는 그들 앞에서 씩씩하게 휠체어를 밀고 다니면서 당신들도 노력한다면 웃으며 행복하게 살 수 있는 길이 있다는 걸 보여 주었다. 나의 현재는 그들의 미래인 것이다.[227]

의사 이승복은 용기와 희망을 누가 주는 것이 아니라 우리 안에 있다는 걸 자신의 삶으로 증명한다.

난 척수 손상 장애인으로 당신이 겪는 모든 아픔들을 겪었습니다. 결국엔 당신 역시 나처럼 될 것입니다.[228]

이승복이 사지 마비를 통해 하나님을 만났다면 신학자 미로슬라브 볼프Miroslav Volf는 불임으로 하나님을 만났다. 볼프는 예일 대학교 신학과 교수다. 그는 9년간 불임으로 고통을 받았다. 하지만 나중에 두 아이를 입양하면서 깨닫게 된다. 불임이 불행이나 저주가 아니라 두 아이라는 선물을 받기 위한 조건이라는 것을.[229] 삶이 고통스러운 것은 현재의 상황을 나의 시각으로만 보기 때문일지도 모른다. 한국에도 볼프처럼 두 아이를 공개 입양한 엄마가 있다. 엄마의 고백이다.

미루야, 엄마의 딸이 되어 주어 고맙다.
주하야, 엄마의 아들이 되어 주어 고마워.[230]

엄마는 입양을 '창의적 출산'이라고 부른다. 상상의 눈이 열리면 이 세상에는 하나님의 영광으로 가득한 것을 알게 된다이사야 63. 우리의 생각이 부드러워질수록, 하나님을 알아갈수록 하나님의 말씀이 내 삶을 통해 흘러간다는 걸 느낄 수 있다. 하나님은 성경 속에만 계시는 분이 아니라 나의 말투나 취미, 두통과 고민 같은 소소한 일상에도 개입하신다는 걸 알게 된다. 생각이 유연할수록 하나님의 말씀은 더 생생하게 다가오는 법이다.

**분별 있는 관찰자**

사람들은 대개 이상적인 법조인을 머리가 명석한 인재로 본다. 하지만 시카고 대학교에서 법과 윤리를 가르치는 마사 누스바움 교수는 삶의 복잡성을 이해하는 사람을 적임자로 보았다. 법학 교육의 목표도 능력자를 키우는 것이 아니라 반대편 주장도 존중할 줄 알고, 타인의 곤경을 공감하고, 삶에 대한 호기심이 있는 사람을 키우는 데 두어야 한다고 주장한다.[231]

누스바움이 말한 이상적인 법조인의 모습을 『시적 정의』에서 찾는다면 '분별 있는 관찰자'일 것이다. 유사 이래로 인재가 없어서 어려움을 겪었던 시대는 없었다. 다만 인재임에도 분별력이 부족해서 역사를 퇴보시키는 일은 여러 번 일어났다. 한국 교회에도 분별력 있는 리더가 절실하기는 마찬가지다. 사회적 이슈를 객관적으로 읽지만 그 사건에 연루된 당사자들에 대해서도 깊이 공감하는 그런 사람 말이다.

이런 분별 있는 관찰자에겐 삶을 통합적으로 이해하고 서사적 상상력으로 설명하는 능력이 요구된다. 누스바움은 문학이 역사보다 '더 철학적'이라는 아리스토텔레스의 말에 깊게 공감한다. 역사는 단순히 일어난 사실을 보여 주지만, 문학은 일어날 개연성이 있는 일들을 보여 주기 때문이다. 문학이 공감과 상상력을 자극하여 어떻게 우리 삶을 풍요롭게 만드는지, 그리고 자신이 왜 문학에 주목하게 되었는지에 대해 누스바움은 이렇게 설명한다.

대부분의 역사적 글과는 달리, 문학 작품은 일반적으로 독자로 하여금 다양한 종류의 사람들의 입장에 서게 하고, 또 그들의 경험과 마주하게 한다. 문학 작품은 가상의 독자들에게 이야기를 건네는 고유한 방식 속에서 작품 속 인물들과 독자 자신이—최소한 매우 일반적인 수준에서— 연결될 수 있다는 느낌을 전달한다. 그 결과, 독자의 감정과 상상력은 매우 왕성해진다. 바로 이러한 활동의 특징과 그것이 공적 사유와 맺는 관련성이 나의 관심사다.[232]

누스바움은 문학이 우리 삶에 인간의 얼굴을 찾아 주리라고 확신했다. 이런 능력은 성경에도 나타난다. 야곱은 도망길에서, 모세는 떨기나무에서, 요나는 고래 뱃속에서 하나님을 만났다. 우리가 이들의 눈으로 그들의 경험과 마주한다면 무엇을 보게 될까? 문학적 상상력은 그동안 우리가 놓치고 있던 것들을 보게 할 것이다. 그래서 문학은 우리의 통찰력을 키워 보다 깊은 의미를 느끼고 보게 만든다.

## 문학적 상상력을 배우지 못하면

작가 천명관은 소설을 실패한 삶의 기록이라고 보았다. 『나의 삼촌 브루스 리』에 붙인 작가의 말에서 소설을 이루지 못한 사랑, 부서진 꿈과 좌절된 욕망, 다 잡았다 놓친 물고기, 고난을 극복하지 못하고 끝내 운명에 굴복하는 이야기라고 설명한다.[233] 소설은 이처럼 실패한 사람들의 이야기인데도 읽다 보면 이전에는 보이지 않던 것들이 보이고 느껴진다. 이런 변화는 내 삶에 선명한 흔적을 남기곤 하는데, 다시 말해 시선이 바뀌는 것이다.

인간 심리를 분석한 연구서와 소설 가운데 하나를 선택하라면 소설을 더 많이 고를 것이다. 소설엔 연구서가 줄 수 없는 것이 있는데, 단어가 빚어내는 아름다움이 그것이다. 이 아름다움 속엔 위로, 희망, 질문, 해답이 들어 있다. 실상 우리 안에 많은 것들이 선물로 주어져 있지만 그것을 잊고 살 때가 많다. 문학의 특별함은 바로 여기에 있다. 문학은 사는 데 바빠 잠시 잊고 산 것을 생각해 보도록 도와주기 때문이다. 우리에게 하나님이 기뻐하시는 삶의 방식을 따라 살도록 격려하는 것도 문학이다.

문학적 상상력을 배우지 못하면 지금은 편할지 몰라도 천천히 도태될 것이다. 게다가 앞으로 인공 지능이 많은 것을 대신할 것이다. 그렇다면 지식의 양보다 질이 중요한데, 그 질은 상상력으로 확인될 것이다.

"2030년대엔 가상과 현실 사이의 경계가 사라진다."[234]

작가이자 미래학자인 레이 커즈와일Ray Kurzweil의 예견이다. 가상과 현실을 구분할 수 없게 될 때 우리는 믿음과 거짓을 구분할 수 있을까? 궁금하다. 하지만 그 답을 문학이 줄 것이다. 상상력이 없어도 사는 데에는 지장이 없다. 하지만 하나님이 우리 인생 가운데 묻어 둔 선물 중 아주 일부만 경험할 뿐이다.

누가 봐도 범죄자이고 패륜아인 사람이 있다고 가정해 보자. 세상의 잣대로는 사회로부터 격리되어야 할 범죄자다. 하지만 문학은 그의 내면을 따라 들어가서 그의 삶이 이렇게 될 수밖에 없었던 흔적을 찾아낸다. 비루한 인생에서도 진실을 찾아내어 구원의 길을 열어가는 것이다. 이것이 문학적 상상력이다. 그럼 픽션의 역할은 뭘까?

상상력으로 무지의 모든 구멍을 메우는 것이다.[235]

인간은 사랑, 비애, 슬픔, 분노, 미움 같은 감정을 경험하면서 성장한다. 신기한 것은 문학엔 정서적 울림이 있어서 같은 문장도 독자마다 다르게 전달된다. 같은 문장도 읽혀진 다음엔 전혀 다른 글이 된다는 뜻이다. 이는 문장이 우리 내면에서 부딪치고 파장을 일으키는 위치가 다르기 때문에 생기는 것이다. 파장을 일으킨다는 것은 생각이 자극을 받았다는 것인데, 바로 그곳이 변화의 출발점이 된다.

우리 모두의 인생 속엔 날개 접힌 꿈이 있다. 안타깝게도 대다수는 꿈을 접은 채 생을 마치지만 작가는 그것을 꺼내어 작품으로 탄생시켜 낸다. 우리는 저마다 하나님의 독특한 작품이다. 그런 작품을 세상 속에 펼치려면 절벽에서 뛰어내리는 패러글라이더처럼 그걸 드러낼 용기가 필요하다. 물론 포기에도 용기가 필요하지만, 날개를 펼쳐 날아오르기를 원한다면 무엇보다 문학이 정말 좋은 도구가 되어 줄 것이다.

## 생각의 자극

내 안에 잠든 거인을 깨우려면 생각의 자극이 필요하다. 자극이란 영감을 받아 어떤 생각을 잡아채는 순간을 뜻하는데, 직관일 수도 있고 통찰일 수도 있다. 아주 짧은 찰나에 혼란스런 메시지를 관통하는 큰 줄기를 잡아내기도 하는데, 이런 순간을 경험한다면 글을 다 쓴 것과 마찬가지다. 생각의 자극을 받고 쓴 글은 한 문장 한 문장이 내 마음을 콕콕 쑤셔댄다. 구약의 선지자들이 쓴 글이 특히 그렇다.

선지자들은 모두 관찰자였다. 당대 사람들이 익숙해져 있던 죄된 삶에 도전하기 때문이다. 이런 관찰은 익숙한 관행에 의문을 제기하면서 시작된다. 곧 반문한다는 의미다. 반문이란 '내 생각이 어떻게 내 생각이 되었는지'를 점검하는 것인데, 그래서 우리 자신의 생각에도 반문할 수 있어야 한다. 이런 고민을 고든 콘웰 신학교에서 바울 서신을 가르쳤던 데이비드 고든David Gordon 목사는 이렇게 정리한다.

설교자가 특별히 텍스트에서 자극 받는 것이 없는데, 그가 하는 설교가 회중을 자극할 리는 만무하다.[236]

설교자가 먼저 자극을 받아야 회중을 자극할 수 있는데, 자극을 받으려면 실용서보다 문학을 많이 읽어야 한다. 현상과 본질에 대해 이야기해 보면, 웃음은 현상이고 기쁜 것은 본질이다. 문학의 역할은 무엇이 이 본질을 자극하는지 관찰하는 것이다. 또 성숙하지 못한 것은 현상이고 본질은 결핍이다. 이 결핍을 지성보다 감성으로 채워야 하는데, 문학을 통해 결핍을 채울 수 있다. 실제로 소설은 감성을 자극하여 미성숙한 사람을 성장시키기도 한다.

소설은 인간의 본질에 대한 질문을 통해 자극을 준다. 작가가 첫 문장에 심혈을 기울이는 것도 독자에게 자극을 주어 완독하도록 하기 위해서다. 광고 또한 이 자극을 적극적으로 활용하는데, 소비자가 자극을 받아야 지갑을 열기 때문이다. 물론 광고는 자극적이지만 구매라는 결정적인 반응을 이끌어내듯이 광고든 독서든 설교든 수용자가 자극을 받아야만 반응을 이끌어낸다. 작가 김연수가 인터뷰 중 한 말이다.

사회를 바꾸는 원리는 간단합니다. "네 이웃을 네 몸과 같이 사랑하라." 벌써 2천 년도 더 전부터 우리가 잘 아는 얘기인데, 그것 하나를 행하지 못해서 이 모든 문제가 생기는 것이죠. 소설가는 작품을 통해 독자들을 타인의 삶 속으로 끌어들이는 일을 하는 사람이라고 생각합니다. 잘 쓴 작품이라면, 독자들은 마치 다른 인생을 한 번 살아본 듯한 느낌이 들겠죠. 그렇게 감정 이입하는 훈련이 된 독자들은 현실에서도 다른 이들의 삶에 공감할 가능성이 많고, 그런 사람들이 많아져 고통 받는 사람들의 처지를 자기 일인 양 여기게 되면 사회가 바뀌겠죠. 세월호 사건으로 가족을 잃은 경험을 한 사람이 전체 인구의 백 분의 일 정도라도 됐다면, 이 나라는 완전히 달라졌을 겁니다. 잘 쓴 소설은 그런 일을 할 수가 있습니다.[237]

그리스도인이 생각의 자극을 받으면 제자로서의 삶에 대한 고민이 생길 것이다. 이런 고민이 없다면 복음에 대한 수용력이 현격하게 떨어질 수밖에 없고, 진리에 대한 분별력도 약해져서 율법적으로 흘러갈 뿐이다. 또 늘 전통과 경험을 강조하는데, 미래를 읽는 눈이 없기 때문이다. 이로 인하여 복음에 대한 이해력이 약해지고 삶에 적용하지 못하면서 신앙마저 방어적으로 흘러가게 된다. 방어적으로 흘러간다는 것은 길들여진다는 뜻이다.

이런 실수를 막기 위해 문학을 읽고 생각의 자극을 받아야 한다. '어떻게' 생각하는가는 '무엇을' 생각하는가에 영향을 미치고, '무엇을 생각하는가'는 '무엇을 하는가'에 영향을 미친다. '어떻게'에 불꽃을 붙이는 것이 생각의 자극이며, 이것은 생각에 영감이 떠오를 때 일어난다.

앞서 말한 것처럼 설교자는 자극을 받아야만 회중을 자극할 수 있다. 마르틴 루터가 대표적인 예다. 그는 로마서를 읽다가 "의인은 믿음으로 말미암아 살리라"로마서 1:17는 구절에 자극을 받고 눈을 떴다. 그 깨달음이 있은 지 15일 만에 루터는 전 유럽을 각성시켰다. 만약 설교자가 자극을 받지 못한다면 성경에서 성도들에게 나눠줄 교훈만 찾게 된다.

성경에서 정보만 읽어선 안 된다. 정보로서의 말씀은 설교자의 삶을 뒤집지 못하고, 건드리지도 못한다. 설교자는 성경을 읽지만 성경은 설교자를 읽지 못하기 때문이다. 설교자도 이런데 성도들은 말할 것도 없다. 우리는 이것을 해제시킬 방법을 찾아야만 한다. 문학은 그래서 나를 읽고 진정한 나 자신을 발견하는 연습이다.

### 상상력의 부재

『반지의 제왕』을 쓴 톨킨J.R.R. Tolkien과 C. S. 루이스는 절친이었고, 둘은 자주 만나 문학을 토론했다. 루이스가 무신론자였을 때 톨킨은 그가 무신론자인 이유를 상상력이 부족하기 때문이라고 말했다.[238] 상상력이 진리 사역에 사용될 만한 하나님의 선물인 것은 분명하다.[239] 문학은 인간을 깊이 탐구할 기회를 주지만, 상상력이 결핍되면 문학에 무지해진다. 헌데 문학에 대한 무지는 인간에 대한 무지로 끝나지 않고 하나님에 대한 무지로 이어진다는 걸 톨킨은 간파한 것 같다. 사실 이 둘은 이어져 있기 때문이다.

『걸리버 여행기』를 보면 휴이넘Houyhnhnm이 나온다. 휴이넘은 인간과 같은 말馬인데, 작가는 이 말을 묘사하여 영국 사회를 풍자한다. 이 사회에선 거의 모든 사회적 이슈를 만장일치로 결정하는데, 굉장히 이상적으로 보인다. 이성만 있고 상상이 사라지자 무슨 일이 생겼을까? 진리에 대한 물음마저 사라지고 말았다. 실제로 토론토 대학교에서 기독교와 문화를 가르쳤던 재나인 랜건Janine Langan 명예교수는 이렇게 설명한다.

> 상상력에 대한 존경이 사라지면 결국 종교적 무관심으로 나타난다.[240]

랜건 교수의 지적처럼 상상력이 빈곤해지면 복음에도 무관심하게 된다. 이런 여파는 현실 세계에도 나타나는데, 중국의 예에서 볼 수 있다. 중국은 미국을 따라잡기 위해 무던히 애쓰고 있다. 하지만 중국이 미국을 앞서가지 못하는 것은 기술력이 아니라 상상력 때문이다. 테크놀로지는 호기심의 결과물이다. 우리가 흔히 보는 빨간 우체통을 56편의 장편 소설을 쓴 앤서니 트롤럽Anthony Trollope이 발명한 것도 우연이 아닐 듯하다.

중국은 공산당이 지배하는 획일적이고 통제된 사회다. 과학 소설이나 판타지물은 비논리적이고 미신적인 요소가 있다는 이유로 공산당의 문화 검열에 걸려 출판될 수 없었다. 중국 시청자들이 드라마 「별에서 온 그대」를 음지에서 본 것도 그 때문이다. 중국 정부가 그나마 과학 소설과 판타지 전문가들의 학회를 처음 허락한 것은 2007년의 일이다. 실리콘 밸리의 IT 연구자들이 과학 소설 마니아라는 사실을 알게 된 후 바뀐 것이다.

## 상상계

상상계imaginary, 想像界란 말이 있다. 문학에서는 인간의 뇌에 저장된 이미지들과 이 이미지들의 연상적 관계를 상상계라고 한다. 의식은 지하수 같아서 퍼낼 수 있지만, 상상계는 손도 못 댄다. 아주 깊은 곳에 있기 때문이다. 의학자들은 상상계를 정신분석학과 신경생리학으로 인지하지만, 작가는 언어로 상상계를 드러낸다. 무의식은 라디오에서 흘러나오는 노래 속에 아주 잠깐 뒤섞여 들리는 잡음 같은 것이다. 작가는 이것을 언어를 통해 의식의 세계로 불러낸다.

이야기는 세계를 이해하는 방법이다. 자연과학은 보이는 세상을 설명하지만 작가는 보이지 않는 세상을 보여 준다. 상상력은 보이는 것만을 믿으려는 인간의 사고의 틀을 깨트리는데, 이야기와 결합하면서 삶의 든든한 밑거름이 되는 것이다. 그래서 문학은 우리가 늘 꿈꾸지만 지금껏 살아 보지 못했으며, 어쩌면 앞으로도 살아 보지 못할 그런 삶에 대한 이미지를 그려낸다. 문학이 없었다면 우리는 그런 삶을 평생 알지 못했을 것이다.

작가는 플롯 속에 삶에 대한 고민과 성찰을 담아낸다. 여기서 상상은 쓸모없는 허황된 것이 아니라 현실을 해석하는 탁월한 방식이다. 하나님이 문학을 우리에게 선물로 주신 데에는 이유가 있다. 우리 인생 속에 묻어 두신 하나님의 이야기를 찾으라는 것이다. 이것을 통해 우리는 하늘 소리를 듣게 되고, 이 소리가 나와 가족이라는 문턱을 넘을 때 우리는 이타적인 인간의 삶을 체험하는 것이다. 『신앙의 눈으로 본 문학』에서 저자들은 이렇게 설명한다.

위대한 문학 작품을 읽음으로써 우리는 개인적으로는 더욱 인간적인 사람이 되고 공동체로서는 더 인간적인 사회가 된다.[241]

문학을 모른다면 어떻게 될까? 아마도 우리는 개인의 고통을 그 사람만의 문제로 치부해 버릴 것이다. 고통을 '인간 존재의 약함'이라는 더 큰 맥락으로 이해하기 어렵지 않을까? 하지만 문학은 인간을 사회적 존재로 만드는 것이 인간 존재의 약함에서 온다는 것과, 훌륭한 문학 작품은 정의로 나아가는 문이라는 것을 간파하고 있다. 그래서 문학을 읽을수록 믿음의 부재는 사회적 무관심으로 쉽게 이어진다는 것을 깨닫는다.

상상력을 함양하지 않는다면 우리는 사회 정의로 이어지는 필수적인 가교를 잃게 될 것이다. '공상'을 포기하는 것은 스스로를 포기하는 것이다.[242]

누스바움 교수의 말처럼 인간이 지혜로운 것은 한 겹 인생을 살면서도 천 겹의 삶을 배우기 때문이다. 그런 면에서 문학은 조금이라도 진리에 눈을 뜨게 하려고 하나님이 주시는 선물인지 모른다. 신앙인은 언제나 천 겹 인생을 살아왔고, 우리는 나를 넘어 타인과 사회로 뻗어 나가야 한다. 그리고 세상과 자신의 삶을 관찰하고 성찰하는 힘을 키워야 하는데, 바로 그것을 문학이 도와주고 있다.

## 상상력의 힘

인간의 정신은 보이는 것에 제한되고, 우리의 시선도 늘 보이는 것에만 머문다. 하지만 때때로 그 너머의 것을 볼 때가 있는데, 그때 우리는 하늘나라와 접촉하게 된다. 그리고 우리 자신이 하늘에서 본 것을 이 땅으로 옮기는 통로가 되는 것이다. 영적으로는 선지자들이 이 역할을 하지만 작가도 상상의 눈을 열어 하늘을 볼 수 있다. 톨킨이나 롤링Joan Rowling 같은 작가들이 놀라운 이유가 여기에 있다. 작가가 상상의 눈으로 본 것이 삶을 바꾸고, 풍경을 바꾸고, 굳어진 생각을 바꾸기 때문이다.

요즘 '4차 산업혁명'이란 말이 자주 등장하는데, 정보 통신 기술의 융합으로 이루어질 혁명적인 시대를 뜻한다. 2016년에 만들어진 신조어지만 파급력은 엄청나다. 우리의 미래가 달려 있기 때문이다. 이 혁명의 핵심은 핵심 분야—빅 데이터, 인공지능, 로봇 공학, 사물 인터넷, 자율 주행, 양자 암호, 3D프린팅, 나노 기술, 가상현실, 생명 공학 등—에서 이루어질 기술 혁신이다. 이 혁신의 핵심은 기술인데, 바로 과학 소설의 상상력이 그 기술에 영감을 주었다.

상상력은 인간을 인간답게 만드는 힘이다. 이 힘을 디자인이나 봉사 활동 같은 선한 일에도 쓰지만 고문 방법을 고안하거나 살상 무기를 설계하는 등의 악한 일에도 쓴다. 즉 상상력은 양날의 검이지만 상상력의 힘을 아는 사람은 꿈이 현실보다 강하다는 것을 안다. 그래서 작가는 상상력을 통해 시공간을 넘나들며 이야기를 캐낸다. 피조물 가운데 오직 인간만이 상상력을 통해 현실과 초현실을 넘나든다.

1980년에 노벨 문학상을 수상한 폴란드 시인 체스와프 미워시 Czesław Miłosz는 그의 시 「마의 산」에서 "잠든 동안에도 우리는 세상을 빚는 일에 참여한다"[243]라고 썼다. 시인의 말처럼 우리는 더 나은 세상을 만드는 창조 작업에 참여하는 것이다. 누구든 이 땅이 타락하거나 부패하는 걸 막고 있다면 그는 하나님의 일을 하는 작가인 것이다. 작가는 꼭 시인이나 소설가로 제한되지 않는다. 이렇게 본다면 인도의 경제학자 아마르티아 센 Amartya Sen도 작가라고 할 수 있다.

센은 1998년 아시아인 최초로 노벨 경제학상을 받았으며, 경제학의 테레사 수녀로 불린다. 그는 후생복리학 분야를 연구하면서 일평생 '빈곤'이란 문제를 파고들었다. 두 렙돈을 헌금한 과부 같은 사람이 그의 관심 분야였다. 그가 경제학을 공부한 이유는 빈곤이 가난한 계층만을 선택적으로 파괴하는 것을 보았기 때문이다—작가 짐 월리스도 비슷한 견해를 갖고 있다[244]—. 그래서 센은 빈곤을 해결하고 싶어 영국으로 건너가 경제학을 공부하게 되었다. 이런 의미에서 그는 경제학자이지만 작가다.

## 철학자와 소설가

현대 문명을 '속도'로 해석해서 속도의 사상가로 불리는 프랑스 철학자 폴 비릴리오 Paul Virilio는 속도를 지배하는 자가 공간을 지배하고 세계를 지배한다고 해석한다. 그에게 속도는 단순한 빠르기가 아니다. 인터넷, 원격 통신과 비행기에서 예시하듯 새로운 사물의 출현을 가능케 하는 동력이다. 그가 『최악의 정치』에서 이렇게 설명한 적이 있다.

> 배의 발명은 또한 난파의 발명이다. 비행기의 발명은 추락의 발명이다. 전기의 발명은 감전의 발명이다.[245]

배나 항해란 개념 속엔 난파도 들어 있다. 또 '비행'이란 개념 속에는 '추락'이란 개념도 들어 있다. 인간이 이런 복합적이고 다층적인 사고를 할 수 있는 것은 상상의 힘이 있기 때문이다. 그래서 피조물 중 오직 인간만이 논리적이고 감성적이고 중층적인 사고를 할 수 있다. 다시 말해 인간만이 보지 못하는 것을 보는 상상의 힘을 가졌기 때문이다. 이 힘을 소말리아 작가 누르딘 파라는 소설 『지도』에서 비가 내리는 모습을 통해 묘사한다.

> 빗방울 하나하나는 천사의 동행으로 땅까지 이른다. 비가 내리면 더 좋은 계절이 온다는 것을 알고 있는 천사들이 그 빗방울을 따라오는 것이다.[246]

비가 오면 우리는 우산을 쓸 생각을 먼저 하지만, 작가 파라는 놀랍게도 빗방울을 따라 지상으로 내려오는 천사를 보고 있다. 작가가 가진 상상의 눈은 민첩하고 놀랍다. 어떻게 그런 힘을 가졌는지 확인하고 싶어 작가의 또 다른 문장을 따라가게 된다. 읽다 보면 우리는 다른 세계 속에 있는 것 같은 착각이 든다. 같은 소설에서 장면이 바뀌자 작가는 강과 바람을 이렇게 묘사한다.

강들도 기억을 가지고 있다 … 강들은 그들의 시원이 어디인지를 기억하고, 그들의 시원이 있는 지역의 사람들과 깊은 유대감을 갖는다. 바람은 그 광막한 사막을 지나면서 만났던 것들을 기억하고, 무언가와 인사를 교환하기도 하며, 어디선가 들리는 인사말에 잘 들리지도 않는 귀를 쫑긋 세우기도 한다.[247]

강과 바람을 바라보는 작가의 시선이 꽤 깊다. 그 깊이가 작가의 수준과 작품의 우열을 결정하게 되는데, 뛰어날수록 시선이 단순하고 깊다. 좋은 문장은 생각이나 감정을 정확하게 묘사하는 것을 넘어설 뿐 아니라 사고의 전환을 보여 준다. 즉 문학을 통해 우리는 사물을 다양한 시선으로 읽는 법을 배울 수 있는 것이다. 문학은 생각의 프로세스를 바꾸는 훈련이기에 사지선다형 문제를 통해선 배울 수 없다. 오직 서사를 통해서만 배울 수 있다.

우리는 흔히 과거는 하나님께 맡기고 자신의 죄를 고백하고 용서를 받는다. 하지만 미래는 맡기지 못하고 자신이 결정할 때가 많다. 미래는 아직 도래하지 않았기 때문이다. 오직 자신의 미래를 주님께 맡기는 사람만이 '믿음의 창'을 던질 수 있다. 우리를 두렵게 하고 불안하게 하는 것이 있다면 그것이 무엇이든 주님에게서 온 것이 아니다. 그럴 때 상상의 눈을 뜨면 알게 된다. 문학은 신앙을 지키는 강력한 무기가 된다는 걸 기억하면서 말이다.

하나님은 인간을 창조적으로 사고하는 인간으로 만들었다. 그래서 문학은 결코 세속화될 수 없다. 도덕적 상상력에 뿌리를 두고 있기 때문이다. 게다가 문학은 여러 가지 딜레마가 뒤엉킨 상황을 제시한다. 다윗과 골리앗의 대결이 좋은 예다. 우리가 다윗이 되어 골리앗을 향해 무릿매를 던질 수 있도록 돕는 것이 문학의 역할이다. 문학은 우리가 믿음이라는 창을 던질 수 있도록 도울 뿐 아니라 진짜로 던질 수 있는지 확인해 주기도 한다.

# 도덕적 상상력을 가진 그리스도인

삭개오가 예수님을 주님으로 영접한 후 처음으로 한 말이다.

> 내 소유의 절반을 가난한 자들에게 주겠사오며 만일 누구의 것을
> 속여 빼앗은 일이 있으면 네 갑절이나 갚겠나이다 누가복음 19:8

삭개오는 자신이 부당하게 번 것에 대해 네 배로 배상하겠다고
한다. 율법에서는 두 배를 갚으라고 했으나 출애굽기 22:4, 그는 네 배
를 배상하겠다는 것이다. 주님을 만나자 삭개오는 즉시 도덕적 판
단을 하고 있다. 그리고 지금도 이런 일이 일어나고 있다. 인도의
폴 마하난디아 Paul Mahanandia 목사는 원래 힌두교 제사장이자 주술
사였다. 그런 그가 예수를 믿게 되자 자신이 속인 마을 사람들을
찾아가 용서를 구하기 시작했다.[248]

예수 믿게 되면 도덕적 상상력 수치가 단번에 올라간다. 여기서
말하는 도덕적 상상력이란 일상의 일들을 하나님 나라의 가치관
으로 이해하고 판단하는 능력을 말한다. 회심은 30초간 따라하는
영접 기도로 끝나는 과정이 아니기에 우리의 도덕적 상상력을 점

검할 필요가 있다. 회심은 내가 예수 믿고 무엇이 변했나를 보여주기 때문이다. 믿음의 길을 걷는다는 것이 하나님 나라에선 가장 놀라운 경이다.


## 도덕적 상상력과 부패

| 점수 | 덜 부패했다고 인식하는 쪽 | | | | | 더 많이 부패했다고 인식하는 쪽 | | | | |
|---|---|---|---|---|---|---|---|---|---|---|
| | 100~90 | 89~80 | 79~70 | 69~60 | 59~50 | 49~40 | 39~30 | 29~20 | 19~10 | 9~0 |

국제투명성기구Transparency International가 매년 부패 인식 지수에 대한 국가별 순위를 발표한다. 이 지수는 국민들이 인식하는 공무원과 정치인의 청렴도를 수치화한 것이다. 2018년도 한국의 순위는 180개국 중 45위고, 부패 인식 지수는 57점이다청렴도 1위는 88점의 덴마크다.[249] 중간을 겨우 넘어선 점수다. 이 점수를 보면 한국 사회가 왜 갈팡질팡하는지 나타난다. 사회생활을 해 보니 정직하게 살아선 답이 없다는 걸 깨닫고 있는 것이 아닐까?

전체 순위를 보면 기독교의 영향이 약한 곳일수록 순위가 낮다. 하위 20개국의 점수는 불과 1~2점이다. 도덕적 상상력이 약해지면 공동체도 무너지게 되는데, 빛과 소금으로 비유되는 도덕적 상상력을 가진 그리스도인의 수가 적을수록 부패해 있다는 뜻이다. 부패할수록 시민의식이 약해지고 인권이 무시되기 마련이다. 게다가 여성, 장애인, 어린이, 외국인, 약자나 동물에 대한 배려가 없는 것도 마찬가지다. 이는 국가가 국민보다 우위에 있다고 보기 때문이다.

　다들 더 많이 움켜쥐기 위해 속이는 게임을 한다. 그런데 어떤 사람들은 왜 바보같이 정직하게 살려 하고, 또 남을 배려할까? 아마도 믿음이란 눈을 가졌기 때문일 것이다. 그래서 같은 세상을 살아도 다른 가치관을 가졌기에 같은 일을 보고 경험해도 다르게 이해하고 판단하게 된다. 건강이란 신체적으로 이상이 없는 상태를 말하지만 이 건강은 저절로 생기는 것이 아니다. 노력해야 얻어진다. 믿음으로 사는 인생도 건강처럼 노력해야 얻어진다.

### 도덕성의 실패

　일상을 읽는다는 것이 낯설 수 있지만, 일상도 텍스트다. 문학 수업에선 글로 쓰인 것만 작품으로 여기는 게 아니라 그 안에서 의미를 끄집어낼 수 있다면 무엇이든 텍스트가 될 수 있다. 마트 영수증도 텍스트가 된다는 뜻이다. 그런 점에서 진정한 신앙인이라면 성경뿐 아니라 영수증에 담긴 현실도 해석할 수 있어야 한다. 우리는 삶의 매 걸음마다 무언가를 경험하며, 그것이 좋은 것일 수도 실망스러운 것일 수도 있다. 하지만 그 의미를 깨달아야만 신앙이 뿌리내릴 수 있다.

　우리가 어떤 신앙고백을 하건 신앙은 출루율로 결정된다. 실제로 살아서 1루로 걸어가는 것, 그것은 하루하루를 그리스도인으로 사는 것이다. 이런 삶을 살게 하는 것이 소신이고, 그 소신은 세계관에서 나온다. 복음은 선포되는 동시에 관찰되기 때문에 신앙의 타율을 높여야 한다. 신앙의 타율은 성경과 일상을 얼마나 잘 읽어 내고 해석하고 연결 짓느냐로 결정된다. 우리는 '집' 하면 건물로만 생각하지만, 그 안에 사는 사람들의 삶이 반영되어야 진짜 집이 완성되는 것이다.

불의한 시대를 살아가는 우리에게는 이것이 중요하다. 몇 해 전 한국 사회가 마이클 샌델<sup>Michael Sandel</sup> 교수의 『정의란 무엇인가』란 책에 열광했다. 그 책이 한국 사회의 '불투명한,' 그래서 '불공평한' 모습을 잘 설명했기 때문이다. 뉴스를 보면 탐욕과 추함, 갑질과 부정이 여전히 많은 이의 삶을 지배하고 있다. 반면에 우리는 언제나 잘하고 있다고 착각한다. 그렇다면 우리는 주님을 다시 만나야 한다.

우리가 겪는 '도덕성의 실패'는 이런 착각의 결과다. 곧 배움이 높아질수록 무지가 깊어지는 격이다. 묻지 않기 때문이다. 묻는 법을 배우지 못하면 타인의 비극이 그저 풍경이 될 뿐이다. 기득권층시 「오적」의 주인공들은 자신의 이익을 지키고 늘려가는 데에만 몰두하는데, 여기엔 일부 교회도 포함된다. 우리의 고민은 아래 인용문에 담겨 있다.

권력을 가진 자는 자기 위치를 지키고자 애쓸 것이다. … 그런데 슬픈 사실은 교회가 착취당하는 자의 편에만 서지 않는다는 점이다. 그리스도는 거기에 계셨고 지금도 거기에 계시지만, 그분의 '몸'인 교회는 거기에 없다. 어쨌든 모두가 거기에 있는 건 아니다. 그러므로 착취당하는 자들의 편에 서는 그리스도인들은 같은 주님을 고백하는 일부 그리스도인들과 대립하게 될 것이다. 이것이 우리의 세계가 안고 있는 또 하나의 커다란 슬픔이다.<sup>250</sup>

기독교 사회 참여 분야의 고전이 된 책 『정의와 평화가 입맞출 때까지』에서 저자 니콜라스 월터스토프[Nicholas Wolterstorff] 교수는 교회가 왜 길을 잃었는지를 알려 준다. 교회는 하나님 편에 서지 않은 채 하나님을 자기편으로 끌어들일 생각만 하고 있다. 그런 교회가 제자리를 회복하려면 먼저 교회 스스로의 내면부터 점검해야 한다. 이것을 윤리적 소비[4장]와 도덕적 상상력[5장]이라는 이슈를 통해 살펴볼 수 있을 것이다.

## 다니엘의 선택

다니엘과 세 친구는 주전 605년에 바벨론에 포로로 잡혀 왔다. 북이스라엘이 아시리아[Assyria]에 의해 무너졌는데, 이제 남쪽 유다마저 바벨론에게 멸망당하고 말았다. 이들은 이방인의 땅에서 생경한 문화에 부딪혀야 했다. 유대인 동화 작업의 일환으로 선발되었기에 4명 모두 자질이 뛰어났지만, 하나님은 유독 다니엘을 높이셨다. 다니엘의 삶에 깊이 흐르는 고결한 내적 자질 때문일 것이다.[251] 그것은 오랫동안 공개적으로 관찰되었다.

> 다니엘은 뜻을 정하여 왕의 음식과 그가 마시는 포도주로 자기를 더럽히지 아니하리라 하고 자기를 더럽히지 아니하도록 환관장에게 구하니 다니엘 1:8

다니엘이 이 조서에 왕의 도장이 찍힌 것을 알고도 자기 집에 돌아가서는 윗방에 올라가 예루살렘으로 향한 창문을 열고 전에 하던

대로 하루 세 번씩 무릎을 꿇고 기도하며 그의 하나님께 감사하였더라 다니엘 6:10

다니엘을 보면 영국 작가 지넷 윈터슨Jeanette Winterson이 한 말이 떠오른다.

당신이 어떤 위험을 감수 하는가를 보면, 당신이 무엇을 가치 있게 여기는지 알 수 있다.252

우리가 다니엘의 신앙을 배운다고 해서 그것이 현실에서 도움이 될까? 성경에 기록된 모든 것은 우리를 가르치기 위한 것이다. 다시 오실 주님을 고대하며 살지 못한다면 기득권의 삶을 놓지 못할 것이다. 그래서 바울이 배설물로 여긴 삶의 껍데기를 진짜처럼 붙들고 만다. 우리는 현재 소신을 지키는 것이 어려운 시대를 살아서인지 우상의 땅에서도 신념을 지키며 산 다니엘과 세 친구의 모습이 눈물이 날 만큼 아름다워 보인다.

신실한 믿음은 늘 위험을 안고 있다. 성경은 우리에게 평안을 약속하지만 고난과 시련도 함께 약속하기 때문이다. 기댈 것 하나 없는 우상의 땅에서 다니엘은 불확실함 속에서도 하나님을 따르기로 결단한다. 믿음은 내 자신의 믿음이 아니라 하나님을 의지하는 것이다. 이것이 영적 성숙을 알 수 있는 기준이다. 그래서 다니엘의 선택은 참 인상적이다. 다니엘처럼 우리 역시 '이쪽 아니면 저쪽'의 어느 한 편의 삶을 선택해야 한다. 이것은 지금도 변함없는 삶의 기술이다.

## 욕심에 져야 하는 싸움

학교를 졸업하고 사회 문턱을 넘다 보면 배움은 고립된 사실들을 암기하는 게 아니란 걸 금방 깨닫게 된다. 배움은 여러 팩트들을 연결하여 새로운 의미를 만들어 내는 일이다. 이런 배움의 장소로 교회만한 곳이 없다. 교회에서 성장한 사람은 도덕적 상상력이 남다르다. 그것을 한국유리 최태섭 회장이나 유한양행 유일한 사장의 삶을 통해 살펴보자. 이분들을 보면 깨끗한 부자 청부清富의 삶이 가능하다고 여겨질 것이다.

예전에 한국 사회에서 기독교인의 수가 3퍼센트쯤 되었을 때 사람들이 흔히 지인들에게 교인을 소개하면서 이렇게 말했다. "교회 다녀요." 이 말은 '이 사람은 술과 담배를 안 해서 재미는 없지만 믿을 수 있는 사람이다'라는 뜻이다. 다들 정직하면 손해 본다고 생각했지만 그리스도인은 신용을 지켰다. 한국전쟁 때 한국유리의 최태섭 회장은 중공군이 서울로 들어오기 불과 몇 시간 전에 대출금을 갚았다. 이 이야기는 은행가의 전설이 되었다.

은행에서 받은 대출금을 갚아야 할 기한이 되었는데, 하필 그때가 피난 준비로 정신없을 때였다. 은행에 가 보니 출납계원 혼자 남아 서류를 불태우고 있었다. 직원에게 대출금을 갚으러 왔다고 하니 그는 매우 난처해했다. 은행 장부가 어디에 있는지도 몰랐기 때문이다. 그 직원은 "다들 돈을 갚지 않는데, 갚으시게요?"라고 되물었다. 손에 들고 있던 돈을 자기 호주머니에 넣는 순간, 시편 말씀이 떠올랐다고 한다.

여호와의 산에 오를 자 누구며 그의 거룩한 곳에 설 자가 누구인가 곧 손이 깨끗하며 마음이 청결하며 뜻을 허탄한 데 두지 아니하며 거짓 맹세하지 아니하는 자로다 그는 여호와께 복을 받고 구원의 하나님께 의를 얻으리니 시편 24:3-5

최태섭 회장의 일화를 보면 신뢰는 자업자득임을 알 수 있다. 청부는 편법이 난무할 때에도 원칙을 지켰고, 장사를 해도 정직하게 세금을 냈고, 사재를 털어 학교를 세웠다. 유일한 사장이 남긴 유언장과 양복 세 벌의 단출한 삶은 청빈했던 존 웨슬리 목사를 떠올리게 한다. 웨슬리 목사는 말년에 소득이 늘어도 첫 사례비를 받았을 때를 기준으로 생활했다고 한다. 이들은 모두 져야 할 싸움에서 진 것이다. 청빈한 삶은 욕심에 져야 하는 싸움이기 때문이다.

### 신의 자취를 세상에 남기는 것

회심은 개인을 넘어 정치·사회·경제 영역으로 확대된다. 윌리엄 윌버포스William Wilberforce는 의회에서 노예제 폐지를 강력히 주장한 탓에 비난과 위협을 받았고, 매국노 소리까지 들었다. 18세기 말 노예 무역은 영국 국가 수입의 3분의 1을 차지할 정도로 컸기 때문이다. 노예 무역은 국가에 막대한 수익과 연간 5,500명 이상의 선원 고용 효과를 냈다. 경제적 유익이 너무 컸기 때문에 여기에 반기를 드는 사람은 당연히 매국노로 치부되었다.

1771년 영국엔 190척의 노예선이 있었다. 이 배들은 4만 7천

명의 노예들을 운송했다. 당시 영국은 포르투갈, 스페인과 덴마크를 상대로 각축을 벌이고 있었다. 노예 무역이 가져다주는 이익이 막대했기 때문이다. 하지만 아프리카에서 붙잡혀 온 노예들은 유럽, 서인도제도, 카리브해, 아메리카 대륙 등지로 팔려 가는 과정에서 20퍼센트가 죽었다. 많은 이들이 이런 참상을 보았지만 대부분 번민조차 하지 않았다. 노예를 인간으로 보지 않았기 때문이다.

영국의 18세기는 상업과 국제 무역이 번창하던 시기였다. 사회적으로는 자유와 권리 같은 사회적 풍조가 생겨나고 빈자들도 글을 깨우치던 시대였지만, 노예제는 굳건했다. 구조적인 악이었기 때문이다. 상인, 귀족, 왕족 심지어 존경 받는 넬슨 제독까지 연관될 정도로 노예 무역은 그 뿌리가 깊었다. 이들 다수는 그리스도인이었지만 신앙과 삶이 연결되지 않았어도 고민이 없었다. 자신들은 주님의 뜻을 따른다고 생각했기 때문이다.

의회 밖에서는 존 웨슬리 목사가 노예제 폐지를 주장했지만, 그 목소리는 너무 작았다. 노예제가 제도권의 보호를 받고 있었기 때문이다. 다수의 지지를 받고 있는 생각에 대해 비판하는 것은 매우 위험하다. 그것을 비판할수록 더 위험한 자리에 설 수도 있다. 하지만 윌버포스는 영국 사회에 만연한 사회적·도덕적 부패를 혁신시킬 것을 다짐한다. 1787년 10월 28일, 28세의 하원의원 윌버포스는 자신의 일기장에 이렇게 적었다.

전능하신 하나님께서는 내 앞에 두 가지 커다란 목표를 두셨다. 하나는 노예 무역을 근절하는 것이고, 다른 하나는 관습을 개혁하는

것이다.[253]

사실 윌버포스는 1780년 풋풋한 21세에 하원의원이 되었다. 그리고 4년 뒤 프랑스 여행 중 정치가의 길과 그리스도를 따르는 길 중 하나를 택해야 하는 딜레마에 빠졌다. 그는 회심한 존 뉴턴John Newton에게 조언을 구했다. 뉴턴은 의회에 남으라고 조언했고, 이후 22년 간 윌버포스는 노예제 폐지를 줄기차게 주장했다. 윌버포스의 삶을 보면 세속적인 활동이 얼마나 깊은 영적 의미를 갖는지 보게 된다. 직업에 대한 책을 쓴 두 저자들의 주장이다.

하나님은 여러분을 향한 구체적인 디자인을 갖고 창조하셨다. 하나님이 개인적으로 주신 자원들—개성, 재능, 능력, 관심 등—은 직업적으로 활용될 수 있다.[254]

회심하게 되면 모든 것이 영적인 의미를 갖는다. 여기엔 일터도 포함된다. 청교도들은 모든 직업이 영적이라고 가르쳤고, 기업을 신의 뜻을 받드는 곳이라고 생각했다.[255] 영어 'profession'은 전문직을 가리키는 말인데, 의학, 법, 교육은 모두 프로페션으로 간주되었다. 이 직업들은 오랜 기간 재능을 개발해서 공익을 위해 사용하는 직업인 동시에 천직vocation으로 여겼던 것이다.

하나님은 신앙인의 삶과 가정뿐 아니라 그가 일하는 곳에도 임재하신다. 그런 면에서 일은 직업이 아니라 미션이다. 사실 일의 본래적 의미는 돈이 아니었고, 타락 후 주어진 저주는 더더욱 아니었다. 일은 하나님의 뜻에 참여하기 위해 각자에게 주어진 미션이다. 직업이 좁게는 생계를 위한 것이지만, 넓게는 하나님을 섬기며 이웃에게 봉사하는 행위인 것이다. 우리가 무엇을 하든 그 일은 신의 자취를 세상에 남기는 것이다. 철학자 화이트헤드Alfred Whitehead는 그렇게 생각했다.[256]

## 도덕적 불감증 ~~~~~~~

넬슨 제독은 명장이긴 했지만 노예제를 당연하게 여겼다. 그래서 그는 영국의 국가 재정을 지켜야 한다는 것에 대해서는 부담을 안고 있었지만 성경 말씀을 따라 살아야 한다는 것에는 개의치 않았다. 그가 한 실수는 사마리아인의 비유와도 연결된다. 레위인과 제사장 둘 다 여리고로 가는 길에서 강도를 만난 나그네를 보았지만, 그냥 지나쳤다. 분명 급한 일이 있었을 테지만 『교육된 상상력』을 쓴 노드롭 프라이Northrop Frye 교수의 말을 들으면 무엇이 문제인지를 알게 된다.

> 일상에서 교육의 일차적인 기능은 우리가 살아야 하는 사회로부터 우리가 살고 싶은 사회의 모습을 만들어 내는 것이다.[257]

제사장과 레위인에겐 해야 할 중요한 일이 있었을 텐데 그 일이 생명을 살리는 일보다 우선한다고 판단을 내린 것이다. 이들에게 책임감은 있었지만 공감 능력이 부족했다. 문제는 이것을 매뉴얼로 배울 수 없다는 것이다. 선한 사마리아인의 이야기는 실제 삶의 현장에서 우리가 부딪히는 일들이 얼마나 복잡한지를 보여 주는 그림이다.[258] 그래서 실수를 막으려면 상식을 따르되, 상식을 깨야 한다. '기계적으로 순응하지 않는 것'은 그 대답의 일부가 될 것이다.

넬슨 제독은 애국자이지만 노예의 고통을 읽지 못했다. 노예 무역을 악으로 읽었다면 분명 참여하지 않았을 것이다. 우상은 결코 나쁘게 보이지 않으며, 복음을 따라 살려면 이기적인 DNA를 가진 '나'라는 주체와 맞서야만 한다. 인간을 인간답게 해 주는 것에는 복음뿐 아니라 윤리적 판단도 포함된다. 성경 말씀은 내 삶에 배어 있는 자기중심적인 독소를 빼내는 해독제와 같다. 하지만 우리 사회는 언제부터인지 도덕적 불감증에 걸려 있다.

노예 제도가 폐지된 이면에는 숨은 그림이 있다. 윌버포스는 "필요에 따라선 영국이 다른 국가의 선박을 수색해서라도 노예 무역을 근절시켜야 한다"고 주장했다. 점차 안팎으로 윌버포스의 주장에 힘이 실리게 되자 일부 영민한 정치가들은 윌버포스의 말대로 시행할 경우, 영국 해군이 노예 무역 검색을 명분으로 삼아 타국 선박들을 수색·억류할 수 있다는 논리가 가능하다는 걸 깨닫게 되었다. 이는 곧 영국의 국제적인 영향력이 크게 강화된다는 사실을 간파한 것이다.

「노예 무역 금지법」이 통과될 수 있었던 데에는 이들의 음흉한 계산도 한몫했다. 이 땅은 여전히 불완전하기에 모든 선한 일에도 그늘이 있다. 큰 그림 속에 숨어 있는 작은 그림, 보이는 앞면과 보이지 않는 뒷면, 말로 설명한 것과 마음속에 감춰 둔 메시지를 찾아내는 영적 분별력이 필요하다. 이런 분별력을 가진 사람은 자신의 생각을 하나님의 뜻이라고 밀어붙여서 하나님의 마음을 아

프게 하지 않고 영적 은사도 함부로 휘두르지 않는다.[259]

## 타인을 위한 공간 〰〰〰〰

노래에서 가장 중요한 것은 악보에 기록되어 있지 않다. 그것은 가수의 마음속에 저장되어 있다가 노래를 부르는 순간 재생되어 나온다. 같은 노래를 두고 여러 가수들이 불러도 유독 한 가수의 노래만 다르게 들린다. 노래에 대한 그 가수의 해석만 다르기 때문이다. 시야가 넓어지면 소리도 깊어지기 마련이다. 그래서 좋은 소설일수록 좋은 노래처럼 느껴진다. 영국 소설가 이언 매큐언[Ian McEwan]의 『속죄』를 읽다 보면 이런 문장이 나온다.

요즘 같은 때에 죄란 과연 무엇인가? 별 의미가 없다. 누구나 다 유죄이기도 하고, 무죄이기도 했다. … 우리는 매일 서로의 죄를 목격하면서 살고 있다. 아무도 죽이지 않았다고? 그렇다면 죽게 내버려 둔 적도 없는가? 얼마나 많은 사람들을 죽게 내버려두었나?[260]

이런 문장은 그 존재만으로도 우리를 흔들어 놓는다. 게다가 더 넓은 사고의 세계로 나아가는 디딤돌이 된다. 문학은 나의 생각을 자극하여 우리 안에 타자가 머물 공간을 만든다. 이처럼 타인을 아는 첫 걸음은 언제나 '나'이다. 나를 알수록 타인을 이해하는 폭이 넓어지게 된다. 이런 역할을 교회도 공유할 수 있다. 영국 성공회 주교였던 윌리엄 템플[Wiliam Temple]은 이렇게 말한다.

교회는 비회원의 유익을 위해 존재하는 유일한 협동조합이다.[261]

하나님이 우리에게 문학을 주신 데에는 다 이유가 있다. 우리는 세속적인 주제라도 기독교적 관점으로 생각할 수 있어야 한다. 교회의 존재감은 거룩함과 세속성을 결합시키는 데 달려 있는데, 문학은 바로 여기에 주목한다. 우리가 살고 사랑하고 증거하고 섬기며 그리스도를 위해 고난 받고 죽어야 하는 삶의 현장에서 우리가 답을 내도록 돕는다. 게다가 그 답의 진정성도 확인하도록 이끌어 준다.

하지만 벽 뒤에 갇혀 평생을 보내는 사람들도 있다. 대개는 제3세계에서 사는 여자들이다. 작가는 이들의 삶을 서사로 만들어 들려준다. 작가의 이야기를 따라가다 보면 독자는 점점 이들을 향한 내면의 공간이 넓어지고 있음을 느끼게 되는데, 이것은 다윗이 짐을 지킨 자들에게 동일한 상급을 준 것과도 이어진다. 문학에서는 이웃을 위한 공간을 우리 안에 만들기 위해 소수자, 약자, 복제인간, 억압 같은 것들을 다룬다.

# 기독교 세계관을 가르치는 인문학

불신자들은 모순된 생각을 한다. 진화론을 믿으면서 세상이 공정하길 바라는 게 그것이다. 이는 애당초 불가능하다. 세상에선 속임수에 능하거나, 힘이 세거나, 적응력이 빠른 자만 살아남기 때문이다. 역사도 이것을 증명한다. 반대로 세상이 제대로 돌아가려면 사람들이 정의를 믿어야 한다. 옳은 일을 하면 상을 받고 잘못을 저지르면 벌을 받아야 한다는 걸 믿어야 한다. 하지만 실상은 다르다. 실제로 현실은 픽션보다 더 충격적일 때가 많다.

국제 정치를 보면 강자만 보이고 약자는 발붙일 곳이 없다. 정의로운 사회, 사회적 약자에 대한 보호와 배려를 성경과 문학만큼 진솔하게 외치는 곳은 많지 않다. 성경은 시종일관 인간이 도덕적 존재이며 자기 행동에 대해 책임을 지는 존재라고 전제한다. 법이 마음에 새겨져 있기 때문이다<sup>로마서 2:14-15</sup>. 소설 역시 이런 전제를 토대로 삼고 있기에 정직하고 선한 인물이 주인공이 된다.

요즘에는 인문 고전을 읽고 대박을 터트릴 사업 아이디어를 찾는 게 인문학의 목적인 것처럼 가르치기도 한다. 매우 잘못된 시각이다. 그것은 인문학 학습의 부산물일 뿐이다. 인문학의 진정한 목적은 나를 내면적으로 성장시켜 하나님 일을 감당케 하는 데 있다. 이것을 진화론으로도 연습할 수 있다. 현재 많은 사람들이 진화론을 당연하게 여기지만, 이런 흐름을 반전시킬 필요가 있다. 인문학은 기독교 세계관을 가르치는 좋은 도구가 될 수 있다.

인간이 특별한 것은 하나님의 형상을 가졌기 때문이지만, 칼 세이건Carl Sagan 교수는 진화의 결과로 보았다.[262] 문학, 도시, 예술, 과학 같은 성취는 상상의 산물이며, 상상은 초월적인 세계와 연결된다. 이 초월적인 영역을 진화론은 결코 설명할 수 없다. 좀 엉뚱해 보일지 모르지만 상상력이 갖는 의미를 네안데르탈인과 크로마뇽인을 두고 생각해 보자. 호모 사피엔스와 네안데르탈인은 신학의 이슈이기도 하다.[263]


## 왜 네안데르탈인은 창을 던지지 못했을까

인류학 교과서들은 인류의 시작을 크로마뇽인으로 설명한다. 이들의 신장은 1.8미터였고, 기원전 4만~1만 년 전에 살았다고 추정된다. 크로마뇽인은 네안데르탈인과의 생존 경쟁에서 승리했다. 같은 시대와 지역을 살았기 때문에 두 종족 간의 경쟁은 치열했다. 신체적으론 네안데르탈인이 우세했는데, 혹독한 빙하기에도 살아남았기 때문이다. 그런데 체력이 훨씬 강했음에도 시간은 크로마뇽인의 손을 들어주었다.

한 학자가 두 종족을 연구했는데, 네안데르탈인에게서만 뼈가 부러진 흔적이 뚜렷한 것을 발견했다. 뼈가 부러졌다는 것은 접촉이 있었다는 것이고, 그들이 사냥이나 싸움을 할 때 아주 가까이 있었다는 걸 뜻한다. 곰 사냥을 나갔다면 네안데르탈인은 뾰족한 돌촉을 붙인 나무창을 단단히 붙들고 가까이에서 곰을 찌르려고 했을 것이다. 그들의 뼈에서 제대로 성한 곳이 없다는 것은 당연한 결과다.

반면 크로마뇽인의 뼈들은 대부분 멀쩡했고, 접촉이 없는 듯했다. 크로마뇽인은 멀리서 창을 던졌다. 창은 자신을 지키는 유일한 방어 무기였는데도 불구하고 그 무기를 던졌다. 이게 왜 중요한지 생각해 보자. 곰에게 창을 던지는 순간 위험에 노출되는데, 네안데르탈인에겐 이런 불확실함을 견디는 힘이 없었다. 즉 한 종족의 승리는 '던지다throw'란 개념을 먼저 이해한 결과다.[264] 그리고 이러한 인류학적 지식을 문학적으로도 해석할 수 있다.

창을 던질 수 있는 힘은 상상력이 지배하는 초월적인 영역에서 나온다. 구약 성경을 보면 이스라엘 백성들이 현실 세계에서 승리하려면 먼저 영적 세계에서 승리해야만 했다. 여리고 성이 무너진 것은 믿음이란 보이지 않는 세계에서 이스라엘 백성들이 승리한 결과를 보여 주는 시각적 흔적일 뿐이다. 다윗과 골리앗의 싸움도 이를 증명한다. 다윗은 골리앗을 무너뜨렸는데, 이것은 하나님이 자신과 함께하신다는 믿음을 붙들고 자신을 위험에 노출시킨 결과였다.

상상력은 결코 진화의 산물이 아니다. 창을 던졌다는 것은 초월적인 사고를 하고 상상력을 소유했다는 의미다. 상상력 없이는 결코 창을 던지지 못한다. 진화론적 사고에선 자신을 보호하는 것이 최우선이기 때문이다. 어떤 경우든 위험에 자신을 노출시키지 않는다. 9·11 테러 직후 사람들이 교회로 몰려든 것은 신의 힘을 빌어서라도 자신을 지키려는 무의식적 행동으로 해석할 수 있다. 상상력은 불확실함을 견디는 힘을 주며, 인간만이 이 힘을 이해할 수 있다.

창을 던지는 순간 비무장이라는 치명적 약점을 노출하기 때문에 대다수는 창을 던지지 못한다. 이 창의 이름은 믿음이 될 수 있고 도덕적 선택이 될 수도 있다. 어느 쪽이건 그 선택이 생명을 잃을 수도 있다는 위험을 동반하기에 소수만이 창을 던진다. 우리는 어떤가? 기차가 들어오는 위험하고 절박한 순간에 바로 내 앞에 서 있던 사람이 선로에 떨어졌다면 그를 위해 도움이란 창을 던질 수 있는가?

세상에는 타인을 위해 목숨을 버리는 바보 같은 사람들이 있다. 이 선택은 본능적으로 나타나는데, 문학이 그 과정을 설명한다. 윌리엄 블레이크<sup>William Blake</sup>는 이 힘에 대해 "우리는 사랑의 섬광을 견디는 법을 배우기 위해 잠시 지상에 머문다."[265]고 표현한다. 시인은 이런 빛나는 통찰을 어떻게 붙잡았을까? 문학은 보이지 않는 세계로 들어가는 창문을 열어 주는데, 그것이 상상의 힘이다.

## 결핍이 가진 힘

결핍의 사전적 정의는 간략하다. "있어야 할 것이 없거나 모자람." 남에겐 있으나 나에겐 없거나 부족한 것이 결핍인데, 이것은 삶을 불편하게 만들고 믿음의 삶을 퇴색시킨다. 물론 결핍은 풍요나 만족 같은 단어로는 절대 열 수 없는 인생의 또 다른 문을 열어 주지만, 삶이 힘겹게 되면 나도 모르게 움츠러든다. 그때에 문학은 주름진 마음을 펴 주고, 작가는 결핍이란 미시적 사건을 통해 인생이란 거시적 사건의 의미를 보여 준다.

누구나 부자가 되기를 꿈꾸지만 부자가 되는 순간 잃는 것도 있다. 결핍이다. 얄밉게도 가진 사람들이 결핍을 더 갈망한다. 스티브 잡스가 "항상 갈망하고 항상 무모하라!Stay Hungry, Stay Foolish!"고 외쳤던 것도 결핍이 얼마나 중요한지 깨달았기 때문이다. 이것을 알기에 일본 기업가 마쓰시타 고노스케松下幸之助 역시 자신의 성공 비결을 물을 때마다 이렇게 대답하곤 했다. "가난, 허약한 몸, 못 배운 것." 동서고금을 막론하고 결핍의 효용 가치는 무궁하다.

이 결핍을 우리의 눈도 가르쳐 준다. 각막은 겨우 0.4~0.6밀리미터의 두께를 가진 투명한 조직이다. 각막에는 혈관이 없는데, 시야 확보를 위해 혈관을 포기한 것이다. 그래서 눈물로부터 영양분을 공급 받고, 각막에 부딪히는 공기에서 산소를 추출하여 생존을 이어간다. 그래서 우리 눈이 쉽게 피로를 느끼고 먼지 같은 작은 자극에도 반응하면서 때론 타는 듯한 고통을 느끼는 것이다.[266]

인간은 먹고 살만하면 정말 웬만해선 가던 길을 바꾸지 않고, 내가 제대로 가고 있는지 묻지도 않는다. 예상치 못한 시련에 코가 깨져야만 물을 것이다. 그것이 결핍이 가진 힘이다. 누구나 빈손이 되면 삶의 본질이 적나라하게 드러난다. 금실 좋은 부부도 가난해지면 싸움이 잦아진다. 결핍은 내 안에 숨겨진 실상을 드러내기 때문이다. 짜증, 갑질, 무관심, 분노는 결핍이 인간의 삶에 깊이 스며 있다는 것을 보여 준다. 그래서 우리는 결핍을 통해 하나님을 알게 된다.

## 결핍의 성경적 의미 ～～～～～

하나님이 풍요와 결핍을 선물하시는 목적은 같다. 그것이 주어진 뜻을 깨닫는 것이다. 이것을 놓치면 풍요를 축복으로만 읽고 결핍을 문제로만 바라보게 된다. 그래서 풍요를 가지면 자만하게 되고 결핍을 채우지 못하면 자학한다. 어느 경우든 오독하면 외부의 시선과 잣대에 스스로를 가두기 십상이다. 풍요처럼 결핍도 그 자체로도 가치가 있다. 인생이란 바둑판 위에서 의미 없는 돌이란 없다. 즉 결핍에도 그것에 주어진 의미가 있다.

사도행전 2장 후반부를 보면 서로의 결핍을 알고 서로의 부족함을 채워 주자 삶의 지평이 바뀌게 되었다.[267] 우리도 가난한 시절엔 담장 너머로 음식을 나누었다. 세상이 좋아졌어도 가난했던 시절이 그리운 것은, 배고픔은 해결했지만 영적 배고픔이 더 커졌기 때문이다. 요즘 우리는 사람의 가치를 재산이나 신분 등으로 평가한다. 그래서 결핍에 대한 성경적 이해가 더더욱 필요하다.

결핍이 갖는 성경적 의미는 가나안 땅의 지리에서 뚜렷이 나타난다.[268] 하나님은 약속의 땅을 강대국 이집트와 바빌론이 통행하는 무역로의 전략적 요충지에 두었다. 구약에서 전쟁이 많은 이유가 그것이다. 기후도 마찬가지다. 가나안은 하나님이 비를 주셔야 하는 땅신명기 11:10-11이고 사방이 막힌 갇힌 땅이다. 하나님께 절대적으로 매달리지 않으면 살 수 없는 곳이다. 이것은 식물도 마찬가지다.

물이 부족해야 땅속에 있는 물을 찾기 위해서 뿌리가 안간힘을 다해 뻗어갑니다. 그래야 꽃도 피지요. 화초가 꽃을 피우는 이유가 종자를 번식하기 위함인데, 물이 부족해서 위기를 느껴야 종자를 번식할 생각을 하는 것이지요.[269]

결핍은 나를 알아가는 시간이 아니라 하나님을 알아가는 시간이다. 아브라함이 이것을 잘 보여 준다. 그는 기근으로 실족하게 될 위기에 놓였다. 아브라함을 가나안까지 인도하신 하나님이 설마 굶기시기야 할까? 하지만 아브라함은 이집트로 내려갔고, 스스로 살길을 찾으려고 했다. 안타깝게도 그는 기근<sup>먹고사는 문제</sup>을 하나님이 해결해 주실 것이라고 믿지 못했다. 그 후 아브라함의 삶은 순종을 배우는 시간이었다. 이것이 현재 우리의 삶일 수 있다.

동일한 일이 아브라함의 증손자 시대에도 일어났다. 양식이 있어야 할 가나안 땅에 흉년이 들자 야곱은 자녀들을 이집트 땅으로 보내어 양식을 구해 오게 했다. 이집트엔 요셉의 창고가 있어서 기근이 없었다. 바로 요셉 한 사람 때문이다. 영적으로 바로 선 한 사람이 있다면 영적이든 육적이든 양식이 없어 굶주리는 일은 없을 것이다. 기근이 온 세상에 임했지만 이집트에는 구원의 길이 남아 있었다.

우리에게도 비우는 삶이 필요하다. 회개하는 만큼, 내려놓는 만큼, 의지하는 만큼 하나님은 우리를 채우시고 쓰실 것이다. 인생이 구겨지고 망가졌어도 걱정 없다. 우리의 인생이 찢어지고 구겨진 종이 같아도 하나님은 그걸 쓰신다. 하나님이 각자를 세상에 드러내실 때까지 우리는 결핍을 하나님의 꿈으로 채워야 한다. 이 세상에 존재한다는 것만으로도 얼마나 행복한가?

6장

감정, 마음속으로 들어가는 입구

# 내면이 들려주는 이야기

프랑스 작가 파스칼 키냐르Pascal Quignard는 『은밀한 생』에서 이렇게 고백한다.

사랑에 빠진 사람은 자신이 느끼는 것을 자신에게마저도 털어놓지 못한다.[270]

또 독일 작가 모니카 마론Monika Maron은 『슬픈 짐승』에서 이렇게 말한다.

우리가 사랑에 빠지는 순간, 우리가 더불어 사는 데 익숙해 있던 다른 특성들을 몰아낸다.[271]

사람들은 사랑을 안다고 생각하지만 실제론 모른다는 것이 정답이다. 두 작가의 글을 읽다 보면 인간 내면의 가장 깊은 곳에서 흘러나오는 이야기를 들을 수 있는 방법은 문학밖에 없다는 걸 실감한다. 미국의 시러큐스 대학교와 스위스의 한 대학병원이 공동으로 첫눈에 반했을 때를 연구했다. 연구팀은 인간이 사랑에 빠지는 시간을 0.2초로 계산했지만[272], 문학에서는 인간이 그 사랑을 이해하는 데 평생이 걸린다는 걸 보여 준다.

아무리 뜨거운 사랑도 식기 마련이다. 그 뒤로 우리는 남편이나 아내, 아빠와 엄마, 아들이나 딸 혹은 대리나 과장 같은 복수의 역할에 충실해야 한다. 충실할수록 더 많은 일이 추가되고, 그래서 자기다울 수 있는 시간을 갖기가 쉽지 않다. 자신의 마음마저 감추고 살 때도 있고, 때론 기억을 다르게 꾸며낼 경우도 있다. 무의식중에도 타인의 시선을 의식하기 때문이다. 허구가 필요한 이유를 터키 작가 오르한 파묵Orhan Pamuk은 이렇게 말한다.

소설은 두 번째 삶입니다. … 우리는 소설에서 보고 희열을 느꼈던 허구 세계가 현실 세계보다 더 현실적이라고 느낍니다.[273]

삶의 균형을 맞추려면 자신을 점검해야 한다. 사업이나 경기가 항상 좋을 수 없는 것처럼 사람 관계도 항상 좋을 수 없다. 마찬가지로 신앙인의 최종 목표는 하나님 나라를 세우는 것이지만 그 일이 일사천리로 진행되지 않는다. 하나님의 일은 거대한 프로세스이며, 사람을 통해 이루어지기 때문에 언제든 어디서든 변수가 생길 수 있다. 즉 사람 사는 곳에는 문제가 있기 마련이지만 문제가 있으면 해결책도 있는 법이다.

하나님은 인간을 고유한 모습으로 창조하셨지만 부부, 가족, 교회, 사회라는 공동체를 만드셨다. 어려움을 함께 이겨내라고 말이다. 유대인들은 어려운 시기를 '밥심'으로 넘겼다고 한다. 주중엔 아주 빠듯하게 사는 대신, 주말엔 풍성한 식탁을 차렸다. 그들은 음식을 나누고 서로 격려하면서 힘을 얻었던 것이다. 밥심에 가장 잘 어울리는 글이 있다. 톨스토이가 쓴 단편 「세 가지 질문」에 나오는 고백이다.

> 세상에서 가장 중요한 때는 바로 지금 이 순간이고, 가장 중요한 사람은 지금 함께 있는 사람이고, 가장 중요한 일은 지금 내 곁에 있는 사람을 위해 좋은 일을 하는 것.[274]

## 정직해지는 시간

축도가 끝나기 무섭게 자리를 털고 일어나는 성도가 보인다. 잠시 앉아서 하나님의 음성에 귀를 기울이면 좋을 텐데 아쉽다. 이런 아쉬움을 설교자도 느끼는데, 설교 말씀을 전할 때면 언제나 떨렸다. 전도사로 말씀을 전할 때에는 더 떨렸다. 헌데 언제부터인가 떨리지 않았는데, 눈물도 나지 않았고 설레지도 않았다. 느긋하게 말씀을 전하고 강대상에서 내려오면 은혜 받았다는 말을 들었다. 뭔가 잘못되었지만 그것을 바로 간파하지 못했다. 어두워진 탓이다.

어두워진 탓에 인간은 거짓된 실체의 기만에 속기 쉽다. 주님과 동행하는 삶을 살려면 때론 땀도 흘려야 하지만, 내 속의 나는 계속 인스턴트를 원한다. 그래서 우리는 알면서도 넘어진다. 진정한 기쁨을 얻는 법을 터득하지 못하면 우리는 언제나 단초적인 쾌감만 찾게 된다. 욕망은 언제나 '이번 딱 한 번만' '아무도 몰라'라고 속삭인다. 히브리서 12장 4절은 피 흘릴 정도로 죄와 맞서라고 가르치지만 쉽지 않다.

다른 사람에게는 한 번도 열어 주지 않았던 문을 당신에게만 열어 주는 사람이 있다면 그는 당신의 진정한 친구일 것이다. 가면을 벗는 일은 하나님의 마음에 합한 자가 되기 위한 첫걸음이다. 다윗같이 하나님 마음에 합한 사람이 되려면 자신의 내면을 감추고 있는 '자기 보호'란 틀을 깨야 한다. 그러기 위해서 시궁창 같은 우리 자신의 내면을 덮지 말고 직시해야 한다. 문학이 우리의 내면을 직시하도록 도울 것이다.

우리의 삶은 현실이다. 어려서는 부모가 차 조심하라고 가르치지만 조금만 크면 사람 조심하는 걸 가르친다. 사람들이 다들 착해 보여도 이해관계가 얽히면 돌변한다. 사업 관계로 만나 계약을 맺을 때 자신을 장로나 안수집사로 소개하는 사업 파트너를 만나면 두렵다고 말하는 사람들도 있다. 하자가 생겨서 말하면, "믿는 사람끼리 그거 하나 제대로 처리 못하느냐"는 핀잔을 듣기 때문이다. 장로란 직분을 사업의 방패막이로 쓰는 것이다.

잠깐의 욕망을 위해 하나님의 선물을 팔아넘겨선 안 되지만 이런 일은 수시로 일어난다. 다수가 에서의 삶을 사는 것이다. 성숙하다면 하나님의 약속을 붙들겠지만 말처럼 그리 쉬운 일은 아니다. 고난 가운데에서도 평정심을 유지하는 것은 정말 힘든 일이다. 성경 공부나 설교를 들을 땐 당연히 그렇게 말하겠지만 실제 그렇게 살고 있을까? 다수는 말씀과 현실 사이의 괴리에 눈을 감은 채 입을 다물고 산다.

우리의 신앙도 언제나 출루율로 확인되곤 한다. 내가 살아서 1

루까지 걸어가는 것은 다니엘처럼 내가 가진 성경의 가르침을 삶에 적용시키며 사는 것이다. 많은 신앙인들은 성경 지식이 부족해서가 아니라 용기가 부족해서 실패한다. 사랑한다는 것은 그 사랑을 보답 받지 못할 위험을 무릅쓰는 것이기에 위험을 무릅쓸 용기가 없으면 불확실함에 끌려다니게 되는 것이다.

신앙생활은 행복하고 기쁜 일이지만 갈등도 경험하게 된다. 때로는 믿음이 아니라 아픔과 상처로 인해서 성경 필사나 기도 혹은 주방 봉사나 전도 같은 한 분야를 특화하여 자신만의 성城을 쌓기도 한다. 이러한 아픔은 영적으로 미성숙해서가 아니라 우리가 살아가는 삶을 보여 주는 증거다.[275]

## 영적 업그레이드

조나단 에드워즈 목사의 이야기를 읽으면서 1741년 7월 8일 지옥 설교[276]를 할 때 성도들이 두려워 바닥에 주저앉았다는 글을 보고는 그게 가능할까 싶었다. 헌데 2002년 5천 명이 모인 청소년 집회에서 했던 폴 워셔Paul Washer 목사의 설교를 듣고 그게 가능하겠다는 생각이 들었다.[277] 천국을 따 놓은 당상처럼 여기는 청소년들에게 도전을 주었기 때문이다. 데이비드 플랫David Platt, 존 파이퍼John Piper, 존 맥아더, 빌리 그레이엄Billy Graham 목사에게는 비슷한 고민이 있었다. 지금 교회에 다니는 성도 중 '과연 몇 명이 천국 문에 입성할까'였다.

이 목사들이 잡은 수치는 대략 10~15퍼센트고, 최고 수치는 30퍼센트였다.[278] 몇십 년간 목회를 한 베테랑 목사들이 구원을 확신하는 성도의 수가 열 명 중 한두 명에 불과했다. 그 한두 명은 그리스도의 생명이 그들의 삶을 통해 흘러나오기에 아는 것이다. 여기에 목회의 고민이 있다. '교회를 다니고 봉사를 하고 스스로를 신앙인이라 여기지만 여전히 길 잃은 자를 어떻게 구원할 것인가?' 이것이 목회자의 고민이다.

영적 분별력이 없으니 예의가 없고 말이 거칠고 편을 가른다. 또 진짜 그리스도인으로 살려면 삶을 복기해야 하지만, 대개는 회개 기도로 실수를 덮는다. 축구 선수도 진 경기를 리플레이하면서 복습하는데, 우리는 용서와 은혜라는 말에 길들여져 있다. 성경은 분별력의 중요성을 여러 곳에서 강조하고 있다 요한일서 4:1, 시편 1:1, 신명기 32:28-29, 역대상 12:32. 에스겔도 이 부분을 강조한다.

> 내 백성에게 거룩한 것과 속된 것의 구별을 가르치며 부정한 것과 정한 것을 분별하게 할 것이며 에스겔 44:23

나이가 들수록 영적으로 깊어져야 하는데 많은 성도들이 어려서부터 가진 믿음을 업그레이드시키지 못하고 있다. 이런 모습으로 생을 마친다면 안타까울 것이다. 다수는 자신이 누구인지, 무엇을 원하는지도 잘 모른다. 미숙하기 때문일 수도 있고 어리석기 때문일 수도 있다. 또 다수의 신앙인들은 자신을 드러내는 것을 두려워한다. 이런 혼란이 생긴 것은 나를 읽는 훈련이 안 되었기 때문이다.

## 아름다운 삶이란 〰〰〰〰〰

어려서부터 정직하게 살라고 배웠지만 우리의 현실은 녹록치 않다. 자식을 위해 고생하신 부모님의 삶을 지켜보면서 '나는 어떻게 살아야 할까'를 고민한 경험이 있을 것이다. 이런 고민은 문학의 단골 소재였다. 만약 이런 고민을 모르고 산다면 아무리 잘 살아도 사는 게 아니다. 아름다운 삶이란 금수저의 삶이 아니라 사람답게 살려고 눈물짓고 아파하면서 애쓴 흔적이 있는 삶이다.

누구나 한 번의 삶을 살지만, 어떤 이는 그 한 번의 기회로 믿음의 역사를 만들어 낸다. 네 빵—곧 네가 가장 소중히 여기는 것—을 물 위에 던지라는 말씀<sup>전도서 11:1</sup>을 들으면서 은혜를 받는 사람도 있지만, 생계를 꾸려나가는 과정에서 은혜를 잊는 사람들도 허다하다. 다들 말씀대로 산다고 말하지만 생계가 우선이다. 신앙생활에 열심을 내다간 뒤처진 인생이 되기 쉽다. 그래서 안전하고 편안한 담장 안의 삶을 선택한다. 하지만 우리는 '담장'이 주는 감각을 잃어 가고 있다.

열 처녀 비유를 보면 어리석은 다섯 처녀뿐 아니라 지혜로운 다섯 처녀도 잠이 들어 있다. 잠들어 가는 사람들을 깨우는 것은 설교자들의 전문 분야이지만, 문학도 그 역할을 돕는다. 엉망진창인 세상에도 소금 같은 사람들이 있으며, 지금도 농사의 목적은 이윤이 아니라 식량 생산이라고 생각하는 사람들이 있다. 이들은 산다는 것에 대해 옳은 질문을 던진다. 또 문학은 진리와 삶은 분리되지 않는다는 것을 세상에 드러낸다.

하나님은 우리 마음속에 천국을 조금 넣어 두셨다. 우리가 천국보다 못한 것에 만족하는 일이 없도록 하기 위해서다. 하지만 우리가 영적으로 쇠약해지면 쇼핑, 게임, 맛집 순례, 자동차, 여행 등에 빠지게 된다. 인간은 본능적으로 기쁨과 쾌락을 추구하기 때문이다. 우리는 육체의 쇠약은 금세 알아채지만 영적 쇠약에 대해서는 둔감하다. 이것은 호세아서의 요점이기도 하다. 우리는 실제보다 더 잘하고 있다고 착각하기도 하지만, 문학이 이것을 점검해 준다.

## 자신을 읽다

어디에 살든 인간은 똑같다. 국적과 언어와 문화가 달라도 우리가 삶을 다르게 해석하는 경우는 드물다. 문학은 이런 인간의 모습을 적나라하게 풀어낸다. 또 다들 새로운 세상을 꿈꾸지만 현실의 벽에 부딪혀 좌절할 때 새 길을 열어 주기도 한다. 우리가 내면에서 깨닫는 것만큼 외면의 현실을 바꾸어 놓을 수 있다는 걸 문학은 알고 있다. 이것은 성경 속 인물들을 통해 증명되었고, 우리의 삶에서도 증명되고 있다.

신앙인은 주님을 알아가는 기쁨을 누리지만 불확실한 삶이 주는 아픔도 동시에 겪는다. 주님은 우리의 기도 제목을 모두 들어주시지 않으며, 고통을 다 없애지도 않는다. 그래서 우리는 질병, 돈이나 꼬인 인간관계 때문에 어려움을 겪는다. 이 괴리가 견딜 수 있는 최대 한계치를 넘어서면 그때 우리는 분노하거나 좌절하고 낙심한다. 하나님은 사소한 것은 즉답하시는데 반해, 정작 중요한 일에는 침묵하시는 것처럼 느껴진다. 하지만 이러한 불면의 밤을 경험하면서 우리는 성숙해지고 깊어지는 것이다.

성숙함은 성경 지식이 주는 선물이 아니다. 자신을 읽을 때 비로소 얻어진다. 자신을 읽지 못하면 우리의 헌신은 울리는 꽹과리가 되기 쉽다. 물론 자신을 읽지 못해도 성경의 진리를 설명할 수 있지만 다른 사람들의 삶을 뚫고 들어가지는 못할 것이다. 자신의 삶을 읽을 줄 알아야 다른 사람의 삶도 읽을 수 있다. 이 말은 곧 한국에서 아프리카인으로 산다는 것도 알 수 있다는 뜻이다.[279]

주님을 위해 열심히 산 사람일수록 일이 풀리지 않을 때 좌절하기 쉽다. 어느 순간 헌신에 대한 보상을 기대하기 때문이다. 이것을 '자기 의'라고 부른다. 하나님의 침묵에 당황하거나 한없이 연약한 자신에게 실망하고 좌절하는 이 시기를 잘 견디고 나면 우리는 '자기중심적인 나'로부터 벗어나게 된다. 그리고 낙담되고 실망스런 상황에서도 절대로 희망의 끈을 놓지 않게 된다. 그때 우리는 침착하게 내면을 들여다 볼 수 있을 것이다. 목이 마를수록 더 깊이 내려가는 법이다.

### 광야에서의 시간

우리는 각자 삶의 자리에서 광야 길을 걸은 경험이 있을 것이다. 광야는 시험이자 시련의 장소이지만 우리는 이곳에서 하나님을 만난다. 광야 생활이 비록 힘들고 고되지만 지나고 보면 행복한 시절이다. 이스라엘 백성들은 40년 동안 이 길을 걸었고, 지금도 많은 사람들이 영적으로 이 길을 걷고 있다. 광야는 거의 모든 것이 결핍된 곳이지만 세 가지를 경험할 수 있다. 하나님을 만나고, 자신을 재충전하고, 사역을 준비하는 것이다.

광야는 물도 없고 음식도 없는 곳인데, 성령님은 모세와 다윗과 엘리야 심지어 예수님도 그런 곳으로 보내셨다. 광야 시간은 다른 말로 하면 무명 시절이나 기다림의 시간이다. 모세가 리더로 세워지기까지, 다윗이 왕이 되기까지 무명 시절을 거치지 않은 리더는 없다. 예수님도 공생애를 보내시기 전 30년이란 무명의 시간을 가졌다. 사도 바울도 고향 다소와 아라비아 사막에서 13년이란 기다림의 시간을 가졌다.

성경에서 가장 오랜 기다림의 시간을 보낸 이는 모세다. 그는 스스로 40년을 준비했지만, 하나님은 출애굽의 무대가 되는 미디안 광야에서 40년을 더 훈련시키셨다. 아브라함은 75년간 무명이었다. 하지만 그가 가나안이라는 무대에서 데뷔한 뒤 혹독한 믿음의 훈련을 받았다. 요셉은 13년을 감옥에서 보냈으며, 다윗도 마찬가지로 광야에서 10년을 지내야만 했다. 왜 하나님은 이런 길고 힘든 시간을 보내게 하실까? 하나님이 쓰실 수 있는 그릇으로 빚는 것이다.

광야에서 우리는 더욱 강해지고 인생의 방향을 분명히 잡을 수 있게 된다. 그리고 용기를 내어 그 길을 끝까지 달려가게 된다. 예수님도 성령님에 이끌려 광야에서 40일을 금식하신 뒤, 하나님 나라를 선포하셨다. 광야는 하나님을 만나기 때문에 성경에서 매우 중요한 은유적 의미를 갖는다. 하나님을 만나면 말씀으로 자신을 채우게 되는데, 예수님이 광야에서 시험 받을 때 하신 말씀을 찾아보자.

사람이 떡으로만 살 것이 아니요 하나님의 입으로부터 나오는 모든 말씀으로 살 것이라<sup>마태복음 4:4</sup>

이와 똑같은 말씀이 신명기 8장에도 나온다.

네 하나님 여호와께서 이 사십 년 동안에 네게 광야 길을 걷게 하신 것을 기억하라 이는 너를 낮추시며 너를 시험하사 네 마음이 어떠한지 그 명령을 지키는지 지키지 않는지 알려 하심이라 너를 낮추시며 너를 주리게 하시며 또 너도 알지 못하며 네 조상들도 알지 못하던 만나를 네게 먹이신 것은 사람이 떡으로만 사는 것이 아니요 여호와의 입에서 나오는 모든 말씀으로 사는 줄을 네가 알게 하려 하심이니라<sup>신명기 8:2-3</sup>

하나님이 이스라엘 백성들을 광야에서 훈련시키신 것도 이 때문이다. 광야에서 우리는 신앙의 기본기를 익힐 수 있는데, 이것들은 수치화할 수 없는 것이다. 배려심, 인간다움, 공감 능력, 경청, 감성 지수와 성령의 열매—사랑, 희락, 화평, 오래참음, 자비, 양선, 충성, 온유, 절제— 등은 수치로 뽑기 어렵다. 이런 기본기는 불확실함을 견디는 동안, 또 참고 기다리는 동안 훈련되고 준비된다. 심지어 세상도 이것을 따라한다.

미국의 UCLA 농구 감독 존 우든<sup>John Wooden</sup>은 전설적인 인물이었다. 88번의 연승 기록과 전미 농구선수권대회 10회 우승은 그가 얼마나 탁월한 리더였는지를 잘 보여 준다. 그는 성공을 결과가 아닌 과정으로 보았기에 선수들에게 신발 끈 매는 것부터 가르쳤다.[280] 예수님이 지극히 작은 자<sup>마태복음 25장</sup>로 가르친 방식을 확대시키면 디테일을 읽는 힘이 될 수 있다. 또 작고 사소한 것을 연결시켜 변화를 만드는 눈을 키워야 불확실함을 견딜 수 있다.

CEO였던 잭 웰치<sup>Jack Welch</sup>는 기본기가 단단한 인재를 찾고 싶어서 한 가지 꾀를 냈다. 일단 미국 명문대 MBA에서 인재들을 스카우트한 뒤 말단 부서에 배치했다. 명문대 출신들이 매니저가 아니라 말단으로 배치되어 고등학교도 제대로 못 나온 사람들 밑에서 일하려니 복장이 터졌다. 말도 안 되는 지시로 인해 자존심이 센 인재들은 사표를 쓰고 나가기도 했다. 하지만 소수는 남아서 적응해 갔다. 이 소수는 모두 차세대 리더로 성장했다.

웰치가 경영의 신으로 불리는 데에는 이유가 있다. 발탁한 인재들이 말도 안 되는 상황 속에서 적응해 가는 것을 보면서 인재들의 숨겨진 재능을 수치화할 수 있는 노하우를 터득한 것이다. 이런 훈련의 시간을 말콤 글래드웰<sup>Malcolm Gladwell</sup>은 『아웃라이어』에서 1만 시간의 법칙으로 설명한다.[281] 누구나 한 분야에서 1만 시간을 투자하면 성공할 수 있다는 뜻이다. 다시 말해 통찰을 가지려면 자신의 내면에서 하나님의 말씀이 쌓이고 익어가는 시간이 필요한 것이다.


광야는 하나님이 자신의 백성들과 신혼 생활을 시작하신 곳이다<sup>예레미야 2:2</sup>. 무엇보다도 광야의 시간은 하나님께로 돌아간다는 걸 의미한다<sup>호세아 2:16 이하; 12:10, 미가 7:15, 이사야 11:11; 48:21</sup>. 침례 요한이 광야에 머문 것 역시 이유가 있었다. 요한은 성전에서 설교하지 않았으며, 예루살렘을 광야로 불러냈다. 그는 선조들이 실패한 자리에서 다시 시작하도록 백성들을 불러낸 것이다.

광야는 배고픔, 추위와 들짐승으로 인해 위험한 장소이고, 불확실함을 견뎌야 하는 시간이다. 광야에선 무방비 상태에 빠지게 되므로 신앙의 뿌리가 깊지 않으면 이곳에서의 시간이 힘겨울 것이다. 하지만 광야는 버려진 땅이 아니라 소중한 것을 가르쳐 주는 하나님을 만나는 시간이다. 하나님을 독대하는 절대적인 시간은 매우 강렬하다. 세상의 문이 닫혀도 하늘의 문은 닫힌 적이 없다.

### 말씀 안에서 ~~~~~~~

구약 성경의 네 번째 책은 민수기民數記다. 광야에서 이스라엘 백성들의 여정이 담겨 있는 책이다. 이 민수기를 영어 성경에선 'Numbers'라고 쓰고, 히브리 성경에선 '베미드바르 במדבר'라고 쓴다. 우리말과 영어에선 광야에서 인구 조사를 했기 때문에 숫자를 강조한다. 그런데 히브리 성경의 베미드바르는 그 의미를 영어로 풀어 쓰면 'in the desert (of)'로서 '광야에서'란 뜻이다. 민수기의 주 내용이 광야에서 일어났기 때문이다.

베미드바르에서 '베'는 영어의 전치사 'in'에 해당한다. '미드바르mid-bawr''는 '광야'를 뜻하는데, 영어론 사막desert 혹은 광야wilderness로 번역된다. 이 말은 지성소라는 뜻의 '디바르divar'와 어원이 같다. 이 미드바르를 다시 분해하면 '미from'와 '다바르word'를 함께 조합한 것이다. '다바르daw-baw''는 말씀speech, word이고, '미'는 전치사로서 '~로부터'의 의미로서 영어 'from'과 같은 역할을 한다. 정리하면 광야는 '말씀 안에서'란 뜻이다.

광야에선 말씀을 먹는다. 이스라엘 백성들도, 엘리야도, 침례 요한도, 예수님도 모두 광야에서 준비되었다. 우리는 광야에서$^{in}$ $^{the\ wilderness}$ 말씀 안에서$^{in\ the\ Word}$ 준비되고 있다. 바로 한 세대를 먹일 생명의 말씀을 하나님은 광야에서 준비시키신다. 광야에서 하나님과의 사적 만남은 이웃과 직장과 사회라는 공적 만남을 준비하는 시간이 되는 것이다.

### 괴물과 싸우는 일

니체는 『선악의 저편』에서 경고한다.

만일 네가 괴물의 심연을 오랫동안 들여다보고 있으면, 심연도 네 안으로 들어가 너를 들여다본다.[282]

니체는 우리 안의 어둠을 보게 한다. 요즘 니체를 읽는 사람은 많지 않지만 그의 문장은 우리를 일깨운다. 니체가 말한 괴물은 사람일 수도, 조직일 수도 있다. 어느 쪽이든 이들은 왜 괴물이 될까? 아마도 인간으로서 지켜야 할 최소한의 상식을 어겼기 때문일 것이다. 그렇다면 니체가 괴물과 싸우는 사람들에게 주고 싶었던 메시지는 무엇일까? 괴물과 싸우되 증오를 오래 품어서는 안 된다고 말한다.

이 말은 곧 괴물과 싸우는 과정에서 스스로 괴물이 되지 않도록 조심해야 한다고 경고한 것이다. 악과 싸우는 것은 당연한 일이지만 악에 집착하다 보면 그 끝은 비참해질 수밖에 없다. 자기 속에 있는 하나님이 아니라 남들 속에 있는 악마를 상대로 싸우는 사람은 결코 세상을 개혁시키지 못한다. 마녀사냥, 화형, 종교 재판이 판치던 시대가 주는 역사적 교훈이다. 오늘날에는 극단적인 진보나 보수 또는 이단 사냥꾼과 같은 모습으로 나타나기도 한다.

또한 우리가 명분이 생명보다 중요하다고 여기는 순간 괴물이 된다. 폴란드 출신의 사회학자 지그문트 바우만Zygmunt Bauman은 이것을 "고귀한 목적을 명분으로 자행되는 사악한 행위"[283]라고 설명한다. 정의를 위해 시작했지만, 어느 순간이 되면 잘해야 현상 유지이고 실제로는 더 악화된다. 유럽을 휩쓴 마녀사냥과 청교도 사회의 주홍 글자가 이것을 잘 보여 준다. 이걸 알기에 볼프 교수 역시 『배제와 포용』에서 이렇게 말한다.

당신을 괴롭히는 불의에 맞서는 투쟁이 더 거세질수록 당신이 행하는 불의에 대해서는 더 눈이 멀게 된다.[284]

2014년 7월 가자 지구 분쟁 때 덴마크 언론인 알란 쇠렌슨Allan Sørensen이 폭격을 구경하는 이스라엘인들을 목격했다. 그는 트위터에 이들이 가자 지구에서 폭음이 들릴 때마다 박수를 치며 좋아했다고 썼다. 하지만 팔레스타인 사람들 역시 자살 폭탄 테러로 희생된 이스라엘인들의 죽음에 대해 환호를 터트렸다. 우리가 서로를 용서하고 받아들이지 못할 때 얼마나 잔인해지는지 보게 된다.

우리는 상대의 잘못을 자신이 옳다는 확신의 근거로 삼아 정의를 행한다고 말하면서 실제로는 정의를 왜곡한다. 정치판에서 늘 벌어지는 일이기도 하다. 문학은 우리가 악과 싸우다가 악에 물들지 않도록 경계한다. 예를 들면, 전 세계는 자살 폭탄 테러에 경악하지만, 정작 자살 테러범은 그것이 자신을 신에게 바치는 거룩한 행위라고 여긴다.[285] 『주저하는 근본주의자』란 소설에서도 9·11 테러를 다루는데, 화자는 속마음을 말한다.

> 뉴욕 월드 트레이드 센터 쌍둥이 건물이 하나둘 무너지더군요. 그때 나는 미소를 지었어요.[286]

화자는 미군이 아프가니스탄의 탈레반 본거지를 공격하는 것을 볼 때 느끼는 자신의 반응을 이렇게 묘사한다.

> 아프가니스탄은 파키스탄의 이웃이자 우리의 친구였어요. 게다가 같은 이슬람 국가였어요. 당신네 나라 사람들이 침략하기 시작하는 걸 보면서 나는 분노로 몸을 부들부들 떨었어요.[287]

괴물과 싸우는 일을 한국에서도 찾아볼 수 있다. 지금은 해체된 그룹인 디 아크The ARK가 부른 「빛」이라는 노래가 있다. 이 노래는 세월호 사건을 모티브로 한 것은 아니지만 뮤직비디오는 세월호 사건을 다루고 있다. 뮤직비디오는 대사 한마디도 없지만 영상으로 모든 메시지를 전달한다. 보고 있노라면 눈시울이 붉어지고 가슴이 먹먹해진다. 이 영상을 본 외국인들도 눈물을 쏟아낸다.

4월 16일은 한국인에게 잊을 수 없는 날이다. 꽃다운 학생들이 하늘로 간 날이기 때문이다. 뮤직비디오에서 엄마는 새벽에 일어나 딸이 먹을 도시락을 쌌지만, 딸은 그것을 먹지 못했다. 2014년 이후로 이 날에 거의 매년 비가 왔다고 한다. 하지만 이것을 다르게 보는 사람들도 많다. 자식을 앞세운 부모는 살아도 사는 게 아닐 텐데, 보험금 탔으니 이제 조용하라고 말한다. 뭐가 잘못된 것일까?

뮤직비디오에서는 영화 「E.T.」처럼 아버지가 등장하지 않는다. 엄마가 딸을 혼자 키우는데, 그 딸을 잃은 것이다. 이런 엄마에게 괴물은 무엇일까? 아마도 딸을 앗아가고 가족의 행복을 앗아간 세월호, 무고한 죽음에 대해 책임 있는 사람들일 것이다. 그 어떤 것으로도 대신할 수 없는 것을 잃었을 때 우리는 분노하게 된다. 그래서 미움이라는 괴물과 싸우되, 그 미움에 휩쓸리지 않도록 자신을 지키는 것은 힘겨운 싸움이다.

# 마음속 두 개의 창

다윗은 3천 년 전 사람인데 자신의 생각을 활자로 남겼다는 사실은 정말 흥미롭다. 우리는 시편을 읽으면서 다윗의 '숨은 자아'와 만나게 된다. 그래서 시편은 다윗의 영혼을 보여 주는 일기장과 같다. 우리가 시편을 읽으면서 만난 다윗은 약하고 실수하는 사람이다. 우리도 그와 별반 다를 바 없지만, 그가 먼저 자신의 부끄러움을 감추지 않고 노출한 덕분에 우리는 얼마나 많은 것들을 깨닫게 되었는가? 루소J.J. Rousseau의 『고백록』도 다윗의 시편을 따라가지 못한다.

주몽의 아들 유리왕의 시 「황조가」는 다음과 같이 노래한다.

"홀로 우는 저 꾀꼬리 암수 서로 정답구나. 외로워라, 이 내 몸은 뉘와 함께 돌아갈꼬."

이 시를 읽을 때 우리는 왕이 느꼈던 감정을 거의 그대로 읽게 된다. 시편에서, 특히 다윗 왕이 간음죄를 짓고 절망할 때 쓴 시를 읽으면서 우리는 유리왕의 시를 읽을 때와 같은 경험을 한다. 그래서 시편은 시이면서도 시 이상이어서 우리가 영적 일기장으로 읽는 것이다. 이처럼 우리는 시를 통해 지식보다 더 큰 것을 얻게 된다. 바로 다윗의 속마음이다.

> 내가 입을 열지 아니할 때에 종일 신음하므로 내 뼈가 쇠하였도다시
> 편 32:3

다윗은 위대한 왕이었지만 연약한 인간이었다. 그럼에도 성경은 다윗을 하나님의 마음에 합한 자라고 기록한다사도행전 13:22. 어떻게 다윗은 하나님의 마음에 맞는 사람이 될 수 있었을까? 그는 온전한 믿음의 사람이면서 동시에 하나님 앞에서 정직했다. 다윗의 실수와 생각을 우리가 어떻게 속속들이 알 수 있을까? 그는 자신의 삶을 하나님 앞에 세밀하게 공개했기 때문이다. 삶이 열린만큼 주님이 그에게 들어가셨고, 우리들도 들어간다.

## 내 안의 그림자

사실 나는 '알 수 있는 나'와 '알 수 없는 나'의 합체이다. 알 수 있는 나는 도덕과 상식으로 무장되어 있고, 알 수 없는 나는 그 무장이 해제되어 있다. 알 수 없는 나는 건물의 지하층과 같아서 땅밑에 있기에 그 존재를 알 수 없다. 또 그 안엔 무엇이 있는지 알기 어렵다. '무의식'으로 불리는 이 안에는 늑대도 있고, 사기꾼도 있고, 탕자도 있고, 작가도 있다. 그래서 나 스스로도 혼란스러울 때가 있다.

심리학자 조셉 루프트Joseph Luft와 해리 잉엄Harry Ingham은 인간의 속마음을 네 개의 창-공개된 자아, 눈먼 자아, 숨겨진 자아, 미지

의 자아-으로 설명한다. 네 개의 창 중 가장 중요한 것은 눈먼 자아와 숨겨진 자아다. 문학은 이 둘에 주목한다. 숨겨진 자아는 나는 알지만 남들이 모르는 것이고, 눈먼 자아는 나는 모르지만 남들이 아는 것이다. 공개된 자아는 이미 공개된 사실이기에 열린 창문과 같다. 마지막으로 미지의 자아는 나도 모르고 남도 모르는 것이다.

네 개의 창 중 숨겨진 자아는 은밀한 생각이나 욕망이 분출하는 사적 세계를 의미한다. 이 숨겨진 창을 활짝 열어야 주님과의 교제가 시작된다. 인생에도 사각지대가 있듯 눈먼 자아는 내가 보지 못하는 창이다. 남들은 알지만 당사자인 나만 모르는 영역으로 남들이 나를 어떻게 보는지 깨닫는 순간 우리는 충격을 받게 된다. 노출을 해야만 변화가 일어나는데, 결국 수치라고 여겨지는 부분을 얼마라도 드러내야 한다. 이것을 견디지 못하면 생각을 감추게 되고 위선자가 되는 것이다.

모든 사람들이 네 가지 마음의 창을 다 활짝 연다는 건 불가능하다. 특별히 성경에서 사울 왕의 행보는 매우 안타깝다. 사울 왕이 가진 창은 눈먼 자아다. 남들은 다 알고 있지만 사울 자신은 자신의 문제가 뭔지를 모르고 있다. 사울 왕을 통해 우리는 가장 위협적인 적은 바로 '나'임을 배우게 된다. 하지만 안타깝게도 우리 사회엔 수많은 사울이 있다. 성공을 꿈꾸고, 성공 후엔 그것을 대물림하는 데 골몰한다. 교회 안에도 '이기적인 자아'라는 황금 새장 속에 갇힌 사람들이 넘쳐난다. 내 안의 그림자, 곧 눈먼 자아와 숨겨진 자아를 모르기 때문이다.

## 페르소나

우리는 들키지 않은 죄인이다. 멋진 양복을 입고 격조 높은 화제를 입에 올린다 해도 그 내면은 다를 때가 많다. 몰카범 중 화이트칼라white-collar; 자본주의의 발달로 등장한 새로운 중산층의 사무직 노동자들이 많고, 은밀한 접대 문화도 여전히 남아 있다. 현대 시민 사회가 역사적으론 가장 진보했다고 말하지만, 인간 본성은 나아진 게 없다. 여전히 '내 속의 나'는 성실한 노동을 통해 재산을 모으기보다 일확천금을 원하고, '내 속의 나'는 쾌락을 원한다. 그리고 은밀할수록, 들키지 않을수록 더 대담해진다.

배우가 아닌데도 우리는 때때로 가면을 쓴다. 이 가면을 라틴어로 페르소나persona라고 한다. 예전에 그리스에서 배우가 가면을 바꿔 쓰듯 우리는 의도적으로, 때론 무의식적으로 가면을 쓴다. 처음엔 잠시나마 무례한 직장이나 사회에서 상처받기 쉬운 자아를 지키려고 쓰지만, 가면은 중독성이 강하다. 한 번 쓰기 시작하면 끊기가 어렵고, 중독이 되면 가짜 인격만이 남게 된다.

성경에서 다윗의 삶은 여러모로 우리에게 힘을 준다. 그는 외부 환경과도, 자기 자신과도 싸워서 이겼기 때문이다. 다윗의 토설吐說은 자신과 싸워 이긴 것이다. 외부와의 싸움과 자신과의 싸움 중 어떤 것이 더 힘든 싸움이었을까? 자신과의 싸움이었을 것이다. 토설이란 감춰진 나, 수치스런 나를 솔직하게 토해내는 것이기 때문이다. 타락 후 아담과 하와의 행동을 보라. 자신의 허물과 수치를 가리는 것은 인간의 본성이다. 다윗은 그 싸움에서 이긴 것이다. 그리고 이 싸움은 지금도 진행되고 있다.

## 현실적인 조언

사회생활을 조금만 해도 이런 말을 듣게 된다.

기쁨을 나눴더니 질투가 되고, 슬픔을 나눴더니 약점이 되더라.

모두가 내 맘 같지 않은 것이 현실이다. 모두가 나를 아는 것 같아도 내가 누구인지, 어떤 사람인지 아는 사람은 없다. 나조차 내가 누구인지 모를 때가 많다. 누군가 이런 말을 했다.

"수많은 꿈이 꺾인다. 현실의 벽이 아니라 주변의 충고 때문에."

이런 조언은 인생의 쓴맛을 본 사람이 하는 말이라 마음에 와 닿는다. 미국 권투 선수 메이웨더Floyd Mayweather Jr.의 말은 더 마음에 다가온다.

돈이 전부는 아니지만 그만한 게 없다.[288]

블로그나 인터넷 글쓰기 플랫폼인 브런치brunch.co.kr 혹은 인터넷 댓글만 읽어도 느낄 수 있다. 네티즌들이 이런 말을 퍼 담는 것은 공감하기 때문이다. 이런 현실감 있는 글을 읽다 보면 늘 읽던 성경 구절이 색다르게 다가올 것이다. 그렇다면 문학을 읽어야 한다. 성경을 공부하는 가장 좋은 방법은 문학과 함께 읽는 것이다.

예수를 잘 믿는다는 것은 성경에 밑줄을 긋는 일이 아니다. 생활에 밑줄을 긋는 것이다. 생활에 밑줄을 그으려면 자기의 민낯을 읽어야 하고, 여기에는 용기가 필요하다. 많은 사람들이 재능의 부족보다 용기의 부족으로 실패한다는 것을 기억해야 한다. 하지만 우리가 '숨은 나'를 노출하는 순간, 내 삶에 변화가 필요하고 또 가능하다고 느끼는 순간 북쪽에 쌓인 눈이 녹기 시작한다. 우리 각자에겐 삶을 반전시킬 능력이 있다. 무엇보다 작가들은 이것을 이야기로 보여 준다.

## 네 가지 선택

다들 꿈꾸는 인생이 제각각 있지만 그것을 살아내는 것은 쉽지 않다. 이것을 경제학자 앨버트 허시먼Albert Hirschman은 '네 가지 선택'으로 설명한 적 있다. 허시먼은 일상의 크고 작은 결정들이 삶을 빚어간다고 보았다. 우리도 살다 보면 직장이나 교회를 떠날 것인가, 남을 것인가로 고민하는 때가 한 번쯤은 있을 것이다. 이런 상황에서 우리는 네 가지 선택을 하게 된다. 상황을 탈출하든지, 불만을 말하든지, 참든지, 방관하든지가 그것이다.[289] 예외는 없다.

탈출은 사직하거나 헤어지거나 교회를 옮기는 것으로 드러난다. 만약 불만 상대가 국가라면 이민을 떠나는 게 될 것이다. 불만의 표출은 상황을 개선하려는 노력인데, 직장인이라면 어떻게든 갈등 상대와 오해를 푸는 것이고, 부부라면 함께 결혼 상담을 받으려 하는 것이다. 참는 것은 말 그대로 참는 것이다. 마지막으로 방관은 현재 상황을 아예 덮는 것이다. 불만스럽다면 직장인은 적당히 일할 것이고, 신앙인이라면 주일 예배는 참석하지만 다른 성도들과 교제하거나 봉사하지 않을 것이다.

어떤 선택을 할지는 자신이 결정하면 된다. 대개는 조직이나 상대에게 얼마나 헌신적인가 하는 감정이 결정한다. 애착이 없다면 방관할 것이고, 애착이 있다면 어떻게든 방법을 찾거나 참을 것이다. 그러나 희망이 없다고 느낀다면 떠나게 된다. 상대나 조직을 아끼는 마음이 있고 뭔가 바뀌리라는 믿음이 있으면 의견을 표출할 것이다. 문학은 이 네 가지 선택 가운데 표출에 해당한다. 그러면서 다른 세 가지 선택이 어떻게 진행되는지를 등장인물들을 통해 보여 준다.

자기 자신을 두고 위선적이고 탐욕적이라고 생각하는 사람은 별로 없다. 하지만 문학을 읽게 되면 그리 생각하게 된다. 예를 들어 우리가 투자를 한다고 가정해 보자. 그것이 장래 힘든 날을 대비한 것인지, 탐욕으로 가는 첫걸음인지 어떻게 구분할 수 있을까? 객관적인 기준은 없지만 당사자만이 알 것이다. 문학은 소설 속 사건들을 통해 독자가 놓치고 있던 사각지대까지 속속들이 보여 준다. 포르투갈 작가 사라마구Jos. Saramago는 『눈먼 자들의 도시』를 결론지으며 이렇게 말한다.

나는 우리가 눈이 멀었다가 다시 보게 된 것이라고 생각하지 않아요. 나는 우리가 처음부터 눈이 멀었고, 지금도 눈이 멀었다고 생각해요. 눈이 멀었지만 본다는 건가? 볼 수는 있지만 보지 않는 눈먼 사람들이라는 거죠.[290]

인생에 대한 문학의 조언은 현실적이지 못하지만 우리의 시선을 바꾸는 힘이 있다. 학창 시절에 한 선생님이 눈이 녹으면 뭐가 되느냐고 물으셨다. 다들 물이 된다고 말했는데, 한 아이만 봄이 된다고 답을 했다. 모두가 현상만 바라볼 때 한 아이만 현상 너머를 보고 있었다. 그것이 문학의 힘이다. 현실이 힘들게 느껴지는 것은 보이는 현상만을 전부로 알고 살기 때문이다. 삶의 변수에 당황하지 않으려면 구름 뒤편에 태양이 있다는 걸 알아야 한다.

마음은 삶을 세우는 설계도와 같으며, 건물을 지을 때처럼 인생을 세울 때에도 설계도가 필요하다. 이때 마음이 설계도 역할을 한다. 마음이 비뚤다면 좋은 인생을 산다는 것은 불가능하다. 삶의 본질에 다가서려면 자신과 인간의 본성을 알아야 하는데, 문학은 인간의 본질에 대한 질문이기도 하다. 다시 말해 인간의 본질에 접근하는 최고의 도구인 것이다. 더하여 요즘 문학은 영화를 넘어 게임으로까지 그 영역을 확대하고 있다.

## 왜 화가 나는가

성경을 읽다 보면 "몸의 행실을 죽이고, 자기를 부인하고, 나는 날마다 죽노라" 같은 독특한 표현들을 만나게 된다. 이런 표현들은 인간이 어떤 존재인가에 대한 힌트를 준다. 인간을 정의하는 방식은 다양한데, '슬기로운 사람'이란 뜻의 호모 사피엔스라고 부르기도 하고 지정의知情意를 가진 존재로 설명하기도 한다. 물론 이런 설명이 19세기까지는 유용했지만, 20세기 초 프로이트가 등장하면서부터 인간을 무의식을 가진 존재로 설명하기 시작했다.

인간에게 의식은 땅 밑을 흐르는 지하수와 같다. 하지만 그 아래 아주 깊은 곳에는 어마어마한 무의식이 존재한다. 나를 구성하는 실체는 이 무의식인데, 우주만큼이나 넓고 크다. 성경에서 몸을 헬라어로 '소마soma'와 '사륵스sarx'로 표현한다. 성경에서 주로 쓰이는 단어는 사륵스다. 소마가 몸을 의미하는 반면, 사륵스는 죄된 본성sinful nature을 말한다. 이 죄된 본성을 다른 말로 '옛 자아'라고 부른다.[291]

옛 자아에는 중독, 반복, 노예됨이라는 세 가지 특성이 나타난다. 지정의는 죄된 본성에 영향을 미치지 못하지만, 죄된 본성인 옛 자아는 가끔씩 지정의를 뚫고 나온다. 쓴뿌리나 상처가 건드려졌을 때다. 때론 어떤 문장이나 단어가 내 안에 있는 무의식에 영적 파장을 일으키기도 한다. 이것은 사람마다 제각각인데, 파장을 일으키는 부위가 다르기 때문이다. 게다가 무의식 속에서 일어나는 일이기 때문에 본인 자신도 그 위치를 알 수 없다.

경영학자 피터 드러커는 13살 때 선생님에게서 들은 말을 기억한다.

"너는 나중에 어떤 사람으로 기억되고 싶니?"

반 친구들은 전혀 기억조차 못하는데, 드러커는 어떻게 이 질문을 기억하고 있었을까? 이 말이 그에게 영적 파장을 일으켰기 때문이다. 드러커의 삶을 빚어낸 한 줄, 이것은 한 줄 문장이다. 무의식에서 일어나는 영적 파장의 긍정적인 역할이 바로 이것이다. 하지만 때론 다르게 전개되기도 한다.

니체는 인간이 권력을 지향한다고 말한 적이 있다. 이 권력은 돈, 섹스, 외모, 인기 같은 가면을 쓰고 있는데, 권력을 다른 말로 번역하면 욕망이다. 아이돌이나 스포츠 스타 또는 연예인은 이런 욕망을 구체적으로 보여 주는 모델이다. 스타들에게 열광하는 이면에는 나 자신도 그들이 갖고 있는 것을 갖고 싶다는 의도가 숨겨져 있다. 인간의 가장 치열한 전쟁터가 우리 마음속인 이유가 이 때문이다.

왜 화가 나는가? 자아의 욕망이 충족되지 않기 때문인데, 사회 곳곳의 갑질 문화가 이것을 잘 보여 준다. 내가 존중 받고 싶고 높아지고 싶은 욕구가 만연한 까닭이다. 바벨론이 멸망한 후에도 성경은 바벨론이란 표현을 계속해서 쓰고 있다. 바벨론 문화의 영향력이 여전히 남아 있기 때문이다. 또한 우리 안에 있는 죄된 본성이 너무 깊어서 은혜가 고통으로 느껴진다. 하나님이 이삭을 번제로 바치라고 한 것이나 형제에게 종으로 팔리고 다시 죄수로 전락한 요셉의 내리막길 인생이 이것을 잘 보여 준다.

## 감정의 융기

살다 보면 속상한 날도 많지만 그로 인해 조금씩 성숙해졌던 경험들이 있을 것이다. 그럼에도 우리는 아픈 만큼 성숙해진다는 걸, 많은 이가 사랑의 결핍으로 죽는다는 걸 종종 잊는다. 신앙인이 공감의 빈곤을 고민하지 않는 것은 어쩌면 하나님에 대해 무지하기 때문인지도 모른다. 문학은 인간에 대한 무지가 하나님에 대한 무지로 이어질 수 있음을 깨닫게 해 준다. 문학을 모르면 하나님에게만 둔감해지는 게 아니다. 자신의 삶에도 둔감해진다.

예수님을 묘사할 때 자주 등장하는 표현이 있는데, "불쌍히 여기사"가 그것이다. 예수님은 그들의 아픔에 공감하셨기에 나환자에게 서슴없이 스킨십을 하셨고 사마리아 여인과도 말을 섞으셨으며, 나사로의 죽음 앞에선 눈물을 흘리셨다. 하나님도 이세벨을 피해 도망치느라 탈진한 엘리야에게 잠을 주시고 쉬게 하셨다. 사도행전 3장에서는 베드로와 요한이 성전 미문에 앉아 구걸하던 앉은뱅이를 일으킨다. 어느 날 그의 아픔이 눈에 들어온 까닭이었다. 이번엔 록 밴드 부활의 리더 김태원의 고백이다.

모든 경험은 아름답다. 이겨내기 힘든 아픔일지라도.

이 말이 주는 의미를 단번에 깨닫기는 쉽지 않다. 하지만 이 말 속엔 경험에 대한 판단이 들어 있다. 문학을 읽다가 울컥하면 내면 풍경에 지각 변동이 일어나서 땅이 융기하듯 감정도 융기를 하게 된다. 감정이 격동되는 순간 마음속 어딘가에 그 감정이 아픔, 감사, 안타까움, 기쁨, 괴로움, 감동, 희열과 사랑 같은 거대한 군상을 일으켜 세운다. 소설가 마르셀 프루스트<sup>Marcel Proust</sup>는 이것을 '상념의 지형학적 융기'라고 불렀다.[292]

뉴스 속보로 보도되는 그 어떤 사건, 지진, 사고가 새로울 것은 없다. 세월호나 천안함 사건에서 보듯 그 어떤 아픔과 슬픔도 잊혀져 간다. 중요한 것은 '슬픔이 굳어 당연한 슬픔'이 되어선 안 된다는 것이다. 복음서에서 예수님이 지극히 작은 자들의 삶에 얼마나 울컥하시고 바리새인들에겐 얼마나 격분하셨는가를 보라. 우리에겐 당연한 것을 새롭게 보는 눈이 필요하다. 그것을 공감이 가르쳐 주고 있다.

## 공감 연습

허구를 통해서 경험하는 감정도 강렬할진대 실제라면 더욱 강렬할 것이다. 아브라함은 모리아 산으로 가는 사흘 길을 어떻게 견뎌 냈을까? 자식을 죽여야 하는 그 두려움, 그 공포를 어떻게 이겨 냈을까? 야곱이 얍복 강에서 살의를 품고 다가오는 형 에서를 기다리는 그 심정이 어땠을까? 80세의 노인이 되어 미디안 광야에서 양떼를 치는 모세의 마음은 어떠했을까?

공감이 중요한 이유가 있다. 공감은 감정이라는 영혼의 색깔을 볼 수 있도록 하기 때문이다. 만약 우리에게 감정이 없다면 이 세계는 무채색의 지루한 곳이 될 것이다. 사람마다 공감의 차이가 있는데, 감정을 대하는 태도의 차이에서 비롯된다. 인간은 홀로 있도록 설계된 존재가 아니다. 언제나 관계 속에서 살도록 디자인된 존재다. 그래서 언제나 감정이 개입하며, 그 개입을 통해 우리는 심리적 거리를 조율하게 된다. 그 예를 소설 『오두막』에서 볼 수 있다.

> 신뢰는 사랑받는다고 느끼는 관계 속에서 맺어지는 열매죠. 내가 당신을 사랑한다는 것을 당신은 모르고 있기 때문에 나를 신뢰하지 못하는 거예요.[293]

공감을 키우는 최고의 방법은 문학이다. 이것을 더 빠르게 키우고 싶다면 글을 써 보면 된다. 하지만 다들 바쁘게 사는 관계로 현대판 상형 문자인 이모티콘emoticon; 그림말에 의지하여 부족한 공감을 채우는데, 빠른 속도로 감정을 표현하기에는 그만이다. 비록 한 학술 논문에서 한국인의 공감력을 세계 6위로 발표하긴 했지만,[294] 그래도 나무를 키우듯 공감을 키워야만 한다. 소설가 김영하는 이렇게 연습한다.

평상시에 오감을 잘 단련시키는 것도 저 같은 소설가에게는 꼭 필요한 일인데요. 별다른 사건 없이 지루한 우리의 일상을 마치 여행하듯이 오감을 활짝 열고 온몸으로 경험하는 거죠. 집중해 보는 거예요. 나무에 부딪히는 햇빛이 어떻게 시간에 따라 변하는지, 표면은 딱딱한지, 껍질의 냄새는 어떤지, 이렇게 매일매일 무의미하게 지나갈 수도 있는 일상의 감각들을 압축해서 생생한 언어적 경험으로 기록해 놓으면요. 훗날 소설을 쓸 때 큰 도움이 됩니다.[295]

## 키가 자라듯 감정도 자란다

문학을 읽다 보면 키가 자라듯이 감정도 자란다는 걸 느낀다. 등장인물과 함께 아파하고 함께 기뻐하다 보면 어느새 성숙해진 자신을 보게 된다. 우리가 모세를 따라가다 보면 무엇을 보게 될까? 그도 한때는 대제국 이집트의 왕자였는데, 이제는 속절없이 늙어가고 있었다. 다들 인생은 짧다고 말하지만, 또 인생만큼 긴 것도 없다. 긴 인생을 마감할 나이임에도 그의 마음엔 회한이 가득했을 것이다.

황혼녘에 지팡이에 몸을 기댄 채 양떼들을 바라보며 그는 무슨 생각을 했을까? 하나님을 위해 산다고 애썼지만 손에 잡히는 것 하나 없을 때 모세의 마음에는 무슨 생각이 스쳐지나갔을까? 하나님은 왜 모세를 깊은 어둠 속에 홀로 두셨을까? 왜 유독 모세에게만 어두운 밤이 그리도 길었을까? 모세도 분명 힘들었을 것이다. 허나 그를 힘들게 한 것은 꿈을 이루지 못해서일까? 아마도 더 이상 꿈꿀 수 없게 될까봐 그것이 두려웠을 것이다.

아브라함도 마찬가지였다. 삶은 무한함을 열어 주되, 그 안에 함정을 숨기곤 한다. 그 함정은 질병, 가난 혹은 무명의 시간일 수도 있다. 아브라함에게 있어 함정은 기근생계 문제이었다. 낯선 땅에서 만난 기근은 많은 식솔을 거느린 그에겐 두려움이었을 것이다. 분명히 무엇을 해야 할지 하나님께 물었을 테지만, 그가 대답을 들었다는 말은 없다. 홀로서기가 시작된 것이다. 그에게 가나안은 홀로 서 있는 무대처럼 보이지 않았을까?

하나님이 부르셨을 때 아브라함은 말할 수 없이 기뻤을 것이다. 그런데 약속의 땅에서 기근을 만났다.[296] 또 그 땅에서 평생을 이방인외국인, 비정규직으로 살아야 했을 때, 아들을 얻는 것이 신체적으로 불가능하다고 느꼈을 때, 아내 사라의 매장지 하나 구하기 힘들었을 때 아브라함의 마음속에 무슨 생각이 스쳐지나갔을까? 우리는 힘겨웠을 아브라함의 마음을 느껴야 한다. 그러려면 아브라함을 정보가 아닌 '살아 있는 인간'으로 만나야 한다.

문학은 꿈을 꾸다 실패한 사람들의 이야기를 들려준다. 소설은 결코 실패하지 않은 인생, 실수가 없는 완벽한 인생을 좋아하지 않는다. 실패를 모르는 이에게 삶은 결코 아름다운 자태를 보여 주지 않기 때문이다. 우리가 민주화 시대를 경험해서 알지만 진실이 언제나 아름다운 건 아니다. 아름다운 건 진실에 대한 목마름일 것이다. 삶의 역설은 진실을 찾았다는 확신이 때론 인간을 불행하게 만든다는 것이다. 문학은 이것을 서사로 보여 준다.

연약하고 비겁한 인생을 살아도 구원자 예수님을 만나면 삶의 지평선이 바뀌게 된다. 주님을 만난 사람은 삶을 한 폭의 그림으로 보기 마련이고, 싹을 틔우는 나무 같은 존재가 된다. 그 싹이 자라고 나무가 되어 지친 사람이 찾아와 등을 기댈 수 있고, 때론 베어져 성전 기둥이 되고, 또는 다듬어져 언약궤의 재목이 될 것이다. 문학은 이렇게 생각을 틔울 씨앗 같은 문장을 수없이 품고 기다린다. 새로운 이야기의 싹을 틔울 마음 밭을.

7장

지극히 작은 자들의 이야기

# 텍스트에 갇힌 사람 꺼내기

1501년, 당시 26세였던 미켈란젤로가 대리석 입상을 조각하기 시작했다. 3년 후 높이 5.17미터나 되는 작품 「다비드상」이 완성되었다. 사람들이 "어떻게 저런 훌륭한 작품을 만들 수 있었는가?"라고 물었을 때 미켈란젤로는 "그 「다비드상」은 내가 만든게 아니다. 그 상은 원래 그 대리석 안에 있었는데, 우연히 내 눈에 들어왔을 뿐이다. 그래서 내가 불필요한 부분들만 깎아 놓았을 뿐이다"라고 답하면서 이렇게 덧붙였다.

나에게 조각이란 돌을 깨뜨려 그 안에 갇혀 있는 사람을 꺼내는 작업이다.[297]

미켈란젤로는 돌을 깨뜨려 그 안에 갇힌 사람을 꺼내는 작업을 '조각'이라고 정의한다. 여기선 그의 말을 살짝 비틀어 문학에 적용해 보자. 우리는 문학을 '텍스트 안에 갇혀 있는 사람을 꺼내는 작업'이라고 정의할 수 있다. 사람들은 대리석을 그저 돌로 보았지만, 미켈란젤로는 그 안에 갇힌 사람을 보았다. 조각가는 실존을 형상화하는 수단으로 조각을 바라보지만, 작가는 삶과 편견과 아픔에 갇힌 사람을 꺼내는 수단으로 사용한다.

21세기에도 돌에 갇힌 사람이 있다는 것은 슬픈 일이다. 스스로 만든 자아의 감옥에 갇힌 사람도 있고, 전통, 이념 혹은 편견에 갇힌 사람들도 있다. 하지만 예수를 믿고 구원을 받으면 자아라는 감옥에서 풀려날 수 있다. 그럼에도 이를 거부하는 사람들이 많다. 많은 사람들은 성공, 편견, 이념 혹은 미움과 분노에 갇혀 있다. 작가는 이들의 이야기를 통해 독자에게 자신의 어둠을 탐색할 용기를 제공한다. 이를 통해 독자가 자신의 삶의 자리를 찾도록 도와주는 것이다.

우리는 자기만의 관점에 갇히기 쉽고 이걸 깨닫기도 쉽지 않다. 문학은 모든 인생의 끝이 하나님을 향한 여정임을 끊임없이 상기시켜 주지만, 우리 가운데 인생을 제대로 이해한 사람은 너무 적다. 그래서 작가는 우리에게 인간이란 어떤 존재여야 하는가에 대한 실마리를 이야기로 들려준다. 이념, 편견, 미움, 분노에 갇힌 사람을 꺼내는 것이 작가의 몫인 것이다. 그 과정에서 작가의 삶도 치유되고, 그 치유가 독자에게 전염되어 사회 곳곳으로 말없이 전파된다.

### 삶을 읽는 눈

우리 사회엔 표현되지도, 드러나지도, 설명되지도 않는 모순들이 존재한다. 호머의 서사시부터 시리아 난민에 이르기까지 사람을 불행에 빠트리는 것은 어리석음만이 아니다. 오해와 편견, 무지와 맹신, 시기와 질투, 혐오와 수치심, 폭력과 무질서, 분노와 복수, 이해할 수 없는 고통과 고난뿐 아니라 때로는 타인들도 우리와 같은 '살아 숨 쉬는 존재'라는 단순한 진리를 이해하지 못해서 불행을 부른다.[298]

우리에게 가장 큰 축복은 무엇인가? 예수님을 만난 것이다. 성경 공부의 목적은 무엇인가? 말씀을 통해서 그 예수님을 다시 만나는 것이다. 우리는 말씀을 배우면서 더욱 깊고 측량할 수 없는 은혜 속으로 들어가게 된다. 하나님은 지금도 우리가 복음의 감격을 누리며 살길 원하신다. 이것을 성경 공부와 제자 훈련이 도와주지만 문학도 도와주는데, 그 선두에는 소설이 있다. 소설은 하나님의 선한 지식이 흘러가는 강물이다.

요즘 인문학이 인기가 높지만 실제로 문학 작품을 읽는 사람은 많지 않다. 바쁘게 살다 보니 신앙인도 직장생활 외에는 할 줄 아는 게 거의 없다. 관계성을 우선시하는 여자들은 나이가 들수록 모녀 관계가 깊어진다. 하지만 부자 사이에는 대체로 깊은 정서적 유대감을 갖기 어렵다. 중년을 인생의 황금기라고 하지만 남자에겐 고된 과도기일 뿐이다. 열심히 살아왔지만 자신을 돌보는 법을 배우지 못했기 때문이다.

여자는 나이가 들수록 자기 생활건강, 친구, 취미생활을 적극적으로 챙긴다. 반면 남자는 아내에게 심리적·정신적으로 의지한다. 남자들은 경제적 생존이 지상 목표였고, 가족 부양이 전부인 시대를 살아왔기 때문이다. 그래서 아름다움을 느끼거나 주위를 돌아보는 법도 모른 채 나이가 들어 버렸다. 할 수 있는 일이라곤 돈 버는 것밖에 모르는데, 남자는 경제적 역할이 수명을 다하면 계륵 같은 존재로 전락해 버리게 된다.

살다 보면 몇 번의 좋은 기회를 만난다. 문학 공부도 여러분에게 찾아온 기회이며, 모든 기회에는 하나님의 섭리가 깃들어 있다. 한 부자 청년이 예수님을 찾아왔다. 그 청년에게는 기회였지만 결국 돈 때문에 기회를 놓쳤다. 안타까운 것은 잘못된 줄 알면서도 그 길을 간 것이다. 반면 삭개오는 죄인이고 매국노였지만, 주님을 만났다. 주님을 알게 되자 삶의 목적과 가치관이 회복되었고, 잃어 버린 자아와 이웃을 찾게 되었다. 무엇보다 중요한 것은 하나님과의 관계가 회복된다는 것이다.

예수님의 비유는 언제라도 제자들의 이야기가 될 가능성이 있었지만, 제자들은 이것을 놓쳤다. 우리라고 다를까? 상대가 틀릴 수 있다면 나도 그럴 가능성이 있지만, 다수가 이것을 놓치면서 살고 있다. 살면서 중요했던 것은 그것을 잃어버린 후에야 생각나는 법. 이런 실수를 하지 않으려면 삶을 점검하는 눈을 키워야 한다. 문학은 이를 위한 최적의 도구다. 문학을 모르면 자신을 돌보는 법을 모른 채 나이를 먹게 될 것이다.

## 부당한 현실에 맞서다 ~~~~~~~

세상은 아직 개화되지 않았다는 것을 김세윤 교수가 쓴 『복음이란 무엇인가』를 읽고 알게 되었다. 1999년 1월 23일 인도 오리사 주의 마나하푸르Manahapur에서 힌두교 광신자들이 그레이엄 스테인스Graham Staines 호주 선교사 가족을 불태워 죽인 일이 있었고, 이들은 가톨릭 신부를 때려죽이기도 했다. 또 현지의 기독교인들도 핍박했는데, 독일 여기자가 힌두교인들과 인터뷰를 했다. 김 교수가 1999년 가을 독일 신문에서 읽은 힌두교 광신자가 한 말이다.

인도에서 기독교 선교가 계속되면 누가 우리의 논과 밭을 갈 것인가?[299]

힌두교인은 선교사들이 불가촉천민<sup>不可觸賤民</sup>들에게 글과 기술을 가르쳐 그들이 경제적으로 더 나아지면 안 된다고 말한다. 그들의 형편이 나아지면 더 이상 부당한 대우를 받으며 힌두교인들을 위해 일하지 않을 것이 분명하기 때문이다. 안타까운 사실은 힌두교가 카스트 제도를 이용하여 3억 이상을 천민으로 규정하고 노예처럼 부리고 있다는 것이다. 남을 속이는 자가 어리석은 것은 그가 남을 속이기 전에 이미 자기 자신을 속이기 때문이다.

하나님이 우리 시대에 문학이란 선물을 주신 데에는 이유가 있다. 소설은 내가 본 세상, 내가 겪은 세상 혹은 내가 알고자 하는 세상을 서사로 표현한 것이기에[300] 작가는 소설을 통해 독자의 사고를 확대시킨다. 예수님이 비유를 들어 제자들의 사고를 확대시킨 것과 같다. 인도에선 두 명의 여성 작가들이 그 일을 하고 있다. 바로 아룬다티 로이<sup>Arundhati Roy</sup>와 마하스웨타 데비<sup>Mahasweta Devi</sup>다. 로이와 데비는 약자들이 겪는 삶의 모순과 부조리에 대해 분노를 쏟아냈다.

작가 로이는 『작은 것들의 신』에서 카스트 제도에 짓밟힌 작은 존재들의 비극적인 사랑 이야기를 썼다. 주인공 암무<sup>Ammu</sup>는 기독교 가정에서 자랐기에 사회 관습을 깨고 벵골 출신 힌두교인과 결혼하지만 파경에 이른다. 이혼 후 자신의 가족이 경영하는 공장에서 일하는 천민 벨루타Velutha와 사랑에 빠지게 된다. 하지만 그녀는 천민을 가문에 받아들일 수 없다는 가족들에 의해 결국 살해되고 만다.

작가 데비는 60년간 불가촉천민인 달리트Dalit를 소재로 한 소설만 썼다. 늘 착취와 이용을 당하면서도 절망하지 않는 불가촉천민의 고결함과 인간적 고통이 작품의 소재였다. 데비는 소설을 통해 삶에서 중요한 것이 무엇인지를 독자들에게 묻는다. 그녀에게 소설은 삶의 기록이었고, 글쓰기는 소명이었다. 그래서 작가는 릭샤rickshaw꾼, 벽돌공, 농부, 게릴라, 유모, 곡비哭婢 같은 이들이 살아가는 삶의 모습을 포착하여 카스트가 지배하는 인도라는 세상을 해석해 낸다.

인도에서 여자는 누구의 딸, 누이, 아내, 어머니나 할머니로 불린다. 자신의 이름과 존재감이 없다.[301] 또 인도에서 여성들은 재산 취급을 받는다. 인도의 경우 가부장제는 어느 나라보다 더 심하다. 인도에선 지금도 종종 "바보들, 하층 카스트들, 동물들과 여자들은 북처럼 때려야 한다"[302]고 말한다. 가부장제는 이런 말들을 통해 재생산되고 강화된다. 게다가 삶이 불안해지면 사람들은 익숙한 관습에 의지하게 되는데, 시골일수록 더욱 강하게 나타난다. 옛 노래도 이것을 보여 준다.

우리 여자들은 집안을 다스리지.
하지만 왜냐고 묻는 건 우리 몫이 아니라네 …
우리에게 주어진 몫은 일하다 죽을 팔자와

절대 말대꾸를 할 수 없는 남편뿐이지.[303]

인간은 선해지려는 생각이 눈곱만큼도 없으면서 선해 보이려는 욕망은 불처럼 강하다. 이런 모순을 인도의 여성 작가들이 소설로 풀어낸 것이다. 작가들은 위선자들에게 분노를 토해 내되, 그것을 서사라는 구조를 통해 흘려보낸다. 문학은 하나님이 이 시대에 주시는 옐로카드다. 우리의 역할은 종교와 전통이란 이름으로 자리 잡은 잘못된 편견을 확인하고 드러내는 것이다. 그래야만 부당한 현실에 맞설 수 있다.

## 서사가 주는 힘

탈레반Taliban의 세력이 약해졌어도 아프가니스탄에서는 자살 폭탄 테러가 자주 일어난다. 오랜 내전으로 국토의 대부분이 망가졌다. 그럼에도 아프가니스탄 사람들은 영화를 보고 시를 읽는다. 그 무시무시한 탈레반 치하에서도 사람들은 숨 죽여 가며 영화 「타이타닉」을 몰래 보았다. 인간은 단순하고 소박한 일상에서 행복을 느낀다는 것을 알게 된다. 이곳에서도 여전히 사람들이 태어나고 죽어 가지만 우리는 그들이 누군지 모른다.

아프간에서 소년은 8~9세 때 남자들의 세계에 입문한다. 이때부터 엄마와 누이와 떨어지게 된다. 그가 앞으로 보게 될 여성은 아내인데 이마저도 아버지가 결정한다. 소녀는 더욱 열악하다. 결혼 계약을 맺으면 아버지가 남자 쪽으로부터 돈을 받는다. 그래서 딸은 알지 못하는 남자, 때로는 늙은 남자와 살아야 한다. 이제 소녀의 운명은 시어머니와 시누이가 좌우한다. 그녀는 장례나 혼인이 있을 때만 친정을 방문할 수 있고, 그것도 허락을 받아야만 가능하다.[304]

『천 개의 찬란한 태양』에서 작가는 두 명의 무슬림 여성을 소개한다. 이들의 삶을 읽어 가다 보면 아프가니스탄의 역사와 문화 그리고 현재의 삶을 단번에 이해하게 된다. 다른 어떤 책을 통해서도 배울 수 없는 통찰을 얻을 수 있다. 바로 역사를 사람 크기로 줄였기 때문이다. 이것이 서사가 주는 힘이다. 서사에서 등장인물은 외적으론 현실을 읽어 가면서 동시에 내적으론 자신 안에 있는 그림자나 트라우마와 씨름한다. 인생의 모든 전쟁은 이 두 전선에서 수행된다.

## 야만성

예일 대학교에서 조직 신학을 가르치는 미로슬라브 볼프는 『배제와 포용』이라는 책을 썼다. 정의를 위한 투쟁과 화해에 이르는 길을 신학적으로 풀어 쓴 것이다. 저자는 이 책에서 깨어진 세상에서 '용서'가 힘을 잃을 때 그것이 인간의 삶에서 어떻게 치명적인 악이 순환하는 사이클을 만들어 내는지를 설명한다. 실제 일어난 사건을 예화로 설명하고 있기에 그가 전하는 메시지는 매우 강력하다.

볼프는 유고슬라비아에서 일어난 전쟁의 추악함과 정치인이 정권을 잡기 위해 인종 간의 갈등을 부추기는 가운데 보스니아에 속한 무슬림 여인이 겪은 이야기를 전하고 있다. 그녀는 35세의 우스타샤Ustasha인데, 세월이 지날수록 더 깊어지는 상처를 안고 살아야 했다. 인종과 종교 갈등이 있기 전에는 문학을 가르치는 평범한 교사였지만, 1992년 4월 전쟁이 일어나자 모든 상황이 돌변하고 말았다.

우스타샤는 무슬림이란 사실 하나로 조롱과 증오의 대상이 되었다. 자신이 가르쳤던 학생이 그녀의 입속에 오줌을 누었고, 동료 교사들은 그녀를 마구 구타했다. 그때 우스타샤는 영혼까지 아팠다고 말한다. 그래서 이전에는 사랑하라고 가르쳤지만 이제는 불가능하다고 선언한다. 결국 그녀는 자녀들에게 복수를 하라고 가르친다.[305] 치욕과 폭력의 기억이 우스타샤를 과거 속에 옭아매고 있기에 그녀의 몸 뼛속 깊이 새겨진 증오는 날마다 쓴물을 토해내는 것이다.

사랑은 자아의 영역을 확대하는 것이지만,[306] 이것이 번번이 훼방을 받는다. 우리 마음속에 '그놈'이 살고 있기 때문이다. 그놈의 움직임은 나만이 자각할 수 있는데, 그놈은 그 주인이 죄에 이끌릴 때마다 우리에서 풀려난다. 그놈이 풀려나면 삶이 분열되고 악해진다. 지금도 계속되는 야만성은 내 안의 악과 사회 속의 악 때문이다. 용서가 어떤 역할을 하는지 예수님이 보여 주셨지만, 우리는 아직 실천하지도 못하고 있다.

### 인종 청소

1994년 여름부터 몇 개월 동안 국제 사회의 방관 속에 르완다에서 80만 명이 죽는 대참사가 벌어졌다. 다수 종족인 후투Hutu족이 소수 종족인 투치Tutsi족을 참살한 것이다. 이것을 르완다 대학살이라고 부른다. 영화로 보면 「호텔 르완다」이고, 논픽션으로 읽으면 『내 이름은 임마꿀레』다. 투치족인 임마꿀레Immaculee는 학살에서 기적적으로 살아남았다.

르완다 대학살을 이해하려면 이 나라의 역사적 배경을 알아야한다. 일이 뒤틀리기 시작한 것은 벨기에가 아프리카에 눈독을 들이면서부터다. 그들은 이 땅을 좀 더 수월하게 식민 통치를 하려고 소수 종족인 투치족을 지배 계급으로 차출했다. 전체 인구의 10퍼센트인 투치족을 이용해 80퍼센트를 차지하는 후투족을 통치한 것이다. 고등 교육의 기회를 투치족에게만 주면서 소수 종족을 조종하여 다수를 통치하려고 했다. 허나 두 종족을 구분하기위해 신분증까지 만들면서 종족 간 갈등의 골은 더 깊어졌다.

벨기에가 르완다에서 손을 떼자 이번에는 다수 종족이 정권을 잡았다. 이제 투치족은 2등 국민으로 전락하게 되었다. 두 종족은 같은 언어와 역사를 공유하고, 같은 땅에서 농사를 지으며 살아왔었다. 이들은 한 마을에서 이웃하여 살았고 신앙생활도 함께했다. 허나 정치인들이 증오를 부추기자 인간다움이 너무나 쉽게 무너졌다. 같은 마을에 살았고 같은 학교를 다녔던 후투족 친구들이 투치족 친구들을 바퀴벌레라고 부르며 칼을 들고 죽이려고 집안까지 뒤졌다.

임마꿀레만 죽이면 400마리야. 머릿수는 채워야지.[307]

나치의 만행을 목격한 독일 작가 베르톨트 브레히트는 이렇게 말했다.

문명이라는 페인트는 조금만 긁어도 추하고 잔인한 인간의 본모습이 드러난다.[308]

브레히트의 말에서 보여 주듯 인간은 타자—성경에선 이것을 '이웃'이라고 부른다—를 차별하거나 지배하거나 추방하거나 파괴하기 위해 그들을 비인간화한다. 우스타샤나 임마꿀레는 인종 청소를 몸으로 겪었다. 두 사람이 겪은 인종 청소라는 사악함을 지금은 미얀마의 로힝야Rohingya족이 겪고 있다. 이 모든 것은 우리가 여전히 개화되지 않은 세상을 살고 있음을 보여 준다. 우리는 도덕적이고 문명화되었지만 여전히 사악하고 야만적이다.

## 복종

일상은 인문학적 사유의 대상이고 신앙의 바로미터가 된다. 우리는 앞만 보며 살기 때문에 자신을 읽는 사람은 누구나 겸손해질 수밖에 없다. 소말리아에서 태어난 아얀 히르시 알리Ayaan Hirsi Ali가 처음으로 자신의 삶을 뒤돌아보기 시작했다. 그녀는 네덜란드에서 처음엔 난민이었으나 후엔 국회의원이 되었다. 그녀의 회고록 『이단자』를 읽으면 한 개인의 삶과 역사가 어떻게 맞물려 돌아가는지 알게 된다.

알리는 다섯 살 때 여성 할례를 강요받으면서 자의식에 눈을 뜨게 된다. 여성 할례는 면도칼로 클리토리스와 음순을 도려내는 것이다. 꿰매어진 부위의 좁은 틈으로 소변을 봐야 하기에 평생 고통에 시달린다. 여성 할례는 여성의 몸에 가부장제를 각인시키는 것으로, 여성의 음핵을 제거함으로써 가부장제에 복종하게 만드는 것이다.[309] 알리의 아버지는 지식인이었지만 딸의 고통을 상상조차 하지 못한다. 전통이라는 이름으로 행해지기 때문이다. 이런 가운데 알리는 반기를 들었다.

그녀는 평범하게 태어났지만 평범한 삶을 살지 못했다. 같은 소말리아 출신으로 슈퍼 모델이 된 디리<sup>Waris Dirie</sup>도 소말리아에서 지켜본 삶의 모순을 설명한다. 디리도 할례를 받았지만 살아남았다. 할례가 불결한 환경에서 행해지기 때문에 성기 훼손으로 죽는 여자아이들이 꽤 많다. 그런데 아프리카 중매 시장에서 처녀성은 상품 가치를 담보하는 조건이기 때문에 중요하다. 그것이 여성 할례를 하는 이유 중 하나다.[310]

무슬림 소녀가 결정을 스스로 내리는 경우는 없다. 늘 순종해야 하며, 자각한다거나 개인적인 자아를 가져야 한다는 의식이 없다. 이슬람권에선 자아의 발견은 금기다.[311] 이슬람권에서 자서전이 출판되는 경우가 거의 없는 것도 이 때문이다. '이슬람<sup>islam</sup>'이란 단어가 그것을 보여 주는데, 말뜻은 복종이다―프랑스 작가 미셸 우엘벡<sup>Michel Houellebecq</sup>은 이슬람을 그의 소설 『복종』으로 표현한 바 있다―[312]. 그것이 얼마나 철저했던지 마음속에서조차 이의를 제기하지 못한다.

알리는 억압받는 무슬림 여성들의 권리를 되찾아 주기 위해 「복종」이라는 영화를 만들었다. 때론 침묵이 불의에 대한 공범이 될 수 있다는 것을 알기 때문이다. 하지만 함께 영화를 제작한 테오 반 고흐Theo van Gogh 감독이 잔인하게 살해되었고, 그녀 역시 살해 보복을 받았기 때문에 24시간 무장 경호 속에 있어야 한다. 인권 운동가이자 작가로는 강하고 용감해도 한 인간으로 바라보면 한없이 연약하다. 알리는 이렇게 묻는다.

> 왜 자신은, 자신의 엄마나 할머니는 그런 삶을 살았을까, 왜 아버지나 자신의 씨족이나 소말리아는 자기 자신의 삶을 찾는 데 실패했을까?[313]

한 사회의 성숙을 확인해 주는 증거 중 하나는 자서전이다. 자서전은 자신의 삶을 이해하는 최상의 형식이지만, 한국 사회도 자서전이 활발하게 출간되는 곳은 아니다. 시편을 보면 다윗이 자신의 무지를 어떻게 깨닫고 이겨냈는지를 잘 보여 준다. 다윗에게 있어 글쓰기는 자신이 누구인지를 깨닫게 하는 도구였다. 누구나 다윗같이 되고 싶어 하지만 쉽지 않다. 자신을 드러내야 하기 때문이다.

## 끝나지 않는 전쟁

'인간이 누구인가'는 철학의 질문이지만, 문학의 질문이자 신학의 질문이기도 하다. 사실 소설 몇 권만 찾아 읽어도 인간이 누구인지 엿볼 수 있다. 『전쟁은 여자의 얼굴을 하지 않았다』를 읽으면 인간을 다시 생각하게 된다. 작가는 벨라루스 출신의 알렉시예비치Svetlana Alexievich인데, 언론인임에도 2015년 노벨 문학상을 받았다. 게다가 논픽션임에도 소설처럼 읽힌다. 그녀의 글을 읽다 보면 '무엇이 인간을 이렇게 만들었을까'라고 묻게 된다.

순수하고 예뻤던 소녀들의 청춘이 전쟁으로 망가졌다. 소련군이나 독일군 병사들 모두 인생이란 꽃을 펴 보지도 못한 채 죽어갔다. 십대 때 참전했던 소녀 병사들은 전후 40년 동안이나 침묵했었고, 알렉시예비치의 취재를 통해 병사들의 실명이 나왔다. 생존한 소녀 병사들은 40년이 지났지만 여전히 자신의 비명소리에 놀라 잠에서 깬다고 했다. 지금도 전쟁터에 있다고 느끼기 때문이다. 이런 전쟁은 제3세계에서 여전히 진행 중이다.

## 위로가 필요한 사회

뉴스로나마 아프리카의 실상을 알게 될 때면 숙연해지곤 한다. 그런데 이상하게도 매스컴은 늘 중요한 내용을 빠트리는데, 작가는 그 빠트린 내용이 진짜 핵심이라는 걸 본능적으로 안다. 문학은 매스컴이 놓친 것을 서사로 들려준다. 소설은 상상이고 현실과 많이 다르긴 하지만 작가가 그걸 언어로 표현하는 순간, 독자는 무지에서 깨어난다. 문학은 인간의 삶에 대한 발견이고 설명이기에 작가의 시선은 늘 시대와 맞닿아 있다.

작가는 시대의 한복판에서 시대를 들여다보는 창의 역할을 한다. 그리고 자신이 아닌 타인을 위해 눈물을 흘리고 아파한다. 자신이 편안하다고 느끼는 한, 사람은 이웃의 삶에 대해 무관심해지기 마련이란 걸 알기 때문이다. 하나님이 정한 룰을 무시하는 세상 속에서 작가는 자신이 깨달은 것을 서사로 펼쳐낸다. 그래서 사람과 시대의 흐름에 대해 독자적인 판단을 내림으로써 독자들이 삶을 깨닫도록 도와준다.

"인간은 그 아버지의 자식이라기보다 오히려 그 시대의 자식이다."[314]

프랑스 역사학자 마르크 블로크Marc Bloch는 인간의 어리석음을 간파했다. 문학 역시 문화나 인종을 한 꺼풀 벗겨 내면 인간은 누구나 똑같은 것을 고민한다는 것을 보여 준다. 우리는 상대방의 실수나 시대 상황을 근거로 자신이 옳다는 확신을 얻곤 한다. 하지만 나이지리아 작가 벤 오크리Ben Okri가 쓴 소설 『굶주린 길』을 펼치면 이런 문장을 만나게 된다.

> 우리 중에 태어나기를 고대하는 자는 하나도 없었다. … 모두 눈이 먼 채 태어나서 보는 것을 배운 자가 극소수인 그런 인간들의 무정함을 우리는 두려워한다.[315]

이 문장 그대로 펼쳐진 것이 아프리카의 삶이다. 오크리의 『굶주린 길』을 읽으면 아프리카가 얼마나 낯선 곳인지 실감하게 된다. 동시에 그 사회 역시 위로가 필요하다는 걸 느낄 수 있다. 아프리카는 눈물과 피와 고통으로 젖은 땅이다. 내전, 종족 갈등, 가난이 일상이 된 이곳에는 위로가 필요하다. 힘들 때 함께 울어 주는 사람이 있으면 힘이 되는데, 소설이 바로 그 역할을 한다.

아모스 투투올라Amos Tutuola가 쓴 『야자열매술꾼』이나 아마두 함파테 바Amadou Hampate Ba의 『들판의 아이』는 척박한 땅에서 아이들은 이야기를 먹고 자란다는 걸 보여 준다. 살아 있는 한 우리는 연약할 수밖에 없고, 일상 속에 촘촘히 박혀 있는 불확실함과 연약함을 피해갈 수 없다. 문학은 연약한 독자를 위로하며 삶의 자리를 돌아보게 한다.『들판의 아이』에서 어머니는 세상으로 나아가는 아들에게 이렇게 충고한다.

> 아들아. 이제 네가 남자로서 살아가면서 평생 도움이 될 충고를 몇 가지 해 주마 … 남자의 힘은 신중함에서 나온단다. 가난도 재산도 함부로 펼쳐 놓으면 안 된다 … 네 운명을 단호히 받아들이고, 적의를 받을 때는 참아내고 행복할 때는 절제해라 … 인색한 사람이 되지 마라 … 우정을 소중하게 생각하고 무슨 일이 있어도 친구들에게 상처 주지 마라. 너보다 어리거나 약한 사람과는 절대 싸우지 마라 … 나이든 어른을 공경해라 … 아첨하는 사람, 되는 대로 사는 여자, 노름과 술을 조심해라 … 정기적으로 기도해라.[316]

사는 땅과 사는 모습은 달라도 사람들은 같은 것을 바라며 살고 있다.

## 종교라는 무기

21세기는 인종 문제로 힘든 세기가 될 것이다. 성숙한 민주주의 국가에서도 여전히 인종 문제를 해결하지 못했다. 미국과 유럽의 테러에서 보듯 종교는 언제든지 무기가 될 수 있다. 이것이 현실이다. 우려되는 것은 평범한 이들이 보인 강한 증오다. 한국에서도 외국인 노동자를 대상으로 전도를 하다 보면 이슬람권과 불교권의 확연한 차이를 느낄 수 있다. 증오를 깊이 연구한 러시 도지어Rush Dozier는 9·11 테러를 겪은 후 이런 의문을 가졌다.

왜 테러리스트들의 눈에는 그 비극의 날, 숨을 거둔 수많은 무고한 어른들과 아이들이 오로지 적으로만 보였을까? 왜 그들은 그날의 희생자들이 그저 인간일 뿐이라는 것을 보지 못했을까?[317]

사람들은 이념을 위해 싸울 때 더 잔인해진다. 작가 마르셀 서로Marcel Theroux는 소설 『먼 북쪽』에서 인간이 이념을 위해 싸울 때 가장 연약한 부분—연민과 포용—이 끊어진다고 말한다.[318] 알제리 작가 야스미나 카드라Yasmina Khadra는 소설 『테러』에서 자살 폭탄 테러 문제를 다루면서 이렇게 묻는다.

"무슨 이유로 한쪽의 행복을 위해 다른 한쪽의 사람들을 희생시켜야 합니까?"[319]

가인 이래로 우리는 서로를 죽여 왔다. 카드라의 『테러』나 모신 하미드Mohsin Hamid의 『주저하는 근본주의자』를 읽다 보면 서로에게 한 걸음 다가서는 것이 얼마나 요원한지 알게 된다. 아체베Chinua Achebe는 근대화와 기독교를 처음 경험하는 나이지리아를 보여 주고, 카드라는 예루살렘에서 일어난 테러 사건을 묘사하며 그것이 아무리 숭고해도 인간의 목숨보다 더 숭고한가 묻는다. 파키스탄 출신의 하미드는 9·11 테러를 묘사하면서 어째서 나의 일부가 미국이 해를 입는 걸 보고 싶어 했는지 묻는다.

삶이 불확실해지면 다양성은 위협으로 다가온다. 그것을 정치와 문학이 잘 보여 준다. 이런 상황에서 종교는 종종 편견을 정당화하는 도구로 이용되곤 한다. 사랑과 용서가 아닌 미움과 증오를 부추긴다면 그것은 종교가 아닐 것이다. 종교와 언어와 피부색과 문화가 다르다는 이유로 타자를 증오한다면, 그리고 종교나 전통 혹은 신앙이라는 이름으로 정당화될 수 있다고 생각한다면 그것은 뭔가 잘못된 것임이 분명하다.

# 세상의 관심을 읽는 법

세상은 다양한 가치관을 가진 사람들이 함께 섞여 살아가는 곳이다. 이곳에서 인간은 사회를 닮아가게 된다. 그래서 시대의 흐름에 올라타 있으면서도 그 흐름에 휩쓸리지 않으려면 우리에겐 현실을 읽는 힘이 필요하다. 오늘날 그리스도인들은 난민, 테러, 빈곤, 실업, 불평등, 인권, 이혼, 성소수자, 안락사, 배아 복제, 동물권, 다문화 같은 사회적 이슈들에 대해 기독교적 시각으로 판단을 내릴 줄 알아야 한다.

공지영 작가의 『도가니』는 팩트로는 결코 알 수 없는 진실을 드러내는데, 소설은 갈등과 모순을 안고 사는 인간의 삶을 탁월하게 재현해 낸다. 작가가 하는 일은 병든 위치를 알려 주는 것이고, 그 후속 작업은 공동체나 사회의 몫이다. 작가의 관심이 집단의 관심을 받으면 사회적 이슈가 되는데, 이슈가 된 작품을 읽으며 독자들은 자신들 역시 편견과 어둠을 가졌다는 사실을 깨닫곤 한다.

한편 유혹은 언제나 판단의 기준이 모호할 때 찾아온다. 그 유혹으로부터 날마다 지켜 주는 것이 바로 신앙이다. 시야가 좁아지면 우리는 '두 마음을 가진 자'가 되기 쉽고 부딪치기 싫어서 타협을 하게 된다. 좀 불편하더라도 소신을 지켜야 하는 데에는 이유가 있다. 이것이 언젠가는 사회의 가치관이 되어야 하기 때문이다. 아리스토텔레스도 우리가 '무엇을 믿는가'는 '어떻게 사는가'와 직결된다는 걸 간파했다. 그가 기원전 367년에 『수사학』에서 한 말이다.

> 누구든지 화를 낼 수 있다. 그것은 쉬운 일이다. 그러나 올바른 대상에게, 올바른 때에, 올바른 목적으로, 올바른 방식으로 화를 내는 것은 누구나 할 수 없는 결코 쉽지 않은 일이다.[320]

하나님은 '나'라는 인생보다 더 오래 지속될 무엇인가를 내 인생 속에 심기를 원하신다. 그래서 성숙하기 위해서 어둔 밤을 거쳐야 하고 때로는 낯설고 불편한 진실에도 익숙해져야 한다. 하지만 우리는 그 반대일 때가 많다. 예수님은 아흔아홉 마리 양을 두고 길 잃은 한 마리 양을 찾아 나섰다. 예수님이 한 마리의 양을 찾아 가셨던 그 자리가 문학이 서야 할 자리다. 누스바움 교수는 이렇게 말한다.

> 문학은 … 특히 사회 내에서 가장 취약하고 낙인찍힌 집단들의 경험에 주의를 기울여야 한다.[321]

문학은 과부와 고아로 비유되는 성경 속 약자들의 삶이 지금엔 어떤 모습으로 재현되는지 보여 준다. 우리 사회에도 인간의 존엄이 지워진 사람들이 있고, 존재감이 없는 보이지 않는 사람들도 있다. 탈북자, 납북자, 난민, 이주 노동자, 집단 따돌림을 당하는 사람, 정치범 수용소에 갇힌 사람들, 강제로 장기 적출을 당하는 사람들, 명예 살인을 당하는 여자들이다. 그런데 이들의 절규는 철저히 차단되어 있다. 비록 문학이 이것을 서사로 보여 주긴 하지만 사실은 교회가 서야 할 자리다.

문학은 이런 일들이 '무엇 때문에' 일어나는지 묻는다. '왜'라고 묻게 되면 분노가 치밀지만, '무엇 때문에'를 묻게 되면 내면에 불이 켜진다. 우리 모두 생계라는 진흙탕 속에 빠져 있을 때 문학은 이들을 위해서 나선다. 이렇게 살려면 용기를 내야만 한다. 링컨 대통령은 평생을 아브라함[에이브러햄]이라는 자신의 이름처럼 살았다.[322] 성경 속 인물들도 마찬가지다. 사마리아인은 여행길에 강도 만난 이를 도우면서 자신의 하루 스케줄이 망가졌다.

마태복음 25장에서 보듯 주님은 지극히 작은 자를 당신 자신과 연결시키셨다. 이것은 그리스도인이 실천적 삶을 살아야 한다는 뜻이다. 사회적 약자가 유리해질수록 이 사회는 모두가 행복한 사회가 될 수 있다.[323] 신학자 볼프는 『광장에서 선 기독교』에서 우리의 신앙이 개인적 차원에 그칠 때 그 신앙이 도리어 그리스도인에게 파괴적인 결과를 낳게 된다고 경고한다. 이런 메시지를 문학은 감동과 충격이란 방식을 사용하여 독자들을 일깨운다.

소설이 가진 특권이 있다. 소설은 거짓말을 허용 받았다. 이것을 허구fiction라고 부르는데, 비록 상상이지만 상상 이상이다. 작가는 허구를 사실보다 더 사실 같은 허구로 만들기 때문이다. 피카소도 상상이 사실보다 진실하다고 믿었다. 소설은 허구를 통해 진실을 깨닫게 만드는 최고의 장치가 분명하다. 노벨 문학상을 수상한 남아공 소설가 나딘 고디머<sup>Nadine Gordimer</sup>는 이렇게 단언한다.

> 내가 사실에 입각해 쓰거나 말하는 그 어떤 것도 내가 쓴 픽션만큼
> 진실하지는 않을 것이다.[324]

## 제3세계에 산다는 것

케냐 작가 응구기 와 시옹오<sup>Ngugi wa Thiong'o</sup>는 소잉카<sup>Wole Soyinka</sup>,
고디머<sup>Nadine Gordimer</sup>, 아체베와 함께 아프리카의 탈식민주의 문학
을 대표하는 인물이다. 응구기 와 시옹오의 대표작『한 톨의 밀
알』의 제목은 요한복음 12장 24절에서 왔다. 그의 소설은 일제
강점기 때 우리의 모습과 닮아 있다. 그들에게도 독립을 위해 자
신을 희생한 사람들이 있었지만, 혼자라도 잘 살려고 동족을 배
반하는 사람들도 있다.『한 톨의 밀알』을 읽다 보면 6장에서 이런
문장을 만나게 된다.

> 자수성가해 부와 명예를 거머쥔 사람을 가리켜 사람들은 '하늘은
> 스스로 돕는 자를 돕는다'고 말한다. 그렇게 말하면서 날이면 날마
> 다 뼈빠지게 일해도 굶어 죽고, 생활 형편이 조금도 나아지지 않는
> 수천 명의 다른 사람들이 있다는 것을 잊는다.[325]

작가는 삶의 이면을 보기 때문에 기회는 결과 중심적인 사고라
는 사실을 간파한다. 고생 끝에 낙이 온다고 말하지만, 그 말은 결
과가 입증되어야 효과를 발휘한다. 실상 다수는 삶에서 열매를 보

지 못한다. 정상은 소수만 허락하기 때문이다. 사과나무의 진정한 목적은 열매가 아니라 또 다른 사과나무라고 말하지만,[326] 다수는 열매에 매달린다. 열매가 없는 이에게 삶은 피맺힌 절규인 것이다.『난장이가 쏘아 올린 작은 공』의 인용문을 읽으면 알게 된다.

천국에 사는 사람들은 지옥을 생각할 필요가 없다. 그러나 우리 다섯 식구는 지옥에 살면서 천국을 생각했다. 단 하루라도 천국을 생각해 보지 않은 적이 없다. 하루하루의 생활이 지겨웠기 때문이다. 우리의 생활은 전쟁과도 같았다. 우리는 그 전쟁에서 날마다 지기만 했다.[327]

푸시킨의 시 「삶이 그대를 속일지라도」처럼 삶이 우리를 속이게 되면 사람들은 천국으로 돌파구를 열려고 한다. 체력이 고갈되면 단 것이 당기는 것과 같다. 사람들은 이 땅에서의 삶이 힘겨워지면 천국에서라도 편안하게 살고 싶어 한다. 삶이 힘들수록 천국 간증을 듣고 금으로 장식한 궁궐 같은 자신의 집을 상상하면서 하루를 버텨 내려고 한다. 조세희나 응구기의 문장은 다양하게 적용된다.

『난장이가 쏘아 올린 작은 공』은 읽는 시각에 따라 선교지를 위한 기도 제목이나 노벨 경제학상을 받은 아마르티아 센의 논문이 될 수 있다.[328] 이를 실천이란 관점에서 읽으면 굿네이버스나 월드비전 혹은 빌 윌슨Bill Wilson 목사나 테레사 수녀, 무함마드 유누스Muhammad Yunus—방글라데시 빈민들에게 무담보 소액 대출 운동을 전개해 빈곤 퇴치에 앞장선 그라민 은행 설립자—의 은행이 될 것이다. 이것을 노동 환경의 시각에서 읽으면 가난한 노동자들의 모습이 보인다. 또 이것을 세계화의 관점에서 읽으면 더 곤혹스럽다. 노동 착취를 당하는 어린이들이 보이기 때문이다.

방글라데시의 논밭에는 아이들이 가득하다. 그곳에서 일하지 않는 아이들은 아무도 없다. 수도 다카에서 142킬로미터 떨어진 바리살<sup>Barisāl</sup>을 둘러보면 여덟 살가량의 소년이 웅덩이에 들어가 물소에 엉겨붙은 배설물을 씻기고 있다. 일곱 살과 아홉 살가량의 두 소녀는 맨발에 막대기를 들고서 염소를 돌보고 있다. 한 아이는 강물에서 그물로 새우를 잡고 있다. 나루터에서 아이들이 바나나와 파파야, 음료수, 사탕을 팔고 있다. 다섯 살가량의 한 소년은 땔감을 머리에 이고 간다.

기차역의 지저분한 아이들은 그곳 풍경의 일부다. 누구도 그들을 쳐다보지 않는다. 심지어 그들에게 가방을 나르도록 시키는 사람들도 눈길 한 번 주는 법이 없고, 팔을 쭉 뻗어 2타카<sup>taka</sup>짜리 지폐를 건넨다. 그 아이들에게 의지할 것은 서로뿐이다. 무거운 상자에 베이고 부딪힌 상처, 짧게 깎은 머리, 너덜너덜한 옷차림, 먼지를 뒤집어 쓴 살갗, 은빛 치아, 그리고 구릿빛 눈동자. 누구도 그들을 들여다보지 않는다. 그것은 너무나도 고통스러운 일이다.[329]

이런 모습은 방글라데시 전역에서 매일 벌어지는 삶이다. 이곳에선 부모의 일손을 덜어 준다는 이유로 자녀를 많이 낳는다. 소말리아 출신 모델 디리도 『사막의 꽃』에서 같은 이야기를 한다.

"식구가 많을수록 일을 분담할 수 있기 때문에 살기가 편해진다."[330]

가난한 가정에서 어린이는 어른의 일부다. 그 중 여자 아이들은 큰 고통을 겪는다. 전 세계에서 매년 120만 명의 아이들이 인신매매[331]를 당하는데, 그중 80퍼센트가 여자아이다.

## 소년병과 소녀병

지극히 작은 자는 다양해서 죄책감만으론 변화를 가져올 수 없다.[332] 우리의 고민은 여기에 있다. 여아 낙태, 남아 선호, 지참금, 소년병과 소녀병, 매춘, 인신매매가 여전하고 그 지역도 아시아부터 남미와 아프리카까지 매우 넓다. 이곳에서는 지금도 아이들이나 여자들이 상품처럼 팔린다. 성매매를 다룬 국제 학술 논문을 찾아보니 남아프리카공화국의 업소에선 입소문만으로도 나이 어린 종사자들을 충당했다. 10~12명이 일하는데, 그중 2~3명이 매달 교체되었다.[333]

소년병과 소녀병을 다룬 영문 소설을 찾아보니 2018년 기준으로 54권이나 된다. 한국 전쟁을 다룬 소설이 열 편도 안 되는 것과 비교하면 엄청난 숫자다. 그만큼 아프리카인들이 인식하는 고통이 크다는 뜻이다. 코트디부아르 출신 작가 아마두 쿠루마Ahmadou Kourouma의 소설 『열두 살 소령』[334]이나 시에라리온 소년병 출신인 이스마엘 베아Ishmael Beah의 논픽션 『집으로 가는 길』을 읽으면 소년병 문제를 단번에 알 수 있다. 열여섯 살 베아의 회상이다.

모두 여섯이었던 포로들을 꽁꽁 묶어 일렬로 세웠다. 나는 그들의 발에 총을 쏘고 온종일 고통스러워하는 모습을 구경했다. 그런 다음 머리에 총을 쏘아 영원히 입을 다물게 했다. 한 명씩 쏠 때마다 내가 방아쇠를 당기기 전 포로의 눈빛에서 희망이 사라지고 평온해지는 모습을 보았다. 그들의 음산한 눈빛이 짜증을 돋우었다.[335]

내전 지역에서 소년들은 납치되어 총알받이로 쓰이고 소녀들은 정부군이나 반군들의 밥과 빨래와 성적 노리개로 동원되었다. 전 세계 분쟁 지역에서 전투에 투입되는 어린이의 수는 30만 명이 넘으며, 이중 소녀들은 5~60퍼센트를 차지한다.[336] 소녀병을 퍼센트로 보면 아프리카가 70퍼센트, 남미는 16퍼센트, 아시아는 14퍼센트를 차지한다. 고향으로 돌아가는 것도 기적 같은 일이지만, 돌아가도 평생 화냥년 취급을 받으며 살아야 한다.

우리는 여전히 노아 시대를 살고 있다. 그때만 죄악이 관영했던 것은 아니다. 인간의 삶은 자신에게 속한 것만큼이나 타인에게도 속해 있고, 지극히 개인적인 체험도 알고 보면 인간이란 공통분모에 맞닿아 있다. 개인이 집단이라는 익명성 뒤에 숨을 때 도덕적 판단 능력을 상실하게 된다. 집단은 본질적으로 위험하다. 이런 흐름을 뒤집지 못하면 우리는 사는 내내 혼란스럽고 비틀거릴 것이다. 그럼 우리는 어떻게 해야 할까?

## 삶의 이면을 본다는 것

1993년 아프리카 수단은 극심한 기아에 시달리고 있었다. 청년 사진작가 케빈 카터 Kevin Carter는 이를 단 한 컷으로 설명했다.

날개를 접은 채 굶주린 소녀가 죽기를 조용히 기다리는 독수리의 모습. 이 한 컷의 이미지는 너무 강렬해서 지금도 잊히지 않는다. 1994년에 퓰리처상을 받은 이 사진과 비슷한 사진이 또 있다. 1985년『내셔널 지오그래픽』6월호 표지를 장식한 아프간 소녀의 눈이다.

푸른 눈을 가진 소녀가 겁에 질린 채 카메라를 응시하고 있다. 이 모습은 소련군의 침공으로 고통 받던 아프간 사람들의 상징이 되었다. 당시 13세의 소녀 샤르밧 굴라Sharbat Gula는 파키스탄 난민촌에 있었다. 표지 사진으로 유명해졌지만, 우리는 이후 소녀의 삶에 대해서는 잘 모른다. 하지만『천 개의 찬란한 태양』이나『인내의 돌』이란 소설을 읽게 되면 이 소녀의 인생을 추정할 수 있다. 작품 속 여주인공의 삶은 샤르밧 굴라의 삶과도 맞닿아 있다.

아프간 소녀 샤르밧 굴라의 삶은 가난과 전쟁과 폭력 앞에 찢긴 인생이다. 소녀의 인생은 지리적으론 아프가니스탄에 국한되어 있지만 실제로는 제3세계 어디에서나 만날 수 있는 인생이다. 어쩌면 굴라에게 산다는 것은 불편한 것이고 상처받는 것일지 모른다. 이런 굴라의 삶은 소설 속 여주인공의 삶과도 이어진다. 안타까운 것은 굴라 같은 소녀들이 참고 살아간다는 것이다. 그 안타까움을 작가는 서사로 들려주고 있다.

때로는 소설을 읽는 것이 등산만큼 힘들 때가 있다. 문학이 삶의 이면을 보게 하기 때문이다. 우리는 보여 주고 싶은 것만 보여 주면서 산다. 혼란스런 세상이지만 이기적 유전자로 규정되는 '나'라는 존재를 넘으면 세상은 살만해진다. 나를 넘어 이웃으로, 이웃을 넘어 제3세계로 건너가면 놀라운 것들이 보인다. 그때 우리는 묻게 된다. 우리가 사는 내내 억압당하고 고통당하는 이들을 위해서 할 수 있는 일은 무엇일까?

## 천 개의 찬란한 태양

처음에는 이 소설의 제목이 예뻐서 읽었다. 작가의 이름이 할레드 호세이니Khaled Hosseini여서 눈여겨봤다. 이슬람 사람의 이름이었기 때문이다. 약력을 보니 아프가니스탄 출신인 데다 미국 의사여서 호기심이 일었다. 말로만 듣던 아프간 사람들의 삶이 궁금했기 때문이다. 소설을 읽기 전까지 아프가니스탄은 내게 자살 폭탄 테러 뉴스가 전부인 먼 나라였다. 하지만 소설을 읽는 동안 그 먼 나라가 사마리아 여인처럼, 38년 된 병자처럼 느껴졌다.

이 소설은 두 여인—마리암과 라일라—의 이야기다. 마리암은 사생아로 태어나 삶이 평탄치 않았다. 라일라는 가정에서 잘 자랐으나 전쟁으로 엉망이 된다. 둘 다 보호자인 엄마와 부모를 잃게 되자 삶이 나락으로 떨어졌다. 이 둘은 어쩔 수 없이 라시드라는 구두쟁이의 아내가 되었다. 마리암은 본처이고 라일라는 후처다. 이야기 초반에 둘은 서로 반목하지만 곧 서로 의지하는 사이가 된다. 소설에서 마리암은 1959년생이고, 라일라는 1987년생이다.

사생아는 마리암의 삶을 예표하는 단어였다. 아버지는 한 달에 한 번 손님처럼 찾아왔다. 시골에 사는 마리암에게 도시에서 오는 아버지는 그야말로 판타지였다. 아버지를 보며 빠져드는 딸에게 어머니 나나가 경고했지만 마리암은 귀담아듣지 않았다. 사실 아버지에겐 정실부인이 세 명이나 있었고, 마리암의 어머니는 그 집의 식모였다. 어머니가 임신을 하게 되자 친정아버지로부터도 버림을 받고 만다. 학교에 다니고 싶어 하는 딸에게 어머니 나나는 이렇게 말한다.

> 너는 그런 데서는 쓸모 있는 걸 아무것도 배우지 못할 거야. 너나 나 같은 여자한테 유일한 기술은 … 타하물참는 것이다. … 그게 우리 팔자다 … 그것이 우리가 가진 전부다.[337]

나나에겐 딸이 세상의 전부였는데, 그런 딸이 위선적인 아버지의 말을 더 신뢰하게 되자 나나는 자살을 한다. 그 이후 작가는 엄마라는 보호막을 잃은 마리암의 험악한 세월을 묘사한다. 15살짜리가 60살이 넘은 남자에게 시집가서 빨래하고 밥하고 청소하고 유산까지 한다. 제대로 배우지 못한 마리암에게 산다는 것은 삶이 주는 상처를 하나 더 얻는 것이었다. 자신이 태어난 목적을 모르는 것만큼 힘든 것은 없을 것이다. 마리암이 그랬다. 라일라를 만나기 전까지는.

라일라는 마리암과 반대다. 부모가 있었고, 특히 아버지가 딸을 살뜰히 챙긴다. 후에 소련이 침공하면서 삶이 뒤틀리게 되는데, 두 오빠가 무장 투쟁에 나섰다가 전사했다. 이로 인해 살 이유를 잃은 어머니가 변해 버리고 만다. 어머니가 억지로라도 살려는 이유가 오빠의 원수를 갚기 위한 것임을 알고 라일라는 괴로워한다. 그리고 그녀의 외로움을 남자친구 타지크가 채워 주었다. 라일라의 가족이 카불을 탈출하려던 날 포탄이 날아와 부모는 그 자리에서 즉사하고, 라일라는 코마에 빠져 버렸다.

가까스로 의식을 차린 라일라는 어쩔 수 없이 라시드와 결혼을 선택한다. 부모란 보호막이 사라졌기 때문이다. 마리암은 처음엔 라일라를 미워했지만 둘은 곧 서로를 의지하게 된다. 마리암은 자신의 목소리를 내기 시작하는데, 라일라를 폭행하는 남편의 폭력을 말리다가 결국 그를 죽이게 된다. 그리고 탈레반의 감옥에 갇힌 채 사형을 당하게 된다. 하지만 마리암이 자신의 의지를 처음으로 표출하던 순간, 비록 그것이 폭력이긴 하지만 작가는 이렇게 묘사한다.

내가 무슨 나쁜 짓을 했기에 이 남자의 악의와 구타를 계속 감수해야 했는가? 그가 아플 때 간호해 주지 않았던가? 그와 그의 친구들을 위해 음식을 대접하지 않았던가? 그리고 모든 게 끝나면 설거지와 청소를 하지 않았던가? 이 남자에게 내 젊음을 바치지 않았던가?[338]

작가는 마리암이 탈레반에 의해 총살을 당하는 마지막 순간을 이렇게 묘사한다.

그녀는 쓸모없는 존재였고, 세상에 태어난 것만으로도 불쌍하고 유감스러운 일이었다. 그녀는 잡초였다. 그러나 그녀는 사랑을 하고 사랑받은 사람으로서 세상을 떠나고 있었다. 그녀는 친구이자 벗이자 보호자로서 세상을 떠나고 있었다. 어머니가 되어, 드디어 중요한 사람이 되어 이 세상을 떠나고 있었다. 마리암은 이렇게 죽는 것이 나쁜 건 아니라고 생각했다.[339]

『천개의 찬란한 태양』을 읽으면 제3세계에서 여자로 산다는 것이 무슨 의미인지 깨닫게 된다. 여자들은 전통과 가난과 가부장제에 갇혀 있다. 찬란한 태양이 될 수 있는 잠재력을 갖고 있음에도 여자들은 벽 뒤에 갇혀 있는 것이다. 누군가 그들을 꺼내 주지 않으면 벽 뒤에서 사라질 것이다. 부르카<sup>burka:무슬림 여자들이 얼굴을 비롯하여 온몸을 휘감는 데 쓰는 천</sup>는 몸뿐 아니라 마음까지도 덮고 있다. 한 번도 자신의 생각을 펼쳐 보지 못했기 때문이다.

### 인내의 돌

2008년 외국인이 제2 외국어로 배운 프랑스어로 소설을 썼고, 그 작품이 프랑스 최고 문학상<sup>콩쿠르상</sup>을 받았다. 수상작 『인내의 돌』도 아프간 여성의 한을 담아냈다. 소설에서는 그녀 외에 남편이 나오긴 하지만 식물인간이어서 말을 하지 못한다. 식물인간이 된 남편을 뉘어 놓은 채 여인은 자신의 삶을 토해 낸다. 여인은 남편과 자신의 아버지를 비겁자라고 부르는데, 남편이 식물인간이 된 뒤에야 처음으로 속마음을 털어놓는다.

당신은 내 말을 단 한 번도 귀담아듣지 않았지. 내 말이 당신 귀에 제대로 들린 적이 없어! 우리는 이 모든 이야기를 한 번도 서로 주고받아 본 적도 없어! 우리가 결혼한 지 십 년이 넘었지만, 같이 산 것은 겨우 이삼 년이야. 안 그래? … 당신은 자유의 이름으로, 알라의 이름으로 싸우고 있었으니까! 그거면 모든 게 정당화되었지.[340]

"나의 인내의 돌이여, 당신에게 모든 걸 다 말할 테야."

이 말을 들어주는 대상은 사람이 아니라 돌이다. 이 돌을 아프가니스탄에선 '인내의 돌 syngue sabour[생게 사부르]'이라고 부른다. 누구든지 자신의 마음속 말을 이 돌에게 토해 내면 돌은 묵묵히 들어준다. 하지만 이 돌조차 더 듣지 못할 정도로 듣는 것이 힘겨워지면 돌이 터져서 갈라지게 된다. 그러면 아프간 사람들은 무슨 소원을 품었건 다 이루어진다고 믿는다.

이 소설의 가장 위대한 성취는 여인에게 '목소리'를 주었다는 것이다. 너무나 오랫동안 아프간 여성들은 얼굴도 목소리도 희망도 없이 살았다. 작가는 이들이 자신의 삶을 토해 내도록 한다. 이 것은 하나님이 욥기를 통해 우리에게 들려준 이야기와 같다. 이 땅에도 욥과 같은 사람들이 분명히 있기 때문이다. 하나님은 그런 사람들을 위로하고 용기를 주고 싶어 하신다. 소설은 허구이지만 소설 속 인물은 허구에서 뛰쳐나와 현실 이상의 힘을 갖는다.

## 나의 몫

테헤란로는 익숙해도 이란 문학은 낯설다. 내가 아는 이란 작품은 둘이다. 아자르 나피시 Azar Nafisi가 쓴 『테헤란에서 롤리타를 읽다』와 파리누쉬 사니이 Parinoush Saniee의 『나의 몫』이다. 앞의 것은 회고록이고, 뒤의 것은 소설이다. 이 둘을 읽으면 이란에서 여자로 산다는 것의 의미를 알게 된다. 나피시는 차도르 쓰기를 거부했다 대학에서 쫓겨났다. 사니이는 여주인공 마수메 Massoumeh의 입을 빌어 고백한다.

우리 각자의 운명은 태어나는 날 이마에 새겨지는 거야. 그리고 각자의 몫도 따로 정해져 있지.[341]

여성들에게 주어지는 삶의 몫은 두 가지뿐이다. 참거나 희생하는 것. 사랑도 선택할 수 없다. 여자는 언제나 남자의 돌봄을 받아야 하며, 가족을 위해서 희생해야 하는 존재다. 마수메는 자신의 존재 이유를 한마디로 요약한다.

"나는, 부엌에서 일을 하고 침실에서 남편을 섬기도록 태어난 존재였다."

소녀 시절엔 아버지와 가족이 그것을 강요했지만, 남편과 사별한 뒤엔 아들이 희생을 강요한다.

엄마, 재혼은 전통에 위배되는 일이에요. 그만큼 나쁘다는 거죠. … 그 추문이 우리를 얼마나 당혹하게 만들겠어요? 친구들이며 동료들이며 직원들이 뭐라고 할까요? 제가 처가 식구들 앞에서 고개를 들 수 있을 것 같으세요?[342]

마수메는 강한 여성이다. 가족의 차별과 편견을 이겨내고 대학 교육을 받았다. 어려움을 딛고 직장을 가졌지만 재혼은 포기한다. 자녀를 위해서 자신의 행복을 포기한 것이다. 자녀들이 세워 놓은 사회적 규범에 굴복하고 만 것이다. 이런 여자의 운명은 픽션을 넘어 삶의 현장에서도 이어진다. 서방에선 지극히 당연한 권리가 이란 여성에겐 주어지지 않는다. 작가는 원래 이 주제로 학술 서적을 펴내고 싶었지만, 어려움을 겪게 되자 소설로 자신의 메시지

를 대신했다.[343]

이 인생들은 모두 벽 뒤에 갇혀 있다. 전통과 종교와 가부장제에 갇혀 있다. 거의 모든 삶—거리, 시장, 공항, 가게, 버스 정류장, 택시—은 남자들의 세상이다. 그것은 서사를 통해서도 나타난다. 자기 이야기를 들려주는 사람 가운데 이란 여성은 거의 없다. 판타지 소설, 연애 소설, 추리 소설도 없다. 여자들이 베일을 쓰지만 실제로는 구체적이고 개인적이고 사적인 것에도 베일이 덮인다.[344] 시편에서 볼 수 있는, 속마음을 드러내는 고백이 불가능한 것이다.

작가에겐 이들의 소소한 이야기도, 침묵도 읽고 해석해야 할 텍스트다. 삶이 바빠지다 보니 누군가의 아픔에 반응하는 것이 점점 낯설어진다. 작가는 빠르게 변해가는 세계에서 우리가 잃어버린 소중한 감성은 무엇인지 묻는다. 소설가 폴 오스터는 삶에서 가장 중요한 진실은 "인간이 느끼는 감정의 핵심에 도달하는 것"[345]이라고 강조한다. 하지만 소수만이 감정을 표현할 수 있는 자유를 누린다. 이런 곤경에서 벗어나는 길은 무엇일까?

# 전쟁은 끝나지 않았다

전쟁터에 나가지 않으려고 빨리 자라지 않기를 바랐던 소년이 있었다. 훌륭한 사람은 못 되어도 착한 사람이 되고자 했다. 이런 소년은 소련에도, 미국에도 있었다. 또 베트남에도 있었다. 간절한 바람과 달리 소년은 결국 전쟁터로 나갔다. 그런데 전쟁을 겪고 나니 근심과 걱정, 번민과 괴로움, 고통과 아픔은 하찮은 것이 되어 버렸다. 이런 아픔을 작가 알렉시예비치Svetlana Alexievich, 바오 닌Bảo Ninh, 오브라이언Tim O'Brien이 썼다. 이들에게 소설은 객관적인 기록이자 개인적인 고백이다.

## 아름다운 전쟁은 없다

『아연 소년들』은 아프간 전쟁에 참여한 참전 병사들과 그들의 어머니들과의 인터뷰를 모은 작품이다. 즉 전쟁을 몸으로 체험한 사람들의 목소리를 생생히 담은 책이다. 작가는 한 사람 한 사람에게 자기 목소리로 진실을 전할 수 있는 기회를 제공한다. 이들은 저마다 자신이 죽는 것보다 타인의 생명을 죽이는 일이 얼마나 가혹한지 알게 되었고, 또 그런 상처를 갖고 있었다. 그래서 논픽션 형식으로 쓰인 실화이지만 소설처럼 읽히는 책이다.

인간은 야만성을 지닌 존재이지만, 문화라는 얇디얇은 포장지에 가려져 있다. 이 야만성은 전쟁터에서 발가벗겨진다. 이 속에서 살아남으려면 아무 생각도 하지 말고 그저 기계처럼 움직여야만 한다. 전쟁의 비극을 목격한 바로 그 눈으로 자신이 배운 이상을 성찰할 때 사람은 변하게 된다. 곧 마음에 병이 들게 된다. 한 병사는 엄마에게 배운 숭고한 이상의 모순을 전쟁터에서 경험한 뒤, 이렇게 고백한다.

엄마, 나 사는 게 힘들어요. 엄마가 가르쳐 준 숭고한 이상들, 그런 것은 어디에도 없어요. 도대체 어디서 그런 걸 안 거예요?[346]

좌절감에 물든 병사는 자신이 앞으로 어떻게 살아야 할지를 묻는다. 그는 전쟁 전에는 '조국'이라는 단어를 말하기만 해도 입술이 떨렸지만 이젠 다르다. 그는 묻는다.

이제 나는 다른 사람이에요. 뭔가를 위해 싸운다. 대체 뭘 위해 싸운다는 거죠?[347]

목적이 무엇이든 아름다운 전쟁은 없다. 그 누구도 전쟁에선 아름다울 수 없다. 『전쟁은 여자의 얼굴을 하지 않았다』에서 40년이나 침묵하던 소련의 참전 군인들은 자신의 속마음을 드러낸다. 이들은 모두 열여덟, 열아홉 살 때 참전한 여자 병사들이다. 이들은 오랜 시간이 지나서야 자신의 과거와 마주칠 용기를 얻게 되었다. 사람 안에서 정말 사람다운 것은 1그램도 안 된다는 걸 전쟁터에서 깨달은 것이다. 『아연 소년들』에서 한 병사가 이렇게 고백한다.

그래, 나는 사람을 죽였어 … 왜냐하면 살고 싶었으니까 …[348]

지금도 병사는 한밤중에 잠에서 깨곤 한다. 그때마다 누군가 옆에서 울고 있는 것 같아서 밤마다 비명을 지른다. 전쟁이 끝나고 집으로 돌아왔지만 꿈에선 여전히 전쟁터에 있다. 지금도 눈만 감으면 총알이 사람의 두개골을 산산조각 내는 게 보인다. 살아남는 방법은 하나뿐이다. 그때나 지금이나 아무 생각도 하지 않는 것. 그저 떠오르는 기억을 의식 저 밑으로 쫓아내는 것뿐이다.

### 미움과 증오

『아연 소년들』을 읽다 보면 인간이 서로에 대해 살아 숨쉬는 존재라는 단순한 사실을 망각하게 될 때 누구든지 니체가 경고한 괴물이 될 수 있음을 보여 준다. 전쟁은 인간을 분노와 증오로 장전된 총으로 만들어 버린다. 작가는 전쟁이 주는 아픔을 독자도 생생하게 느끼도록 하는데, 전쟁터에선 '생각하는 나'와 '윤리적인 나'는 존재하지 않는다. 이런 모습을 작가는 한 문장으로 표현했다. 교관이 병사들에게 말한다.

여기서는 반드시 두 가지를 할 수 있어야 한다. 빨리 걷기와 정확히

조준해서 쏘기. 생각은 내가 한다.[349]

『부서진 사월』이란 소설에서도 비슷한 대목이 있다. 이 소설은 부커상을 받은 알바니아 작가 이스마일 카다레 Ismail Kadare가 썼다. 명예 살인을 다룬 이 작품에서 주인공 그조르그 Gjorg는 고민한다. 관습법에 따라 형을 죽인 사람을 죽여야 하기 때문이다. 알바니아에서는 피를 피로써 갚는 피의 복수를 뜻하는 카눈 kanun이란 관습법을 500년 이상 허용해왔다. 26살 청년 그조르그는 두려운 마음을 추스르기 위해 이렇게 자신을 세뇌시킨다.

쏘는 것은 너지만 살인을 하는 것은 총이다.[350]

등장인물을 옥죄는 악습은 의지를 통해서가 아니라 생각을 통해서 이루어진다. 악이 여전히 성행하는 것은 선택의 갈림길에서 악한 방법을 선택했기 때문이다. 자신의 행동을 고통스럽게 기억한다는 것은 그 선택이 잘못된 것임을 보여 준다. 우리 안에 타자의 관점을 위한 공간을 만들지 못하는 것은 불의에 대해 질문을 하지 못하기 때문이다. 그 예를 『아연 소년들』에서 찾아보자.

포로 두 명이 끌려왔어요 … 둘 중 한 명은 죽여야 했다. 헬리콥터의 공간이 두 사람 모두 태울 만큼 넉넉하지 않았거든요.[351]

어린 아프간 소녀가 있었어요 … 아이가 소련 병사들한테 사탕을 받아먹었어요. 그러자 다음날 아침, 거기 사람들이 아이의 두 손을

잘라 버렸죠.[352]

이번엔 좀 더 강하다.

한번은 아프가니스탄의 바그람 근교에서 … 마을에 들어가 먹을 것을 청했어요. 그곳의 관습법에 따르면, 배가 고파 제집에 찾아온 사람을 그냥 돌려보내면 안 되거든요. 따뜻한 빵으로 손님을 대접해야 한다. 여자들이 우리를 식탁에 불러 앉히더니 먹을 걸 내왔어요. 우리가 그 집을 떠나자 마을 사람들이 그 집 여자들과 아이들을 돌로 치고 몽둥이로 두들겨 팼어요. 숨이 끊어질 때까지요.[353]

이런 미움과 증오는 어디서 오는 걸까? 그 다음 이야기는 더 먹먹하다.

그 여인들은 자기들이 죽임을 당할 걸 알았지만 우리를 내쫓지 않았어요. 그런데 우리는 그들에게 우리의 법을 따르도록 강요했다 … 모자를 쓴 채 모스크에 들어가기도 했고요.[354]

문학은 답을 주지 못하지만, '무엇이 이들을 눈이 멀게 했을까' 생각하게 만든다. 『아연 소년들』을 읽어 갈수록 요한복음 8장에서 간음한 여인을 돌을 치려던 이야기는 현재진행형 사건임을 알게 된다. 하루아침에 불륜에 빠지는 사람이 없듯이 하루아침에 악해지는 사람은 없다. 대개는 서서히 악해져 가다 어느 순간 걷잡을 수 없이 깊은 수렁에 빠지게 된다.

## 용서 〰〰〰〰

어떤 이유건 전쟁은 고통이다. 버려진 시신에선 구더기가 들끓는데, 날씨마저 찌는 듯이 덥다. 이상한 것은 40도가 넘는 날씨인데도 온몸이 떨린다. 늘 죽음의 공포를 안고 사는 생활 탓이리라. 베트남 전쟁을 다룬 소설을 읽다 보면 자문하게 된다.

'왜 그토록 서로를 증오했을까?'

매일 미국과 한국의 젊은이들은 자신이 왜 죽어야 하는지 이유도 모른 채 죽어 갔다. 베트콩도 마찬가지였다. 이런 혼란을 정리하면 참전 용사 로버트 코너Robert Conner의 고백이 된다. 당시 그는 18세였다.

> 나는 내가 왜 남베트남에 있는지 몰랐다. 우리는 공산주의자와 싸운다고 추측했지만, 나는 당시 공산주의가 무엇인지 정확히 이야기할 수 없었다. 내가 아는 것은 검은 모자를 쓴 작은 친구들이 나를 향해 총을 쏘고 있다는 것이었다. 되돌아보건대, 그놈도 왜 나를 향해 총을 쏴야 하는지 잘 모르고 있었을 것 같다.[355]

어딜 가나 역겨운 피 냄새가 진동한다. 제대로 먹지도 못하는데, 긴장해서 다들 예민하다. 여기에 동료들이 총에 맞아 죽는 것을 눈앞에서 보자 병사들은 눈이 뒤집혔다. 전쟁은 인간이 얼마나 잔인해질 수 있는지를 보여 준다. 알렉시예비치나 바오 닌의 소설을 보면 그저 더 큰 고통을 주겠다는 생각 하나로 포로를 잔인하게 고문하면서 죽이는 장면이 나온다. 고통을 주는 이나 고통 받는 이나 나이가 열아홉 또는 스물이다.

소설을 읽다 보면 '아, 선은 결코 승리할 수 없겠구나'라고 느끼게 된다. 교회에선 미워하면 지는 것이고 사랑하는 만큼 이긴 것이라고 배웠지만 현실에선 그 반대이기 때문이다. 전쟁 뒤엔 언제나 감춰진 진실이 있다. 객관적인 사실과 상황이 있더라도 이데올로기란 색안경을 쓰는 순간 다르게 읽히고 해석된다. 전선의 병사들이 이데올로기에 가렸던 진실을 깨닫기 시작했다. 그 순간을 미국 작가 오브라이언은 이렇게 묘사한다.

내 자신이 베트남이었고 공포였고 전쟁이었다.[356]

서로에게 총을 겨누었던 이들이 작가가 되어 서울에서 만났다. 해병이었던 황석영은 엎드려 사과를 청했고, 바오 닌은 그를 힘껏 안아 주었다. 가해자와 피해자 모두에게 용서는 쉽지 않다. 용서를 받으려면 무릎을 꿇어야 하고 용서하려면 안아 주어야 한다. 상처와 아픔과 분노를 기억하는 한 우리는 용서할 수 없다. 용서하고 용서받지 못하면 현재와 미래의 삶이 과거라는 시간 속에 묶여 버리게 된다. 그것을 한일 정치와 단테의 「신곡-지옥편」이 잘 보여 준다.

삶이 고달파지면 우리는 '한 사람의 인생에서 가장 아름답고 빛나는 순간은 언제일까?' 하고 묻게 된다. 하지만 전쟁은 이런 물음조차 빼앗아 갔다. 베트남, 한국, 미국의 수십만 청년들이 서로를 증오하고 죽였다. 오랜 시간이 흐르자 베트남전은 무의미한 전쟁이었다고 고백한다. 바오 닌 역시 "정치권력에 속아 서로를 적개시하고 살육을 저질렀다"고 말한다. 전쟁은 깊은 상처를 남겼다. 바오 닌은 『전쟁의 슬픔』에서 그 상처를 이렇게 묘사한다.

> 산도 여전했고, 숲도 여전했고, 개울 또한 변함이 없었다. … 다만한 가지 다른 점이라곤 당시는 전쟁 중이었고, 지금은 평화가 찾아왔다는 것뿐이다. 한 번 뿐인 생에 두 개의 세상, 두 개의 시대를 살게 되었다.[357]

### 전쟁의 슬픔

30여 년 동안 프랑스와 미국과 전쟁을 치르면서 베트남인들은 전쟁을 외세와의 대결로 이해했다. 이런 시선은 문학 작품에 고스란히 녹아 있다. 이 당시의 소설엔 스탈린의 소련 문학과 마오쩌둥 문학만 보고 배운 흔적이 역력하다. 작품엔 적을 향한 적개심과 분노만이 가득했다. 피를 흘린 끝에 하나가 되었다. 정의가 승리했다고 생각했지만 실제론 악과 죽음과 폭력이 승리한 전쟁이었다. 1970년대는 어둠의 시대였다. 이것은 우리도 마찬가지다.

황석영 작가가 사죄했지만 개인이 사죄할 문제가 아니다. 싸워야 될 이유를 모르는 군인들을 몰아세운 국가의 책임이다. 이것이 비극의 본질이다. 전쟁은 가해자와 피해자 모두에게 고통을 주었다. 바오 닌은 『전쟁의 슬픔』을 통해 전쟁을 정당화하는 정치가들의 이데올로기적 수사의 허구를 폭로한다. 또 알렉시예비치는 사람이 아니라 이념을 죽여야 한다고 말한다. 소설은 이념에 물든 편견을 걷어 내면 우리는 감자 하나를 놓고도 행복할 수 있다는 걸 보여 준다.

작가가 사건 그 자체보다 사건 속 감정에 흥미를 갖는 데에는 이유가 있다. 작가는 등장인물들이 느끼는 감정을 통해 전쟁이 생각보다 우리 곁에 더 가까이 와 있다는 것을 보여 준다. 바오 닌은 어린아이가 재미 삼아 잠자리의 날개를 뜯는 것이나 무당벌레를 밟아 죽이는 것은 전쟁의 슬픔과 연결된다고 설명한다. 알렉시예비치도 『아연 소년들』에서 비슷한 이야기를 한다.

전쟁이 끝나고 문득 깨달았어요. 아이들 동화가 얼마나 무시무시한지. 동화 속에는 늘 서로 죽고 죽이는 이야기가 등장하죠. [마녀] 바바 야가Baba Yaga는 아예 사람을 난로에 넣고 구워 버리고요. 그런데 애들은 무서워하지도 않고요. 거의 울지도 않고.358

작가는 우리 안에서 우리가 잊고 있었던 것을 찾아낸다. 어린이는 새로운 것을 보면 감탄하고 진실한 것을 만나면 감동하지만, 시간은 많은 것을 바꿔 놓곤 한다. 인간의 마음속 깊은 곳에는 무언가가 잠재되어 있는 듯하다.359 작가는 전쟁을 경험한 세대의 삶에서 뽑아낸 진짜 아픔과 고통을 우리에게 들려준다. 그리고 그 모든 것을 남의 이야기가 아닌 나의 이야기로 듣도록 도와준다. 이유는 하나다. 똑같은 실수가 반복되는 것을 원치 않기 때문이다.

## 너무도 사적인 복음

세상이 좋아졌어도 지나간 시절이 그리울 때가 있다. 부흥회가 생각난다. 말씀이 꿀송이처럼 달게 느껴졌다. 찬양을 할 때는 하늘이 열리는 것 같았다. 금요 철야 예배도 생각난다. 말 그대로 밤을 꼬박 새웠다. 저녁 9시에 예배가 시작되면 새벽 3시에 끝났다. 집까지 걸어가면 지칠 만도 한데 잠자리에 누워도 피곤하지 않았다. 손바닥이 불이 나도록 손뼉 치며 찬송하고 기도를 했는데도 말이다. 그 시절이 그립다.

이젠 교회가 작아도 다들 에어컨이 나오는 곳에서 예배를 드린다. 그런데 예수님을 주님으로 고백하면서 작은 예수로 산다는 것이 쉽지 않다. 대개는 내 가족과 내 교회만을 전부로 알고 살아간다. 힘들어도 무슬림 지역에 고립되어 핍박받는 그리스도인들과 납북자들도 챙겨야 한다. 이들은 죽을 때까지 고통을 지고 살 것이다. 국가가 감당해야 할 삶의 무게를 개인이 등에 지고 말이다. 그것이 1세기를 산 유대인의 삶이었지만 안타깝게도 지금도 계속되고 있다.

지금도 세계 여러 곳에선 내전이 진행 중이다. 우리가 직장, 아파트, 자녀 교육을 고민할 때 다른 쪽에선 사느냐 죽느냐를 고민한다. 많은 사람들이 국가에게조차 버림받아 난민이 된다. 난민이라고 다 선한 사람도 아니고, 또 이들이 정착 후 사회 문제를 일으키기도 해서 문제를 풀기가 쉽지 않다. 이런 곳들에 비해선 낫지만 한국의 현실도 버거운 건 매한가지다. 한국에선 악습이나 전쟁보다는 흙수저의 삶이 더 크게 다가온다.

사람들은 번듯한 사회적 지위를 가지긴 했지만 삶의 지혜가 내면에까지 스며들지 못한 경우가 많다. 삶을 살아온 폭이 좁거나 말씀대로 살기를 일찍 중단할수록 세상에 대한 시각은 협소하고 엉성하다. 중년이 되면 대부분은 사는 데 지쳤거나 자신의 경험을 너무 믿어 새로운 것에 더 이상 흥미를 갖지 않는다. 신념을 중단하는 순간은 모든 것을 잃는 시점이 될 수 있는데, 아주 소수만이 불확실한 현실을 탐색하고 성경대로 살기 위해 노력한다.

많은 그리스도인들이 하나님 나라를 막연하게만 생각한다. 신앙인조차 재테크, 맛집과 취미 생활엔 열중하지만 제자의 삶에 대해서는 시큰둥하다. 그래서 한국 사회에는 제대로 된 질문을 할 줄 아는 사람이 필요하다. 예수님은 "너는 나를 사랑하느냐"라는 한마디로 베드로의 방황을 정리했다. 빌 월슨 목사는 뉴욕 시 브루클린에서 방치된 아이들을 보았을 때 "이 아이는 누구의 아이인가"라는 질문으로 삶의 방향을 잡았다. 우리가 이런 사람이 되지 못한다면 하나님 나라를 꿈꿀 수 없다.

한국 교회는 위기다. 그 원인은 성경을 모르거나 기도 시간이 부족해서가 아니다. '구원 그 이후의 삶'에 대한 준비가 부족하기 때문이다. 성경은 가장 보잘것없는 이에게 하는 것이 주님에게 하는 것이라고 말하지만, 그런 선택을 하는 사람은 얼마나 될까? 다수는 결과가 뻔히 보이는 선택을 한다. 신앙의 열매를 보이는 결과로 평가하는 까닭에, 또 복음의 본질을 개인적이고 사적인 영역으로 제한한 까닭에 이런 흐름이 지속되고 있다.

그저 사는 것과 잘 사는 것의 차이는 분명하고, 삶이 화려할수록 영혼도 빨리 상하는 법이다. 그런데 왜 다들 화려한 삶을 꿈꾸는 것일까? 왜 사회 정의가 무너져 가고 그리스도인에 대한 신뢰가 깨졌을까? 말은 안 해도 예수를 믿는다는 것이 무슨 뜻인지 알기 때문이다. 우리는 지켜야 할 소중한 것들을 지켜내야 한다. 느헤미야가 그랬듯 애통해하는 일부터 시작해야 한다. 애통해하는 자에게 하나님은 세상을 바꿀 질문을 붙잡을 수 있도록 도우실 것이다.

8장

이야기는 어떻게 만들어지는가

# 스토리 마이닝

스티븐 킹은 미국의 작가 지망생들이 꿈꾸는 최고의 성공을 거둔 사람이다. 그의 소설은 전개가 빠르지 않은데도 독자들을 집중시키는 몰입도가 엄청나다. 그 비밀 중 하나는 플롯을 짜지 않는 데 있다. 킹은 인생에 각본이 없듯이 소설에도 각본이 없다고 생각한다. 그래서 플롯을 짜지 않는다. 대신 등장인물들이 자유롭게 행동하도록 상황을 만든 다음, 그 인물들이 벌이는 반응을 관찰하고 묘사한다.

킹은 자신을 소설의 창조자가 아니라 첫 독자라고 여긴다. 그래서 플롯보다는 직관에 의지하며, 관찰자로서 예기치 않은 사건들을 따라가면서 판단하고 결정한다. 그는 또 규칙적으로 글을 쓰는데, 규칙적으로 쓰다 보면 영감이 알고서 찾아온다고 말한다. 하루에 쓰는 분량이 2천 단어이고, 한 달이면 18,000개의 단어로 책한 권 분량이다. 이 바쁜 창작의 와중에도 일 년에 70~80권의 소설을 읽는다고 한다.[360]

킹은 이미 세계 최고의 작가이지만 다른 작가들의 소설을 부지런히 찾아 읽는다. 자신이 배울 것이 있다고 믿기에 어디를 가든 책을 챙겨 가지고 다니며 읽는다. 그가 소설 지망생들에게 주는 조언은 남다르다. 그 자신도 작가가 되기 위해 오랜 시간 부단히 노력했기 때문이다. 어느 작가나 그렇듯 뛰어난 작가가 되는 길은 두 가지뿐이다. 많이 읽고 많이 쓰는 것. 지름길은 없다. 하지만 킹은 한 가지 다른 것을 이야기한다.

> 이야기는 이미 존재하고 있으나 아직 발견되지 않은 유물과 같다.[361]

킹은 이야기가 화석이나 유물처럼 땅속 깊이 묻혀 있다고 생각한다. 그래서 그는 매일 고고학자처럼 이야기를 캐낸다고 말한다. 그에게 있어 글쓰기는 발굴 작업과 같다. 발굴 작업에 필요한 기술은 기본적으로 똑같다. 최대한 온전히 발굴하는 것이다. 우리는 이것을 갈릴리 호숫가에 위치한 키부츠 기노사르Kibbutz Ginosar의 한 박물관에 전시된 목선木船을 가지고 설명할 수 있다.[362] 기노사르를 누가복음에선 게네사렛으로 부른다누가복음 5:1.

## 갈릴리 목선

스티븐 킹이 소설을 쓰듯 하나님도 우리의 일상에서 소설 같은 전개를 하실 때가 있다. 갈릴리 호수를 볼 때마다 하나님은 이스라엘 백성들에게 삶을 읽는 눈을 가르치려 하셨다는 생각이 든다. 갈릴리 호수는 수심이 45미터나 되고 지표면보다 210미터 아래에 있기 때문에 물이 마를 수 없다. 그런데도 호수가 진짜 말랐다.

역사적으로 갈릴리 호수가 몇 번 바닥을 보였는데, 그중 한 번이 1986년에 일어났다.

1986년에는 4년째 지속된 극심한 가뭄으로 인해 갈릴리 호수가 바닥을 보였다. 덕분에 개펄에 묻혀 있던 목선이 드러났다. 이 배는 길이 8.2미터, 폭 2.3미터, 높이 1.3미터로 약 15명의 사람들이 탈 수 있는 크기였다. 목선에 쓰인 목재가 2천 년 전의 것으로 확인되면서 이 배가 세간의 주목을 받았다. 예수님의 생애와 연대가 겹치기 때문이다. 예수님은 이런 배를 타고 갈릴리 호수를 건너셨을 것이기에 사람들은 큰 관심을 가졌다.

갈릴리 목선을 복원하던 학자들은 특이한 점을 발견했다. 이 배가 무려 서로 다른 열두 종류의 목재로 제작된 것을 알아냈다. 목재 샘플을 분석해 보니 다볼 상수리나무[363], 백향목, 쥐엄나무[364], 알레포소나무[365], 가시나무[366], 돌무화과나무[367], 월계수, 유다 나무, 테레빈 나무[368], 신풍나무[369], 산사나무[370], 버드나무로 제작되었다. 여기까지는 고고학자의 일이다. 작가는 여기에서 한 걸음 더 나아갔다.


**작가의 호기심**

작가는 갈릴리 목선 소식을 뉴스로 듣다가 문득 이런 궁금증을 갖게 되었다.

왜 이 배는 열두 가지 다른 종류의 목재로 제작되었을까?

소설 속 이야기는 종종 호기심에서 시작된다. 1998년 노벨 문학상을 받은 주제 사라마구Jose Saramago란 포르투갈 작가가 있다. 어느 날 그에게 이런 생각이 들었다.

'만일 한 사람만 볼 수 있고 다른 모든 사람들이 눈이 멀게 된다면 어떤 일이 생길까?'

그의 대표작 『눈먼 자들의 도시』는 이런 가정의 결과물이다. 이런 호기심이 목선 발견 소식을 뉴스로 듣던 한 작가에게 떠올랐다고 가정해 보자. 배는 원래 한 가지 종류의 목재로 만드는 것이 상식이기 때문이다.

작가는 이곳저곳 검색해 가면서 배에 관한 자료를 찾았을 것이다. 그러다 우연히 1세기 갈릴리의 역사적 배경을 알게 되었다. 1세기 갈릴리의 삶은 열악했다. 부익부 빈익빈은 심각했고, 정치적으로도 무기력했다. 기원전 63년에 폼페이 장군이 1만 2천 명을 학살하고 예루살렘 성을 장악했다. 로마군이 이날 지성소에 난입했는데, 마침 그 날이 속죄일이었다.[371] 이후로는 뭘 하든 로마의 승인을 받아야만 했다.

기원전 4년 헤롯 대왕이 죽었다. 그에겐 세 아들—아켈라오, 안티파스, 빌립—이 있었다. 로마 황제 아우구스투스Augustus는 팔레스타인 땅의 절반을 아켈라오에게 주고, 나머지 절반을 나누어 갈릴리와 베레아는 안티파스에게, 갈릴리 북동부는 빌립에게 주었다.[372] 안티파스는 예수님이 '여우'라고 불렀던 인물이다누가복음 13:32. 그는 유대인의 왕이 되려는 야심을 갖고 있었기에 정치적 상황으로 인해 예루살렘이 있는 유대가 아닌 갈릴리를 물려받아서 실망이 컸다.

서기 14년 아우구스투스가 서거하고 티베리우스<sup>Tiberius</sup>가 황제가 되자 안티파스는 그의 야심을 드러냈다. 그는 어떻게든 티베리우스의 눈에 들어 유대의 왕이 되고자 갈릴리의 수도를 옮겼다. 서기 20년대 초반에 내륙에 있던 수도 세포리스<sup>Sepphoris</sup>를 버리고 갈릴리 호수 쪽에 신도시를 세웠다. 그리곤 로마 황제의 이름을 따서 티베리아스<sup>Tiberias</sup>라고 불렀다.[373] 농업이 기반인 세포리스보다 갈릴리 쪽이 세금을 더 많이 거둘 수 있었기 때문이다.

안티파스가 온천, 포럼, 시장, 극장과 왕궁이 갖춰진 근사한 로마식 도시를 세우자 부자들이 몰려들었다. 예수님 당시 가버나움에 1,700명쯤 살았는데, 티베리아스엔 24,000명이 살았다. 이 도시를 한글 성경에선 디베랴로 표기한다. 이 단어가 신약에선 딱 두 번<sub>요한복음 6:1; 21:1</sub> 등장한다. 사람들은 갈릴리 호수를 아예 디베랴 호수로 바꿔 부르기도 했다. 그만큼 티베리아스의 존재감은 독보적이었다.

부자들이 갈릴리의 수도 디베랴에서 여가를 즐기는 동안 갈릴리 어부들 중 몇몇은 요단강을 찾았다. 메시아일지도 모르는 사람─침례 요한─의 이야기를 들었기 때문이다. 이들이 생계를 내려놓고 요단강을 찾은 이유는 희망에 목말라 있었기 때문이다. 나라는 오래 전에 망했고, 하나님의 선민으로서 가졌던 자존심도 이젠 그 끝이 보였다. 무너져 가는 시대에 대한 안타까움을 제사장이 아니라 어부들이 갖고 있었던 것이다. 목선은 이런 시대를 배경으로 하고 있다.

작가에게 갈릴리 호수를 의지해 살았을 가난한 어부의 삶이 느껴졌다. 당시 어부는 경제적으로 여력이 없었다. 가난했던 어부는 수명이 끝난 배에서 쓸 만한 목재를 모았다. 한 척의 배가 수명을 다해 폐선이 되면 그것을 해체하여 버릴 것과 재활용할 것을 분류했던 것이다. 어부는 열두 척을 기다린 끝에 겨우 자신의 배 한 척을 만들 목재를 모을 수 있었다. 작가는 고단한 시대를 살다 간 어부를 생각하며 이렇게 썼을지도 모른다.

훗날 세상에선 사도의 수장이자 초대 교황으로 알려지고 천국의 열쇠를 쥐고 있다고 소개된 그 어부의 이름은 베드로였다. 그는 어촌 벳새다 출신이었다. '어부들의 집'이란 뜻답게 벳새다는 베드로의 고향이었고, 빌립과 안드레의 고향이기도 했다. 오병이어 사건이 일어난 이래 이곳은 늘 세인들의 입에 오르내렸다.

작가가 어부의 삶을 엮기 시작하자 뉴스 속 목선이 살아 숨쉬는 이야기로 변신한다. 여기에 실존 인물과 역사나 지리 같은 자료가 더해지자 어부들의 삶이 더 구체적으로 엮어진다. 작가는 등장인물들이 겪었을 사건을 만들고 이것을 발단, 전개, 위기, 결말의 순서로 배열하면서 인물들의 감정과 생각을 묘사하고 복선을 깐다. 복선은 이후의 반전과 엮이면서 플롯을 탄탄하게 만들고 독자가 작품을 읽는 맛을 느끼게 할 것이다.

## 삶의 경이로움 ~~~~~~~~~~

  작가의 이야기에는 숨은 그림이 감추어져 있다. 갈릴리 목선에
는 고단한 인생을 살다간 1세기 유대인의 삶이 깃들어 있다. 택함
받은 백성이라는 자존심 하나로 버티기엔 삶이 너무 버거웠다. 정
치적으론 로마에, 경제적으론 부자들에게 휘둘렸다. 다들 두 개의
인생－성도의 인생과 인간의 인생－을 살고 있었다. 하지만 어느
것 하나도 제대로 살지 못하기에 긴 한숨을 내쉬곤 했을 것이다.
이런 고민이 유대의 한 귀족 청년에게도 주어졌다.

  작가 루이스 월리스Lewis Wallace는 남북전쟁 때 북군의 장군이었
고 주지사도 지냈다. 미지근한 신앙생활을 하던 그가 어느 날 은
혜를 받았다. 그러자 마음속에 묻어 두었던 이야기를 들려주고 싶
어졌다. 그래서 유다 벤허Judah Ben-Hur라는 가상의 인물을 만들었
다. 그는 벤허를 서기 26년 로마 치하의 예루살렘에 사는, 식민지
백성이라는 것 빼고는 뭐 하나 아쉬울 것 없는 유대 귀족 청년으
로 설정했다. 이것이 소설의 배경이다.

  예루살렘에 새 로마 총독이 부임해 왔다. 가족 모두 그 행렬을
구경하려고 지붕에 올라갔다. 그런데 여동생이 몸을 기댄 곳의 기
와가 떨어지는 바람에 총독이 타고 가던 말이 놀랐고, 총독은 낙
마로 부상을 당하게 되었다. 유다의 친구인 로마인 메살라Messala
는 이 일을 유다의 계획적인 범행으로 몰아갔다. 유다의 재산이
탐났던 것이다. 결국 유다 집안은 쑥대밭이 되었고, 벤허는 노예
로 팔려가게 되었다. 이것이 사건의 시작이다.

이제 본격적으로 이야기가 전개된다. 벤허는 로마 해군의 갤리선 노예로 끌려갔다. 팔려갈 때 로마 병사들은 벤허에게 심지어 물도 못 마시게 했다. 그는 총독을 암살하려 한 정치범이기 때문이다. 갈증으로 고통스러워하는 벤허에게 한 유대 청년이 나타나 물을 건넸다. 바로 예수였다. 후에 벤허는 십자가를 지고 가는 예수가 자신이 죽어갈 때 물을 주던 그 청년이었음을 알고, 쓰러진 그에게 물을 떠다 주었다. 이것이 복선이다.

벤허는 갤리선에서 갖은 고생을 하다가 극적으로 운명이 바뀌었다. 패전한 줄 알고 자결하려던 사령관을 구한 덕분이다. 노예에서 로마 귀족의 양아들이 되는 반전이 일어났다. 이후 벤허는 자기 집안을 쑥대밭으로 만든 원수 메살라에게 마차 경주를 통해 복수를 하고 가족과 재회하게 된다. 또 예수가 십자가에 못 박히게 되는데, 그때 문둥병에 걸린 엄마와 여동생이 그리스도의 죽음을 통해 치유되고 벤허는 그리스도인으로 거듭나게 된다. 이것이 벤허의 결말이다.

벤허는 인생이 꼬이지만 않았다면 편안한 삶을 살았을 것이다. 하지만 그의 인생이 뒤집어졌다. 로마 총독을 테러한 정치범이 되면서 한 번도 생각해 보지 않은 인생을 살게 되었다. 그는 귀족에서 노예로, 노예에서 해방된 시민으로, 시민에서 다시 그리스도인으로 바뀌게 된다. 그 과정에서 벤허는 다듬어지고 겸손해지는데, 유대 사회의 어둠과 그늘을 돌아볼 정도로 성숙해졌다. 성장 소설이 주목하는 이것을 우리는 '은혜'라고 부른다.

소설은 우리가 필요한지조차 몰랐던 것도 보여 준다. 하지만 누구나 교훈을 얻는 것은 아니다. 어떤 이에게 소설은 성경의 메시지를 확인해 주는 신앙의 도구지만, 다른 이에게는 소일거리에 불과하다. 하지만 소설의 힘을 알게 되면 달라진다. 소설은 한 주일을 버틸 삶의 활력이고, 상처를 이겨 낼 위로와 치유의 손길이며, 때로는 편견에 맞서는 힘이 된다. 소설은 누구나 다 알지만 파고들다 보면 아무도 알지 못했던 삶에 대한 이야기를 전하기도 한다. 그 삶이 나의 인생일 수 있다.

인생이란 전류는 불규칙하게 흐른다. 그 속에 기쁨과 행복도 있지만, 반목, 미움, 욕망, 배신, 질투도 있기 때문이다. 또 너와 나 사이에는 행복도 있지만 오해와 상처도 있다. 어긋난 인생, 찢겨진 가정, 편집증적 외로움, 무뎌진 분별력, 망각, 상한 마음, 편견과 왜곡된 욕망. 이것이 소설의 질료이고 시의 자양분이다. 깨어진 영혼은 엑스레이에는 찍히지 않지만 작가의 촉수에는 잡힌다. 작가는 고단했던 삶의 질료를 찾아내어 그 인생의 목소리를 들려준다.

우리는 세상과 나를 알기 위해 소설을 읽는다. 물론 반응은 다양하다. 독자들은 소설을 획일적으로 읽지 않기 때문이다. 반응은 달라도 좋은 작품은 내게 중요한 무언가를 포함하고 있다. 즉 소설 속 이야기는 우리가 느끼고 있었지만 분명하게 깨닫지 못했던 무언가를 인식하게 만든다. 이런 경험을 통해서 우리는 삶의 기술을 몸에 익히게 된다. 소설을 읽으면서 때론 작가가 말하지 않은 것까지 읽어 내는 훈련이 되면 성경의 메시지를 더 잘 이해할 수 있게 된다.

# 우리는 진정한 이야기에 목말라 있다

## 인생을 바꾼 질문

1979년에 젊은 전도사 빌 윌슨Bill Wilson이 뉴욕 브루클린에 가게 된다.[374] 청년 사역을 꿈꾸던 그에게 친구는 브루클린을 다녀가라고 초청했다. 막상 뉴욕에 가 보니 현지 상황은 열악하고 위험했다. 떠나기 전날 낮에 창밖을 바라보았다. 그때 계단에 쪼그려 앉은 한 여자아이가 보였다. 시간이 얼마나 지났을까? 자려고 커튼을 닫으려는데, 낮에 보았던 그 여자아이는 여전히 계단에 앉아 있었다. 아이는 하루 종일 일 나간 엄마를 기다리고 있었다.

윌슨은 안타까웠다. 일단 허기진 아이를 데리고 맥도날드에 가서 햄버거를 사 먹였다. 엄마는 밤늦게 돌아왔지만 고맙다는 인사도 없이 아이를 데리고 자기 집으로 들어갔다. 다음날 아침 떠나려고 보니 그 아이가 또 계단에 나와 앉아 있었다. 그 불편한 현실에 윌슨은 어떻게 해야 할지 몰랐다. 한참을 고민하던 윌슨은 다시 그 아이를 데리고 맥도날드에 가서 아이의 허기진 배를 채웠다. 그렇게 해서 주일학교가 시작되었다.

어린 소녀 한 명으로 시작한 주일학교가 지금은 미국에서 가장 큰 주일학교가 되었다. 그는 방치된 아이들을 모아 돌보는데, 2만 명이 넘는 아이들이 출석했다. 아이들은 결손 가정에서 자랐고, 아이들이 뛰노는 거리엔 폭력과 살인, 마약과 알코올 중독자들이 넘쳐났다. 모범이 될 만한 어른을 찾기 어려웠다. 그의 사역 목표는 14세 이하의 아이들에게 신앙 교육을 시켜 이 아이들이 신앙의 롤 모델이 되도록 가르치는 것이었다.

이런 아이들이 잘 자라서 고등학교나 대학을 졸업했다. 다들 제 살길을 찾아 떠날 것 같은데, 남는 학생들도 있었다. 윌슨의 목표도 잘 자란 학생들이 그들이 자란 척박한 땅에 남게 하는 데 있었다. 저마다 더 좋은 곳을 찾아 떠난다면 브루클린은 나아질 방법이 없기 때문이다. 그래도 몇몇은 거친 흑인 밀집지역에서 일자리를 구해 정착했다. 그곳을 벗어날 생각만 한다면 변화는 불가능하기 때문이다.

브루클린에 오래 살다 보니 윌슨은 경험적으로 그곳에 사는 젊은이 4명 중 1명은 제 수명대로 살지 못한다는 걸 알게 되었다. 남자아이들은 12~14세가 되면 폭음과 마약을 하고 전과 기록을 갖는다. 여자아이들은 임신을 하고 가난과 절망의 사이클에 갇히게 된다. 윌슨의 목표는 간단했다. 어떻게든 이 나이가 되기 전 신앙을 가르쳐서 앞으로 10년 뒤 훈련시킨 아이들 중 절반이라도 제대로 된 시민이 되고 하나님을 아는 부모가 되게 하는 것이었다.

이런 윌슨의 사역을 두고 다들 하나님의 특별한 부르심의 결과로 여겼지만 알고 보니 아니었다. 그는 친구의 초청으로 방문한 곳에서 목격한 아픔-방치된 어린 소녀-을 외면하지 못한 것이었고, 그에게 있어 소명은 바로 관심이었다. 예루살렘 성벽이 무너진 채로 남아 있다는 고국의 소식을 들으며 탄식했던 느헤미야의 마음과 같다. 우리 모두는 믿음이라는 성벽이 허물어지고 있다는 것을 안다. 단지 그것이 보이지 않기 때문에, 내 일이 아니니깐 움직이지 않는 것이다.

윌슨의 인생을 바꾼 질문은 '배고프고 외로운 한 어린 소녀'의 모습으로 나타났다. 윌슨에게 어린 소녀는 블랙 스완처럼 그 존재만으로도 그의 삶을 흔들어 놓았다. 윌슨이 받은 질문이 우리에게도 나타나지만 우리는 번번이 질문을 놓친다. 그 질문이 내가 원하지 않는 모습으로 나타나기 때문이다. 질문을 붙잡으려면 우리는 하나님의 은혜를 들을 뿐 아니라 느끼고, 보고, 경험해야 한다. 문학은 이것을 이야기라는 가상현실 기술로 이해시킨다.


### 그 청년 바보의사

2006년 1월 7일, 안수현 군의관의 싸이월드<sup>cy.cyworld.com</sup> 미니홈피에 접속이 폭주했다. 고려대학교 의과대학 91학번이며, 군의관으로 복무하던 청년이었다. 그가 33세란 젊은 나이로 세상을 떠났다. 사람들은 앞날이 창창한, 이제 의사로서 막 첫 걸음을 뗀 한 젊은이의 안타까운 죽음으로만 생각했다. 그런데 사건은 장례식 때부터 벌어지기 시작했다. 장례 소식을 듣고 온 문상객들이 4천 명이나 되었다. 한경직 목사 이후로 최고의 숫자였다.

청년 의사 안수현은 우리와 비교하면 너무나 짧은 인생을 살다 갔다. 하지만 그는 어쩌면 자기 인생을 제대로 다 살다간 것인지도 모른다. 비록 짧은 인생을 살았지만, 그가 남긴 영향력은 놀랍도록 크다. 우리가 30년을 살든, 80년을 살든, 아니면 100년을 살든 인생을 마치는 마지막 순간에 돌이켜 보면 모두 찰나에 불과할 것이다. 중요한 것은 오래 살았다는 것이 아니라 어떻게 살았는가 하는 것이다.

그와 인연을 맺었던 사람들이 쓴 글을 모아 놓은 책 『그 청년 바보의사』를 보면, 인턴과 레지던트로 일할 때 환자의 이야기를 들어주느라 밤을 새우고 새벽이면 졸던 모습, 병원에 왔던 한 어린아이와의 약속을 지키기 위해 선물을 들고 부산까지 갔던 얘기, 그의 영정 사진 앞에서 저 사람이 평생 처음으로 자신을 사람으로 대해 주었다고 울먹이던 구두닦이 할아버지, 병원 파업 때 왕따를 당하면서도 끝까지 환자를 간호하던 모습 등 그에 대한 미담은 끝이 없었다.

주님을 따르는 것은 신앙생활의 마지막 단계가 아니다. 언제나 첫걸음이다. 우리의 인생은 하나님 나라가 무엇인지, 주님이 누구인지를 보여 주는 샘플이다. 하나님이 '나'라는 인생을 이 땅에 심으셨다. 그 목적은 풍성한 열매를 얻기 위해서가 아니라 또 다른 나무를 얻기 위해서다.[375] 한 그루 한 그루가 이어지는 그 길을 따라 주님이 다시 오실 길을 준비케 하기 위해서다.

# 우리들의 이야기

강이 흘러가는 모습을 우리말로는 '굽이굽이'라고 표현한다. 강과 대지가 서로를 품어 줄 때 강은 굽이굽이 흘러가는데, 그때가 가장 아름답다. 우리네 인생도 이와 비슷하다. 탄탄대로만을 걷는 인생은 없다. 누구나 인생에는 굴곡이 있지만, 우리는 그때에 어디서도 배울 수 없는 삶의 의미를 깨닫게 된다. 다윗이 양을 치면서 사자와 곰과 싸워 이겼듯이 우리 역시 질병, 실패 혹은 아픔과 싸워 이겨야 한다. 작가 이철환도 이것에 대해 공감한다.

> 오랜 시간의 아픔을 통해 나는 알게 되었다.
>
> 아픔도 길이 될 수 있다는 것을.
>
> 아픔을 통하지 않고는
>
> 절대로 볼 수 없는 것들이 있다는 것을.[376]

성숙은 힘든 싸움을 통해 얻어지는 것이다. 이것을 신앙 서적만 일깨워 주는 것이 아니다. 문학도 마찬가지로 일깨워 준다. 진리는 평범하고 사소한 일상 속에도 들어 있다는 것을, 문학은 세상을 읽는 눈을 열어 준다는 것을, 사람은 저마다 대체 불가능한 독특한 존재라는 것을 문학은 한 줌의 단어로 일깨운다. 어찌 보면 삶은 서툰 인생을 위한 문학 수업 같기도 하다. 이 시대에 문학 읽기가 왜 중요한가를 다음의 시가 잘 보여 준다.

> 삶은 죽음으로 소멸되는 것이 아니다.
> 삶은 게으른 일상과 온갖 사소한 부주의 속에
> 매일 매 순간 소멸된다.[377]

문학은 바로 삶의 행간을 읽는 눈을 열어 준다. 그런 모습을 시인 엘리자베스 브라우닝Elizabeth Browning은 이렇게 묘사한다.

> 지상에는 하늘나라로 가득 차 있다.
> 모든 평범한 나무들이 하나님과 함께 불타오른다.
> 그러나 볼 줄 아는 자만이 신발을 벗으며,
> 다른 이들은 나무 주변에 몰려 앉아 검은 딸기나 줍는다.[378]

시가 보여 주듯 떨기나무에서 하나님을 만나는 이도 있지만, 나무 주변에서 검은 딸기나 줍는 이들도 많다. 인생에서도 길을 잃지 않으려면 사막을 건너는 여행자처럼 별을 보면서 가야 한다. '영원을 바라보는 시각'이 있어야 길을 잃지 않는다. 하나님 나라와 옛 자아는 지금도 나를 두고 싸우고 있다. 그래서 방심하면 날개옷부르심을 잃어버린 선녀처럼 이 땅에 묶이게 되고 말 것이다. 방심하면 한 알의 밀알한겹 인생로 생을 마치게 되고 만다.

한 알의 밀알이 땅에 떨어져 죽지 아니하면 한 알 그대로 있고 죽으면 많은 열매를 맺느니라 요한복음 12:24

많은 사람들이 이 말씀을 암송하지만 아쉽게도 한 알의 밀알로 끝나는 인생도 많다. 씨앗 속에 수많은 밀알이 담겨 있지만, 끝내 발아하지 못하고 생을 마친다. 다들 십자가를 지는 삶을 기도하지만 실제로 그런 일이 일어나면 시험이라고, 하나님의 뜻이 아니라고 여긴다. 그래서 우리는 하나님이 우리 인생 속에 넣어 준 것들 가운데 아주 조금만 경험하며 살게 된 것이다. 이런 모습을 박민규 작가는 '청춘'으로 설명한다.

## 청춘을 가져본 적이 있는가

'청춘'은 듣기만 해도 가슴이 설레는 말이다. 하지만 박민규 작가는 이렇게 단언한다.

우리에게 청춘은 없었다. 쓸쓸한 얘기지만 나도 당신도, 아니 대부분의 한국인은 청춘을 가져 본 적이 없다. 단지 잠깐, 주민등록증에 찍힌 젊은 나이와 젊은 육체를 지녔을 뿐이다.[379]

고시원을 다룬 소설—박민규의 「갑을고시원 체류기」, 김애란의 「기도」, 김영하의 『퀴즈쇼』—을 읽다 보면 느낄 수 있다. 고시원 속 빈한貧寒한 20대 인생이 일생 동안 이어진다는 걸. 취직을 하고 고시원이 전세, 전세가 자가로 바뀌어도 우리는 앞만 보고 살아야 한다. 동화 『꽃들에게 희망을』에서 보듯 성공만을 꿈꾸며 살 뿐이다. 결과를 위해 과정을 희생하고, 그래서 청춘은 삶으로 경험되지 못한다. 그 모습을 박민규는 수필 「푸를 청, 봄 춘」에서 이렇게 묘사한다.

> 하루하루는 더디고 더뎠으며, 아스라이, 차창을 스치는 풍경처럼 지나가는 갈, 봄, 여름, 갈, 봄, 여름 없이 꽃이 … 피지만, 그런, 느닷없는 꽃들의 출몰에도 무덤덤한, 그런 인간이 되어 있었다.[380]

우리는 계절의 변화에도, 꽃의 출현에도 무덤덤한 인간이 되어 간다. 이것이 신앙과 뭔 상관이 있을까 싶지만 상관이 있다. 신앙 교육엔 성경과 기도와 교리만 있는 것이 아니다. 감성도 포함된다. 사람과 사람 사이의 차이가 크지 않아도 그 작은 차이가 매우 중요한데,[381] 이 작은 차이는 대개 감성에서 벌어진다. 문학을 읽으면 감성이 깊어지고 공감 능력이 커진다. 덕분에 시야가 넓어져 삶의 딜레마를 훨씬 수월하게 헤쳐 나가게 된다.

바쁘게 살다 보니 많은 사람들이 십대 때 겪었어야 할 사춘기를 뒤늦게 겪고 있다. 자리를 잡고 나서야 억만금을 줘도 못 사는 청춘을 다 흘려보냈다는 것을 뒤늦게 알게 된다. 그 안타까움을 "힘들어, 지겨워, 짜증나, 싫어, 몰라"란 말로 표현한다. 신앙을 가졌다면 그나마 시행착오를 덜 겪지만, 교회 안에도 상황은 비슷하다. 근사한 미래를 위해, 자녀와 내 집 마련을 위해 사는 것을 당연하게 여기지만, 하나님 나라는 부담스럽다.

열심히 살고 있기 때문에 내게도 청춘이 있었다고 생각하지만,

이것은 착각일 수 있다. 지금 20대여도 나이가 젊다는 이유로 청춘을 살고 있는 것은 아니다. 문학의 눈으로 본다면 청춘은 나이보다는 생각에 가깝다. 청춘을 산다면 어떻게 살 것인가에 대한 고민이 있을 것이다. 청춘을 살아 봤다면 지금도 그리스도인으로 사는 것에 고민이 있을 것이다. 생각해 보라. 이 땅에서 하나님 나라에 대한 뜨거움이 없는데, 어떻게 천국에 가고 싶어 하는 것인가? 마르바 던$^{Marva\ J.\ Dawn}$의 말을 빌려 보자.

> 삶에 있어서 나의 책임은, 나의 창조자와 그분의 뜻을 사랑함으로써 나를 창조하신 목적에 가능한 한 충실하는 것이다. 이렇게 할 때 날마다 자유로이 그분과 동행하는 모험을 즐기며, 내가 하는 모든 것과 내가 되어 가는 전체 과정 속에서 그분의 임재를 연습할 수 있다.[382]

젊은 시절엔 누구나 용감하고 무모하고 열정이 넘쳤을 것이다. 이런 인생이 일생 동안 계속 지속되면 바울 같은 삶이 될 것이다. 문학은 우리를 일깨워 바울처럼 살도록 격려한다. 이렇게 살려면 신앙의 도전도 필요하지만 문학적 감성도 필요하다. 청춘이 끝났다면 할 말이 없지만 청춘을 아직 경험하지 못했다면 어쩌면 다행이다. 다시 시작할 수 있기 때문이다. 하나님 나라를 위해 뜨겁게 땀을 흘린 적이 없다면 지금도 늦지 않았다.

## 문학을 읽자

현상은 복잡해도 본질은 단순하다. 예수님은 베드로에게 하나만 물으셨다.

"너는 나를 사랑하느냐?"

베드로에게 물으셨던 질문을 주님은 우리에게도 묻고 계신다. 주님을 따라가는 길에는 영원한 기쁨이 있다. 이런 기쁨을 하나님은 우리의 인생에도 준비해 두셨다. 하지만 우리는 지나칠 때가 많았다. 문학은 우리가 삶에서 놓쳐 버린 '결정적인' 순간들이 얼마나 많았는지 깨닫게 해 준다.

우리는 성경을 읽지만, 성경도 우리를 읽어야 한다. 이것을 놓치면 성경을 읽으면서 늘 교훈만 찾게 된다. 우리에게 영성도 필요하지만 감성도 필요하다. 사회적 지탄을 받는 사람들이 부족한 것은 감성이지, 영성이 아니다. 인간이 배우기 가장 어려운 것은 자신과 타인의 마음을 아는 것이다. 문학은 그것을 읽는 법을 가르쳐 준다. 문학은 허구적 인물을 통해 우리 각자가 자신의 영혼을 보게 한다. 그래서 이야기는 나와 세상을 보는 눈을 열어 준다.

신앙생활에서 깨달음과 감동도 중요하다. 그러나 이것은 많은 이들에게 절실한 문제가 아니다. 문학은 인간다운 삶을 가르치지만, 이것 역시 절실한 문제는 아니다. 일상에선 깨달음보다 경제적 안정이 중요하다. 그 영향 탓인지 신앙생활에서도 체험이 신학보다, 수단이 목적보다, 결과가 과정보다 우선할 때가 많다. 안타깝게도 이 순위는 잘 뒤집어지지 않는다. 우리의 싸움은 우선순위를 두고 벌어진다는 걸 소수만 깨닫고 산다.

우리의 싸움은 실제, 곧 리얼리티가 무엇이냐를 두고 벌어진다. 저마다 자신이 보는 것이 실상이라고 주장하기 때문이다. 아담의 타락 이후 참된 지식을 받아들이는 것은 옵션이 되었다. 하지만 진짜 실상은 예수 그리스도다.[383] 예수만이 인생과 진리를 이해하는 유일한 길이며, 완전한 진리라는 틀 안에서 볼 때에만 개인의 경험들이 이해된다. 작가 윌리엄 영<sup>William Young</sup>은 이것을 소설 『오두막』에서 전해 준다.

> 생명, 진정한 생명, 바로 나의 생명을 당신에게 주려고 내가 왔어요. 우리는 당신 안에서 우리 삶을 살 것이고, 당신은 우리 눈을 통해서 보고, 우리 귀로 듣고, 우리 손으로 만지고, 우리처럼 생각하게 돼요.[384]

시 「가지 않은 길」에서 시인은 숲속에 난 두 갈래 길 중 사람들이 적게 간 길을 선택했다. 오랜 세월이 흐른 뒤, 결국 그것이 내 운명을 송두리째 바꾸어 놓았다고 고백한다. 문학은 시인이 선택한 길에 있었을 것이다. 문학은 목적지에 가되, 멀리 돌아가는 길일 수 있다. 그러나 그 길을 택하면 잘못될 염려가 거의 없다. 문학은 우리에게 주는 하나님의 특별한 선물이기 때문이다. 이제 그 선택은 여러분의 몫이다.

# 더 용감하고 너그러워지길…

이 책을 기도하며 썼지만, 내가 쓴 글만큼 나는 신실하지 못하다.
생각의 자극을 말했지만, 내 자신은 둔감할 때가 많다.
불확실함을 견디라고 말했지만,
결과가 뻔히 보이는 선택을 하기도 했다.
이 책을 쓴 이유는 이런 삶을 한번 뒤집고 싶었기 때문이다.
그래도 한 번은 제대로 된 믿음의 삶을 살고 싶기 때문이다.

너희도 산 돌 같이 신령한 집으로 세워지고
예수 그리스도로 말미암아
하나님이 기쁘게 받으실 신령한 제사를 드릴
거룩한 제사장이 될지니라

베드로전서 2장 5절은 우리의 인생을 하나의 건물로 설명한다.
우리는 80여 년 동안 완성되어 가는 집이다.
하나님이 함께한 인생은 분명히 다른 하나, 깊이가 있다.
문학은 이것을 낯설게 읽기로도 설명한다.

깊이와 감성을 가진 사람을 이 사회가 간절히 찾고 있다.

시나 소설을 몇 년 뒤에 다시 읽으면 전혀 다른 느낌을 받게 된다.
새로운 관점이 생겼기 때문이다.
문장이 주는 설렘을 못 느낀다면 삶에 익숙해졌기 때문이다.
문학은 익숙한 고정관념에 길들지 않도록 한다.
또 하나님의 사람이 되려면 생각이 유연해야 하는데,
그 또한 문학이 도와준다.

아무리 신실해도 완벽한 사람은 없다.
기도의 사람이라는데 깊이가 없다면 문학을 읽어야 한다.
허나 우리는 너무나 쉽게 자신을 신뢰하여 우상처럼 믿곤 한다.
우리의 최애가 복음이 아니라
복음을 해석하는 내 관점일 때가 많다.
그것을 에고ego의 집착이라고 한다.

하나님의 사람이 되려면 따뜻한 감성이 있어야 한다.
타인의 아픔과 자신의 편견도 볼 줄 알아야 한다.
또한 시대의 변화를 읽는 분별력 있는 눈도 필요하다.
열심히 살았지만 자신만의 이야기가 없다면 긴장해야 한다.

문학은 자녀에게 들려줄 이야기를 만드는 법을 가르쳐 준다.

문학은 이 시대에 주신 하나님의 놀라운 선물이다

문학은 성경이 아니라 생활에 밑줄을 그으라고 일깨운다.
그러면 우리는 생각보다 더 용감해지고 너그러워진다는 걸,
더 행복해지고 더 웃음이 많아진다는 걸
문학을 읽으면 알게 된다.
이것이 내가 문학을 읽고 글을 쓰는 이유다.
여러분도 이런 기쁨을 갖길 소망한다.

먼저 이 책을 채운 모든 문장들을 통해 일깨워 주신 하나님께 감사드립니다.

지난 세월 동안 나와 우리 가족을 사랑해준 분들에게 감사드립니다. 이 책을 읽어준 독자들, 인생을 함께한 아내와 부모님과 가족들, 믿음의 친구들인 최상민 장로님, 소완채 장로님, 임순일 권사님, 전선미 권사님, 홍선호 목사님께 감사합니다. 한국과 미국에서 만난 수많은 인연들인 김영만 장로님과 국령 전도사님, 현정이네 가족과 김상금 사모님, 배현미 집사님, 허미화 집사님, 이재민 집사님, 이영미 집사님, 하늘이네, 주사랑 주찬양 가족들에게 고마움을 전합니다. 고재천 목사님과 오수남 목사님에게도 감사드립니다. 또한 좋은 문장으로 나를 위로해 준 작가들과 원고에 날개옷을 입혀 준 예책의 장병주 대표님에게도 감사드립니다.

공부와 일, 사역 혹은 이사를 통해 하나님의 사람들을 만날 때마다 하나님이 나의 삶을 인도하시는 걸 실감합니다. 부족한 저를 위해 기도해 주는 행복한교회와 아름다운동행교회 성도와 하나님의 사람들로 작은아버지, 삼촌과 막내 숙모님, 이영주 권사님,

조삼임 사모님, 전영월 권사님이 있음에 감사합니다. 사우스웨스턴의 말씀과 만남 동문들, 우이중앙교회의 남선교회 성도들에게 감사하고, 특별히 젊은 시절 내가 지나온 교회에서 말씀으로 나를 양육해 준 김신옥 목사님, 김이태 목사님, 전종구 목사님에게 감사드립니다.

2020년 7월
이정일

## 1장

1) 무라카미 하루키. 『노르웨이의 숲』. 서울: 동하, 1993. p.403

2) 김영하. 『퀴즈쇼』. 파주: 문학동네, 2010. p.54

3) 하인츠 쾨르너 외. 『아주 철학적인 오후』. 서울: 조화로운삶, 2007. p.5

4) 파블로 네루다. 『질문의 책』. 파주: 문학동네, 2013. p.95

5) 박민규. 『삼미 슈퍼스타즈의 마지막 팬클럽』. 서울: 한겨레신문사, 2006. pp.264-265

6) 조남주. 『82년생 김지영』(오늘의 젊은 작가 13). 서울: 민음사, 2018. p.157

7) "I spent every moment of my life trying to capture the decisive moment, but every moment of my life was the decisive moment."

8) 오프라 매거진 잡지 O, The Oprah Magazine(2016년 12월호)에 실린 독자 Judy Bissey의 글이다. http://www.oprah.com/omagazine/heartwarming-stories-about-the-best-gifts-ever-given/all#ixzz5wT3iaGN5 (2019년 8월 13일 접속함)

9) EBS 지식채널 ⓒ. 『지식 4』. 서울: 북하우스, 2009. p.246

10) 위기철. 『아홉 살 인생』. 파주: 청년사, 2011. 주인공 '나'는 가난이 얼마나 어른들의 마음을 아프게 하는 낱말인지를 알았고(p.21), 행운과 불행이 순식간에 우리를 다른 존재로 만든다는 걸 알았다(p.143).; 미국 작가 폴 오스터도 『고독의 발명』에서 비슷한 말을 한다. 폴 오스터. 『고독의 발명』. 서

올: 열린책들, 2004. p.56

11) 김현승.『가을의 기도』(한국대표명시선 100). 경기도 양평군: 시인생각, 2013. pp.22-23

12) William Kotzwinkle. *E.T.: The Extra-Terrestrial in his adventure on earth.* (based on a screenplay by Melissa Mathison) New York: Berkley Books, 1982. pp.43, 62, 97

13) 김은주.『달팽이 안에 달』. 서울: RHK, 2012. p.79

14) 김애란.『두근두근 내 인생』. 서울: 창비, 2011. p.7

15) "Don't be afraid of death; be afraid of the unlived life." 이 표현은 소설 12장의 내용을 각색한 것으로서 영어 소설에서는 나오지 않는다. 참고한 영어판 소설은 Natalie Babbit. *Tuck Everlasting*. Farrar, Straus and Giroux, 1999 (33판).

16) 아룬다티 로이.『작은 것들의 신』. 파주: 문학동네, 2016. p.14

17) 김영하.『오빠가 돌아왔다』. 파주: 창비, 2004. p.108. 인용문은 단편「너를 사랑하고도」속 대화이다.

18) 최인훈.『광장/구운몽』. 서울: 문학과 지성사, 2004 (재판 35쇄). p.21

19) 마사 누스바움.『시적 정의』. 서울: 궁리, 2016. p.21에서 재인용.

20) "Adversity gives you the courage to think of things you can not think of."

21) 문정희.『다산의 처녀』(민음의 시 168) 서울: 민음사, 2010. p.13. 인용한 시는 전체 시의 일부다.

22)「국민일보」〈겨자씨〉에 실린 서정오 목사(서울 동숭교회)의 글 "어떻게 살 것인가" 중에서.

23) 김진두.『존 웨슬리의 생애』(개정판) KMC, 2006. p.384; 데이비드 플랫 목사는 *Radical* (Multomah Books, 2011) pp.126-128에서 존 웨슬리를 소유와 필요를 어떻게 연결짓는지를 보여 주는 예로 들고 있다. 플랫 목사의 설명에 의하면, 어느 해인가 웨슬리 목사는 요즘 돈으로 16만 불(2억 원 상당)의 수입이 생겼지만, 마치 2만 불(2천 4백만 원)의 수입이 있는 것처럼 살았다. 그리곤 남은 돈 14만 불(1억 7천 6백만 원)을 구제에 썼다고 한다.

참고로, 존 웨슬리가 쓴 『돈의 사용』도 중요한 책이다. 웨슬리는 이 책에서 벌 수 있는 모든 것을 벌고, 모을 수 있는 모든 것을 모으고, 줄 수 있는 모든 것을 주라고 조언한다. 게다가 그는 "하나님은 당신을 소유자가 아닌 청지기로 쓰시기 위해 이곳에 보냈다. 그렇기 때문에 다양한 물질과 물건들을 당분간 당신에게 맡겨 두신 것이다. 그러나 이것들에 대한 소유권은 여전히 하나님께 있다. 그 소유권은 결코 하나님으로부터 분리될 수 없다." 사실 존 웨슬리 이전에 아우구스티누스도 재물을 사용하는 것은 선하지만 이를 즐겨서는 안 된다고 보았다. 아우구스티누스는, 크리스천은 자신의 재산을 다른 이를 돕는 데 써야 하고 남은 것은 교회나 가난한 자가 쓰도록 해야 한다고 주장했다. 이것을 어기는 것은 기독교 규범을 어기는 것이라고까지 생각했다. 아우구스티누스의 주장은 짧게 보면 중세까지, 길게 보면 종교개혁까지 영향을 주었다. 아우구스티누스나 존 웨슬리 모두 재물의 사용에 엄격했다. 존 웨슬리는 크리스천이 꼭 필요한 것 이상을 쓰는 것은 주님을 공개적이고 습관적으로 부인하는 것으로 보았다.

이상의 논의에 대한 자료로는 Ronald J. Sider. *Rich Christians in an Age of Hunger: Moving from Affluence to Generosity* (20th Anniversary Revision). Word, 1997과 Justo Gonzalez. *Faith and Wealth*. Harper&Row, 1990과 Barry Gordon. *The Economic Problem in Biblical and Patristic Thought*. Brill, 1989가 있다. 지금까지의 시각과 반대되는 해석도 있다. John Schneider는 존 웨슬리의 생각에 동의하지 않는다. John R. Schneider. *The Good of Affluence: Seeking God in a Culture of Wealth*. Eerdmans, 2002에 나타나 있다.

24) Gregory S. Clapper. "Wesley's 'Main Doctrines' and Spiritual Formation and Teaching in the Wesleyan Tradition." *Wesleyan Theological Journal*. 39.2 (2004). p.98에서 재인용.

25) 김언수. 『캐비닛』. 파주: 문학동네, 2006. p.182. 이 작품은 제12회 문학동네 소설상 수상작이다.

26) 이지민. 『모던 보이: 망하거나 죽지 않고 살 수 있겠니』. 파주: 문학동네, 2008. pp.81-82. 이 작품은 제5회 문학동네 작가상 수상작이고 영화 「모

던 보이」의 원작소설이다.

27) 안도현.『외롭고 높고 쓸쓸한』. 파주: 문학동네, 2012. p.12

28) 이면우.『아무도 울지 않는 밤은 없다』(창비시선 211). 서울: 창작과 비평사, 2009. p.53

29) Polyxeni Potter. "About the Cover." *Emerging Infectious Diseases*. 9.9 (2003). p.1194

30) 켄 가이어.『삶의 길을 보여 주는 영혼의 창』. 서울: 꽃삽, 2007. p.81

31) Richard Brower. "To Reach a Star: the creativity of Vincent van Gogh." *High Ability Studies*. 11.2 (2000). p.179

32) 허버트 리드.『예술의 의미』. 서울: 문예출판사, 1986. pp.214-215

33) "No wind favors he who has no destined port." 몽테뉴의 에세이집 *The Complete Essays*에 나오는 문장이다.

34) "Dreams are the touchstones of our character."

35) Todd Skinner. *Beyond The Summit*. New York: Portfolio, 2003. p.55

36) Howard Gardner. *Creating Minds*. New York: BasicBooks, 1993. p.175

37) 김은주.『달팽이 안에 달』. p.291

38) 김근주.『복음의 공공성』. 파주: 비아토르, 2018. p.228

39) 옥한흠.『평신도를 깨운다』. 서울: 국제제자훈련원, 2011. p.29

40) 도종환.『담쟁이』. 양평: 시인생각, 2012. p.47

41) 도종환.『흔들리며 피는 꽃』(개정판). 파주: 문학동네, 2012. pp.104-105

42) 안도현.『외롭고 높고 쓸쓸한』. p.11

43) 일본의 기독교 박해를 다룬 몇 가지 자료들이 있다. 개관을 하는 데에는 홍성사에서 발간된 나카무라 사토시의『일본 기독교 선교의 역사』(2016)가 유익하다. 박해를 좀 더 구체적이고 정확하게 이해하려면 학술논문을 참고해야 한다. Don C. Seitz. "The Nagasaki Martyrs." *The Catholic Historical Review*. 13.3 (1927). pp.503-509; Hubert Cieslik. "The Case of Christovao Ferreira." *Monumenta Nipponica*. 29.1 (1974). pp.1-54. 이 논문은 페레이라의 배교에 초점을 맞추고 있긴 하지만 소설에서 다

루고 있는 기독교 박해에 대한 구체적인 정보와 배경 지식을 제공한다.

44) Edward Hagemann. "The Persecution of the Christians in Japan in the Middle of the Seventeenth Century." *Pacific Historical Review*. 11.2 (1942). pp.151-160

45) http://magazine2.movie.daum.net/movie/39222 (2019년 7월 8일 접속함). 소설 『침묵』의 배경인 나가사키의 기독교 마을 소토메(外海)의 문학비에는 이 구절이 새겨져 있다.

46) Fumitaka Matsuoka. "The Church in the World: The Christology of Shusaku Endo." *Theology Today*. 39.3 (1982). p.295에서 재인용; 인용한 엔도의 질문을 렌즈로 삼아 『침묵』을 분석한 논문도 있다. William T. Cavanaugh. "Absolute Moral Norms and Human Suffering: An Apocalyptic Reading of Endo's Silence." *Logos*. 2.3 (1999). pp.96-116

47) 김은국. 『순교자』. 파주: 문학동네, 2014. p.37

48) JinHyok Kim. "The Wounded Grace: Memory, Body and Salvation in Endo Shusaku and Rowan Williams." *The Expository Times*. 124.8 (2013). p.377

49) Dallas Willard. *The Divine Conspiracy*. New York: HarperOne, 1997. p.4

50) 요한 볼프강 폰 괴테. 『파우스트 2』. 서울: 민음사, 1999. p.31

51) "As long as you live, keep learning how to live."

52) 영화 「매트릭스」를 기독교 관점에서 분석한 두 편의 연구논문을 참고할 수 있다. Jeremy Punt. "Biblical Allusion in The Matrix." *Journal of Theology for Southern Africa*. 119 (2004). pp.90-107; Mike Milford. "Neo-Christ: Jesus, The Matrix, and Secondary Allegory as a Rhetorical Form." *Southern Communication Journal*. 75.1 (2010). pp.17-34

53) David J. Gunkel. "The Virtual Dialectic: Rethinking The Matrix and its Significance." *Configuration* 14.3 (2006). p.196에서 재인용.

54) 필립 K. 딕. 『안드로이드는 전기양의 꿈을 꾸는가?』. 서울: 폴라북스,

2013.

55) Ian Watt. *The Rise of the Novel*. Berkeley: University of California Press, 1957. p.179

56) 황선미. 『마당을 나온 암탉』. 서울: 사계절, 2006. p.10

57) 앞의 책. p.189

58) http://revseanpeters.blogspot.com/2014/05/kierkegaards-parable-of-geese.html (2019년 7월 8일 접속함)

59) 헝가리 속담이다. 지그문트 프로이트는 『꿈의 해석』에서 이 속담을 인용한 바 있다.

**2장**

60) 샤를 단치. 『왜 책을 읽는가』. 서울: 이루, 2013. p.184; 단치와 달리 논리의 중요성을 강조하는 이도 있다. 부시와 레이건 대통령의 연설비서관을 지낸 페기 누난이다. 누난은 연설에서 가장 중요한 것은 언제나 논리라고 강조한다. Peggy Noonan. *On Speaking Well*. New York: ReganBooks, 1999. pp.62-75

61) Richard Abanes. *Harry Potter, Narnia, and The Lord of the Rings*. Eugene, Oregon: Harvest House Publishers, 2005. pp.13-18; 판타지를 읽는 이유를 좀 더 학술적으로 분석한 자료로는 다음을 참고했다. Daniel Baker. "Why We Need Dragons: The Progressive Potential of Fantasy." *Journal of the Fantastic in the Arts*. 23.3 (86) (2012). pp.437-459 이 논문에서 저자는 영국 작가 차이나 미에빌(China Mi.ville)을 인용하면서 판타지는 리얼리즘의 대안으로 설명한다(p.444).

62) 이 요약문은 문유석. 『개인주의자 선언』. 파주: 문학동네, 2015. p.155에서 인용한 것이다.

63) 무라카미 하루키. 『언더그라운드』. 파주: 문학동네, 1997. 특히 책 뒤에 부록으로 붙은 글 "지표 없는 악몽"을 참고할 것.

64) Edward O. Stewart. "The Matrix: A Secondary Postmodern Primer." *Art Education*. 56.3 (2003). p.40

65) 이것을 보여 주는 대표적인 예는 안이숙 사모가 쓴 수기일 것이다. 안이숙.『죽으면 죽으리라』. 서울: 기독교문사, 1992

66) 나탈리 골드버그.『뼛속까지 내려가서 써라』. 서울: 한문화, 2004. p.144

67) 구글 검색창에서 "Offbeat majors help CEOs think outside the box"라고 치면 「USA 투데이」의 본문 기사를 볼 수 있다. 델 존스(Del Jones) 기자는 흥미로운 일화들을 많이 소개하고 있다.

68) 이원재 소장(한겨레경제연구소)의 글을 참고했다. 이 글은 김진동『이기는 습관 2』. 서울: 쌤앤파커스, 2009. pp. 58-59에 나온다.

69) 러시아 형식주의자 빅토르 시클롭스키(Viktor Shklovsky)가 1917년에 처음 쓴 이 말이 지금도 유효하다. 익숙한 것은 눈에 잘 안 들어온다. 생각도 습관처럼 익숙해지면 우리는 생각의 자극을 받지 못한다. 기계를 다루는 데 익숙해지는 것은 좋은 것이지만 생각은 다를 수 있다. 그의 책 *Russian Formalist Criticism* (University of Nebraska Press, 1965)는 유익하다. 특히 "Art as Technique"을 읽어보라.

70) 로버트 루트번스타인 & 미셸 루트번스타인.『생각의 탄생』. 서울: 에코의 서재, 2007. p.85

71) 김진동.『이기는 습관 2』. p.68

72) 나탈리 골드버그.『뼛속까지 내려가서 써라』. p.108

73) 이성복.『뒹구는 돌은 언제 잠깨는가』. 서울: 문학과 지성사, 1988. p.63

74) 안상헌.『경영학보다는 소설에서 배워라』. 고양시: 위즈덤하우스, 2010. 뒤표지에서 재인용.

75) 스캇 펙.『거짓의 사람들』. 서울: 비전과 리더십, 2005. p.300

76) '독서는 서서히 스며드는 활동'이란 표현은 파트리크 쥐스킨트.『깊이에의 강요』. 파주: 열린책들, 2014. p.92에서 가져왔다.

77) 제임스 미치너.『작가는 왜 쓰는가』. 서울: 예담, 2008. p.114

78) Andy Stanley. *Visioneering*. Sisters, Oregon: Multnomah, 1999. p.49

79) 가즈오 이시구로.『나를 보내지 마』. 서울: 민음사, 2016. p.347

80) 에이브러햄 버기즈.『눈물의 아이들 2』. 파주: 문학동네, 2013. p.58

81) 마사 누스바움.『시적 정의』. p.110

82) Martha Nussbaum. *Love's Knowledge*. New York: Oxford University Press, 1990. p.47

83) Karen Mulder. "He Made Stone Talk." *Christianity Today*. March 6, 2000. p.80

84) 오슨 스콧 카드. 『엔더의 게임』. 서울:루비박스, 2014. pp.466-7

85) "These walls are funny. First you hate 'em, then you get used to 'em. Enough time passes, you depend them. That's institutionalized."

86) 톰 슐만. 『죽은 시인의 사회』. 서울: 시간과 공간사, 1998. p.79

87) 앞의 책. p.78

88) 리사 제노바. 『내 기억의 피아니시모』. 파주: 세계사, 2009. p.296 역서의 원제는 스틸 앨리스이고 후에 번역서 제목을 원서 제목으로 바꾸었다.

89) 엘리자베스 토마스. 『세상의 모든 딸들 2』. 서울: 홍익출판사, 2007. p.389

90) 필립 로스. 『에브리맨』. 파주: 문학동네, 2009. pp.23, 162

91) 가와바타 야스나리. 『손바닥소설』. 서울: 문학과 지성사, 2010. p.68 ; cf. 인도작가 로힌턴 미스트리도 비슷한 얘기를 한다. 로힌턴 미스트리. 『그토록 먼 여행』. 서울: 아시아, 2012. p.147

92) http://www.pressian.com/news/article/?no=111531 (2019년 7월 5일 접속함)

93) http://m.blog.daum.net/_blog/_m/articleView.do?blogid=088E0&articleno=16156181 (2019년 7월 16일 접속함)

**3장**

94) 출처는 https://twitter.com/type4graphic/status/50808300923323 1873 ; 하상욱 단편시집 『서울 시』와 『서울 시 2』가 있다.

95) 진은영. 『일곱 개의 단어로 된 사전』(문학과 지성 시인선 276) 서울: 문학과 지성사, 2003. p.19

96) 레베카 라인하르트. 『마음이 아픈데 왜 철학자를 만날까』. 예문, 2011. p.187

97) 경향신문 2001년 4월 23일(월) 29면 기사 중.

98) https://brunch.co.kr/@hyejinchoi/57 (2019년 3월 2일 접속함)

99) "Be a rainbow in someone else's cloud." 안젤루가 19세기 흑인 노래 가사 "When it looks like the sun weren't going to shine anymore, God put a rainbow in the clouds"에서 영감을 받아 다시 쓴 표현이다.

100) Stacy Parker Le Melle. "A Praise Song for Maya Angelou." *Callaloo*. 37.5 (2014). p.1037

101) 마야 안젤루의 『새장에 갇힌 새가 왜 노래하는지 나는 아네』와 하퍼 리 (Harper Lee)의 『앵무새 죽이기』, 랠프 엘리슨(Ralph Ellison)의 『보이지 않는 인간』은 미국 중고등학교의 필독서이다. 세 권 모두 흑인들의 삶과 인종차별을 다루고 있다.

102) 마야 안젤루. 『새장에 갇힌 새가 왜 노래하는지 나는 아네』. 서울: 문예출판사, 2014. p.403 역자의 작품 해설에서 재인용.

103) 김중미. 『괭이부리말 아이들』. 서울: 창비, 2007. pp.50-52

104) 앞의 책. pp.272-274

105) Susan Sontag. *Illness as Metaphor*. London: Farrar, Straus, Giroux, 1997. p.40

106) 폴 오스터. 『겨울일기』. 서울: 열린책들, 2014. p.78

107) 김중미. 『괭이부리말 아이들』. p.50

108) 필립 시먼스. 『소멸의 아름다움』. 서울: 나무심는사람, 2002. p.61에서 재인용.

109) 문정희. 『살아 있다는 것은』. 서울: 생각속의집, 2014. p.317

110) 조르조 아감벤. 『행간』. 서울: 자음과 모음, 2015. p.18

111) 손봉호. 『주변으로 밀려난 기독교』. 서울: CUP, 2017. p.113; 한국 교회를 바라보는 손봉호 교수의 안타까운 마음은 『주변으로 밀려난 기독교』의 다른 곳(pp.74, 110)에서도 나타난다.

112) 저넷 윈터슨. 『육체에 새겨지다』. 서울: 웅진출판, 1996. p.47

113) Randy Frazee. *The Connecting Church*. Grand Rapids, MI: Zondervan, 2001. p.122

114) 김영하.『퀴즈쇼』. p.255

115) C. J. 매허니.『겸손: 진정한 위대함』. 서울: 생명의 말씀사, 2007. p.133

116) 기형도.『입 속의 검은 잎』. 서울: 문학과 지성사, 1991. pp.122-123

117) https://www.cmalliance.org/devotions/tozer?id=670 (2019년 6
월 28일 접속함). TOZER DEVOTIONAL에서 참고한 글 제목은 "The
Exegete of the Father"이다. 인용한 원문은 이 글의 마지막 문장 "The
knowledge of God is for the spirit alone. Such knowledge comes
not by intellection but by intuition"이다.

118) 나쓰메 소세키.『나는 고양이로소이다』(나쓰메 소세키 소설 전집 1). 서울:
현암사, 2013. p.612 ; cf. 야마무라 오사무.『천천히 읽기를 권함』. 서울: 샨
티, 2003. p.8

119) 박노해.『노동의 새벽』. 서울: 풀빛, 1984. pp.13-15

120) 김근주.『복음의 공공성』. p.219

121) 앞의 책. p.228

122) 앞의 책. pp.226-227

123) Dominic Capeci. "Al Capone: Symbol of a Ballyhoo Society."
Journal of Ethnic Studies. 2.4 (1975). p.34

124) 마이클 센델.『정의란 무엇인가』. 서울: 와이즈베리, 2014

125) "There is only one thing more painful than learning from
experience and that is not learning from experience."

126) 최명희『혼불』(10권). 서울: 매안, 2012. p.26

127) 김은주.『달팽이 안에 달』. p.72

128) 위기철.『고슴도치』. 파주: 청년사, 2004. p.216

129) 톨스토이가『참회록』9장에서 한 말이다. "If a man lives he believes
in something."

130) C.S. Lewis. Mere Christianity. London: Collins, 1944. pp.136-137

131) 김두식.『욕망해도 괜찮아』. 서울: 창비, 2012. p.209

132) "Many people die at twenty five and aren't buried until they are
seventy five."

133) 트리나 포올러스. 『꽃들에게 희망을』. 서울: 소담출판사, 1991. p.82

134) 작가 최명희가 1996년 시카고 강연 중에 한 말이다. 강연 제목은 "소설 『혼불』을 통해 본 한국인의 정서와 문학적 상상력, 그리고 작업 과정"이었다.

135) 빌리 그레이엄. 『인생』. 청림출판, 2006. p.357


**4장**

136) 박영선. 『구원 그 이후』. 서울: 새순출판사, 2002. p.9

137) 존 스토트. 『현대사회 문제와 그리스도인의 책임』. 서울: IVP, 2005. p.55

138) 2019년 6월 29일자 「침례신문」 11면에 실린 계인철 목사(광천중앙교회) 의 시론 중에서.

139) 하비 콕스. 『신이 된 시장』. 서울: 문예출판사, 2018. p.144

140) 바버라 킹솔버. 『포이즌우드 바이블』. 서울: RHK, 2013. pp.16-17

141) 엔도 슈사쿠. 『침묵』. 서울: 홍성사, 2017. pp.264-265

142) 앞의 책. p.267 ; cf p.182

143) 앞의 책. p.267

144) Richard E. Durfee Jr. "Portrait of an Unknowingly Ordinary Man: Endo Shusaku, Christianity, and Japanese Historical Consciousness." *Japanese Journal of Religious Studies*. 16.1 (1989). p.43에서 재인용.

145) 조훈현. 『조훈현, 고수의 생각법』. 서울:인플루엔셜, 2015. pp.171-189

146) 앞의 책. p.127

147) 치마만다 은고지 아디치에. 『태양은 노랗게 타오른다 1』(모던 클래식 13) 서울: 민음사, 2010. p.89

148) 키란 데사이. 『상실의 상속』. 파주: 이레, 2008. p.41

149) 누르딘 파라. 『지도』. 서울: 아프리카, 2017. p.68

150) 은희경. 『새의 선물』. 파주: 문학동네, 2006. p.21

151) 로맹 가리. 『여자의 빛』. 서울: 마음산책, 2015. p.119

152) 키란 데사이. 『상실의 상속』. p.118

153) 사이토 다카시. 『혼자 있는 시간의 힘』. 고양시: 위즈덤하우스, 2015. 뒤

표지.

154) 톤 텔레헨. 『고슴도치의 소원』. 파주: 아르테, 2017. p.75

155) 마루야마 겐지. 『소설가의 각오』. 서울: 문학동네, 1999. p.207

156) 폴 오스터. 『고독의 발명』. p.41

157) 황대권. 『야생초 편지』. 서울: 도솔, 2002. p.270

158) 수전 손택. 『타인의 고통』. 서울: 이후, 2011, p.208

159) Kelly Oliver. "Sexual Difference, Animal Difference: Derrida and Difference 'Worthy of Its Name'" *Hypatia*. 24.2 (2009). p.70

160) 파트리샤 리스터르스. 『시각문화의 매트릭스:들뢰즈와 함께 보는 현대 영화』. 서울: 철학과 현실사, 2007. pp.278-279

161) Ryan Patrick McLaughlin. "Noblesse Oblige: Theological Differences Between Humans and Animals and What They Imply Morally." *Journal of Animal Ethics*. 1.2 (2011). p.146

162) 짐 월리스. 『가치란 무엇인가』. 서울: IVP, 2011. p.56

163) 배덕만. "짐 월리스(Jim Wallis): 복음주의 사회참여의 새로운 모델." 「역사신학논총」 17집 (2009). p.93

164) Jeffrey Sachs. *The Price of Civilization*. New York: Random House, 2011. p.3

165) 켈시 티머먼. 『식탁 위의 세상』. 서울: 부키, 2016. p.127

166) Timothy Werner. *Public Forces and Private Politics in American Big Business*. Cambridge: Cambridge UP., 2012. p.35

167) 괴테. 『파우스트』. 서울: 민음사, 1999. p.68. 본서의 인용문은 "내 가슴 속엔 아아! 두 개의 영혼이 깃들여서"란 문장을 다듬은 것이다.

168) Robert B. Reich. *Supercapitalism: The Transformation of Business, Democracy, and Everyday Life*. New York: Alfred A. Knope, 2007. p122

169) 앞의 책. p.99

170) https://nowomannocry.tistory.com/entry/003 (2019년 8월 7일 접속함)

171) Dennis A. Gioia. "Pinto Fires and Personal Ethics: A Script Analysis of Missed Opportunities." *Journal of Business Ethics*. 11.5/6 (1992). p.380

172) Mark Dowie. "How Ford Put Two Million Firetraps on Wheels." *Business and Society Review*. 23 (1977). p.49

173) Kenneth Henley. "The Value of Individuals." *Philosophy and Phenomenological Research*. 37.3 (1977). pp.346-347; Immanuel Kant. *Foundations of the Metaphysics of Morals with Critical Essays*. Indianapolis: Bobbs-Merrill Co., 1969. p.60

174) 스티븐 핑커. 『우리 본성의 선한 천사』(사이언스 클래식 24). 서울: 사이언스북스, 2014. p.146

175) https://www.huffingtonpost.kr/2016/01/09/story_n_8942544.html (2019년 8월 7일 접속함)

176) https://www.http://bobun.co.kr/board/bobun3/366 (2019년 7월 8일 접속함)

177) 최효찬. 『서울대 권장도서로 인문고전 100선 읽기 2』. 고양시: 위즈덤하우스, 2015. p.360에서 재인용.

178) https://newsnjoy.or.kr/news/articleView.html?idxno=217114 (2019년 3월 21일 접속함)

179) Arthur Rubinfeld. *Built for Growth*. New York: Wharton School Publishing, 2005. p.62

180) *Forbes* 1998년 8월호에 실린 글 "Richest Americans in History" 중에서.

181) 티머시 켈러. 『거짓 신들의 세상』. p.109

182) 앞의 책. p110에서 재인용.

183) Daniel Putman. "Was Andrew Carnegie Generous?" *Think*. 9.26 (2010). p.96

184) Philip Yancey. *Soul Survivor*. New York: Doubleday, 2001. pp.227-246

185) 티머시 켈러. 『거짓 신들의 세상』. p.110에서 재인용.

186) 최명기. 『무엇이 당신을 일하게 만드는가』. 서울: 필로소픽, 2012. p.121

187) 왕중추 『디테일의 힘』. 서울: 올림, 2005. pp.227-228

188) George Barna. *Think Like Jesus*. Nashville: Thomas Nelson, 2003

189) Cardinal John Henry Newman. *The Idea of a University*. London: Baronius Press, 2006. p.57

190) 이유혁 교수(부산대)와의 독서토론에서 알게 된 것이다.

191) https://www.bbc.com/news/av/world-asia-pacific-13647438 (2019년 7월 14일 접속함)

192) David Morrell. *Lessons From a Lifetime of Writing*. Cincinnati: Writer's Digest Books, 2002. p.11

193) Susan D. Moeller. *Compassion Fatique: How the Media Sell Disease, Famine, War and Death*. New York: Routledge, 1999. p.125 에서 재인용.

194) 카카오 1분에 실린 "언 마음 녹여 주는 댓글 시인 제페토"에서 재인용

195) 로버트 루트번스타인 외. 『상실의 시대』. 고양: 마이크로임팩트북스, 2016. p.102에서 재인용.

196) Steven D. Price. *What to Do When a Loved One Dies*. New York: Skyhorse Publishing, 2009. p.156에서 재인용. 영어 원문은 다음과 같다. "Only in the agony of parting do we look into the depths of love."

197) 조세핀 하트. 『데미지』. (개정판) 서울: 그책, 2013. p.5

198) 찰스 디킨스. 『두 도시 이야기』. 서울: 펭귄클래식코리아, 2013. p.13

199) 필립 로스. 『에브리맨』. p.12

200) 레프 톨스토이. 『안나 카레니나』. 서울: 펭귄클래식코리아, 2013. p.35

201) http://www.igoodnews.net/news/articleView.html?idxno=49824 (2019년 7월 10일 접속함)

202) 김연수. 『세계의 끝 여자 친구』. 파주: 문학동네, 2009. p.316 "작가의 말"중에서.

203) 이 부분에 대한 좀 더 상세한 설명은 다음 설교학 책이 도움이 된다.

Haddon W. Robinson. *Making a Difference in Preaching*. Grand Rapids, MI: Baker Books, 1999. pp.37-38

204) 릭 이젤. 『설교, 변하는 청중을 사로잡으라』. 서울: 생명의 말씀사, 2004. p.143

205) C. H. Spurgeon. *Lectures To My Students* (Complete & Unabridged). Grand Rapids, MI: Zondervan, 1954. p.15에서 재인용.

206) 최주훈. 『루터의 재발견』. 서울: 복 있는 사람, 2017. p.245

207) 한국예이츠학회 (엮음). 『예이츠 시 전집』. 서울: 동인, 2011. p.418. 이 시의 제목은 "학교 아이들 사이에서(Among School Children)"다. 윌리엄 버틀러 예이츠가 상원의원 시절 한 초등학교를 방문한 뒤 쓴 시다. 인용한 시구는 맨 마지막 시행이다.

208) Tim Dowley (ed.) *Introduction to the History of Christianity*. Minneapolis: Fortress Press, 2002. p.366

209) 달라스 윌라드. 『잊혀진 제자도』. 서울: 복 있는 사람, 2007. p.62

210) Antoine de Saint-Exupery. *The Little Prince*. New York: Harcourt, 2000. p.68

211) "One must live the way one thinks or end up thinking the way one has lived."

212) John MacArthur. The Truth War. Nashville, Tennessee: Thomas Nelson, 2007. p.78; 저스틴 피터스(Justin Peters) 목사는 번영신학을 이단으로 규정한다. 이런 번영신학을 전파하는 요주의 인물로는 베니 힌(Benny Hinn), 켄 코프랜드와 글로리아 코프랜드(Ken & Gloria Copeland), 조이스 메이어(Joyce Meyers), T.D. 제이크스(T.D. Jakes), 조엘 오스틴(Joel Osteen)을 손꼽았다. Benjamin Hawkins. "Destructive 'faith'" *The Scroll*. 66.4 (2010). p.1

213) Mary M. Currie. "The Puritan Half-Way Covenants: A Contemporary Issue." *Austin Seminary Bulletin*. 95.3 (1979). p.29 ; cf. John B. Carpenter. "New England's Puritan Century: Three Generations of Continuity in the City upon a Hill." *Fides et Historia*.

35.1 (2003). pp.48-49; Katharine Gerbner. "Beyond the 'Halfway Covenant': Church Membership, Extended Baptism, and Outreach in Cambridge, Massachusetts, 1656-1667." *The New England Quarterly.* 85.2 (2012). pp.281-301

214) Ross W. Beales, Jr. "The Half-Way Covenant and Religious Scrupulosity: The First Church of Dorchester, Massachusetts, as a Test Case." *The William and Mary Quarterly.* 31.3 (1974). pp.465-466

215) Wolfgang Simson. *Houses That Change the World.* Waynesboro, GA: OM Publishing, 1999. pp.55-56

216) Bob Briner. *Roaring Lambs.* Grand Rapids, MI: Zondervan, 1993. p.39

217) Jim Wallis. *The Call to Conversion* (Revised and Updated). New York: HarperSanFrancisco, 2005. p.3

218) 세부적인 사항은 다음 자료를 참고할 수 있다. William H. McNeill. *Plagues and Peoples.* Doubleday, 1976.

219) Rodney Stark. *The Rise of Christianity.* New York: HarperOne, 1996. p.82

220) Richard B. Krautheimer. *Early Christian and Byzantine Architecture.* Viking-Penguin, 1986. pp.24-25.

221) Wolfgang Simson. *Houses That Change the World.* p.43; 신학자 마르바 던도 같은 이야기를 한다. Marva J. Dawn. *A Royal "Waste" of Time.* Grand Rapids, MI: Eerdmans, 1999. p.131

## 5장

222) Nassim Nicholas Taleb. *The Black Swan.* New York: Random House, 2007. p.xvii.

223) 이정일. "폴 비릴리오의 '시간, 공간, 속도' 개념을 통해 본 성경 담론 분석: '다윗과 골리앗' '아브라함과 롯'의 서사를 중심으로." 「영어권문화연

구」. 9.3 (2016). pp.180-183: 골리앗의 무장을 다룬 논문으론 다음 두 편을 참고했다. Vladimir M. Berginer. "The Nature of Goliath's Visual Disorder and the Actual Role of His Personal Bodyguard." *Ancient Near Eastern Studies* 43 (2006). pp.27-44; Azzan Yadin. "Goliath's Armor and Israelite Collective Memory." *Vestus Testamentum* 54.3 (2004). pp.373-395

224) 가즈오 이시구로. 『나를 보내지 마』. p.347

225) 앞의 책. p.47

226) 앞의 책. p.360

227) 이승복. 『기적은 당신 안에 있다』. 서울: 황금나침반, 2005. pp. 282-283

228) 앞의 책. p.284

229) Miroslav Volf. *Free of Charge*. Grand Rapids, MI: Zondervan, 2005. pp.31-32

230) 이설아. 『가족의 탄생』. 서울: 북하우스, 2013. p.189

231) 마사 너스바움. 『혐오와 수치심』. 서울: 민음사, 2016. pp.708-711

232) 앞의 책. p.33

233) 천명관. 『나의 삼촌 브루스 리 2』. 고양: 예담, 2012. pp.370-371

234) 「과학동아」 (2015년 6월호) p.126

235) 샤를 단치. 『왜 책을 읽는가』. p.241

236) 데이비드 고든 『우리 목사님은 왜 설교를 못할까』. 서울: 홍성사, 2012. p.50

237) https://www.yna.co.kr/view/AKR20141109053400005 김연수 작가와의 만남을 다룬 기사 "〈저자와의 만남〉 새벽 4시 시작되는 소설가 김연수의 하루" 중에서 (2019년 7월 10일 접속함)

238) 신우인. 『하늘과 땅의 갈림길』. 서울: 포이에마, 2011. p.200

239) Malcolm Guite. "C.S. Lewis: Apologetics and the poetic imagination." *Theology* 116.6 (2013). p.421 이 논문에서 저자는, 상상력은 루이스가 전하는 메시지의 중요한 일부였다고 강조한다(p.418). 루이스는 자서전적 수필인 『예기치 못한 기쁨(Surprised by Joy)』이라는 책에서

"내 상상력은 어떤 의미에선 침례를 받았다고 말할 수 있다"(p.171)라고 썼다. C.S. Lewis. *Surprised by Joy*. London: Geoffrey Bles, 1955.

240) http://www.newsnjoy.or.kr/news/articleView.html?idxno=14296 (2019년 7월 13일 접속함)

241) 수잔 갤러거, 로저 런든. 『신앙의 눈으로 본 문학』. 서울: IVP, 1995. p.86

242) 마사 누스바움. 『시적 정의』. p.20

243) https://www.poetryfoundation.org/poems/49456/a-magic-mountain (2019년 3월 3일 접속함)

244) Jim Wallis. *God's Politics*. New York: HarperSanFrancisco, 2005. p.242 월리스는 15장에서 예산 삭감의 우선 순위는 교육과 가난한 사람들에게 배정된 복지 예산이라고 지적한다.

245) Paul Virilio. *Politics of the Very Worst*. New York: Semiotext(e), 1999, p. 89

246) 누르딘 파라. 『지도』. 서울: 아프리카, 2017. p.84

247) 앞의 책. p.85

248) 2018년 오륜교회 다니엘기도회 7일차(2018년 11월 7일) 말씀과 간증 중에서.

249) 위키백과의 '부패인식지수' (2019년 8월 3일 접속함)

250) 니콜라스 월터스토프. 『정의와 평화가 입맞출 때까지』. 서울: IVP, 2007. pp.140-141

251) 리로이 아임스. 『당신도 영적 지도자가 될 수 있다』. 서울: 네비게이토 출판사, 1982. pp.41-43

252) "What you risk reveals what you value." Jeanette Winterson. *The Passion*. London: Bloomsbury Press, 1987. p.91 작가는 첫 소설에 이어 두 번째 소설로도 상을 받게 되자 이후 전업 작가가 된다.

253) 가트 린. 『윌버포스』(개정판) 서울: 꽃삽, 2007. p.94

254) Doug Sherman & William Hendricks. *Your Work Matters to God*. Colorado Springs: NavPress, 1987. p.132

255) Tim Downs. *Finding Common Ground*. Chicago: Moody Press,

1999. pp.170-171; 마르크 건서. 『위대한 기업을 넘어 영적 기업으로. 한
언』. 서울: 한언, 2005. p.36

256) 앞의 책. p.9

257) Northrop Frye. *The Educated Imagination*. Bloomington and
Indianapolis: Indiana University Press, 1964. p.140

258) Tim Downs. *Finding Common Ground*. p.93

259) 한홍 목사(새로운 교회)의 설교 "영적 분별력" 중에서.

260) 이언 매큐언. 『속죄』. 파주: 문학동네, 2017. pp.368-369

261) Charles Smith. *Cyril Forster Carbett*. Hodder & Stoughton, 1959.
p.106에서 재인용.

262) Carl Sagan. *Cosmos*. New York: Ballantine Books, 1980. pp.23,
233-236, 283

263) Joshua M. Moritz. "Does Jesus Save the Neanderthals?: Theological
Perspectives on the Evolutionary Origins and Boundaries of Human
Nature." *Dialog: A Journal of Theology*. 54.1 (2015). pp.51-60. 저자
는 신학 논문에서 '예수님은 네안데르탈인도 구원했는가?'란 주제를 다루
고 있다. 저자는 호모 사피엔스가 하나님의 형상이 된 것은 인간의 독특함
때문이 아니라 오히려 인간이 하나님의 형상을 가졌기에 독특해진 것이라
고 주장한다(p.57). ; cf. 맥락은 다르지만 세계 최대의 유통업체인 월마트
를 신학적 관점에서 분석한 논문도 있다. Christy M. Newton. "The 'Sin'
of Wal-Mart Architecture: A Visual Theology Reflecting Economic
Realities." *Implicit Religion* 12.1 (2009): 21-50

264) Rick Gore, "Neandertals." *National Geographic*. January 1996.
Vol.189, No.1 pp.25, 27. 물론 네안데르탈인의 패배에 대해선 여러 가지
학설들이 이미 나와 있지만, 연구자 토니 버거(Tony Berger)가 네안데르탈
인 17구의 뼈들을 크로마뇽인과 비교하여 내린 결론이다.

265) 블레이크가 1789년에 쓴 시 「어린 흑인 소년(The Little Black Boy)」에
나오는 시행이다. 이 시는 『순수의 노래(*Songs of Innocence*, 1790)』에 수록
되어 있다. 이 시의 원문은 다음과 같다.

"And we are put on earth a little space,

That we may learn to bear the beams of love,"

266) 「한겨레」 2014년 11월 8일자 15면에 실린 기사("눈을 보다") 중에서.

267) 사도행전 2장 43-47절

268) 이 부분에 대한 전반적인 설명은 문봉주 『성경의 맥을 잡아라』. 서울: 두란노, 2007. pp.16-22; Philip King & Lawrence Stager. *Life in Biblical Israel*. Westminster John Knox Press, 2001. 3장 중 "Physical Geography and Climate"를 다룬 부분(pp.86-87)을 참고하였다.

269) 김용태. 『야해야 청춘』. 고양시: 위즈덤하우스, 2014. pp.107-108

**6장**

270) 파스칼 키냐르. 『은밀한 생』. 서울: 문학과 지성사, 2001. p.329

271) 모니카 마론. 『슬픈 짐승』. 파주: 문학동네, 2010. p.148

272) Syracuse University. "Falling in Love Only Takes About a Fifth of a Second, Research Reveals." *Science Daily*. October 25, 2010.

273) 오르한 파묵. 『소설과 소설가』. 서울: 민음사, 2012. p.11

274) 톨스토이가 1903년 발표한 단편의 끝부분에 나오는 표현을 윤문한 것이다.

275) Larry Crabb. *Inside Out*. Colorado Springs, Co: NavPress, 1988. p.18

276) https://digitalcommons.unl.edu/cgi/viewcontent.cgi?article=1053& context=etas (2019년 7월 13일 접속함) 설교 제목은 "성난 하나님의 손 안에 떨어진 죄인들(Sinners in the Hands of an Angry God)"이다.

277) 유튜브에서 'The Shocking Message-Paul Washer'라고 검색하면 1시간 분량의 설교 동영상을 여러 개 볼 수 있다. 폴 워셔 목사가 이때의 일을 회고한 동영상도 있다.

278) 존 맥아더 목사는 교인 중 15퍼센트를 천국에서 볼 수 있다고 보았다. 그는 하나님이 특별히 은혜를 주신다면 30퍼센트일 거라 추측했다. 빌리 그레이엄 목사는 영접 기도를 받은 결신자 중 5퍼센트만이라도 천국에서 보기를 원했다. 성경교사 아더 핑크(Arthur Pink)는 교인 중 천국에서 볼

수 있는 수를 2퍼센트로 보았다.

279)「경향신문」2010년 5월 31일자 온라인 기사 참고.

280) John Wooden & Steve Jamison. *Wooden on Leadership*. New York: McGraw-Hill, 2005. pp.135-137

281) 말콤 글래드웰.『아웃라이어』. 파주: 김영사, 2010. pp.51-85

282) 프리드리히 니체.『선악의 저편·도덕의 계보』(니체전집 14권) 서울: 책세상, 2002. p.125

283) 지그문트 바우만 외.『도덕적 불감증』. 서울: 책읽는수요일, 2015. p.43

284) 미로슬라브 볼프.『배제와 포용』. pp.345-346

285) 탈랄 하사드.『자살폭탄테러』. 서울: 창비, 2016. p.76

286) 모신 하미드.『주저하는 근본주의자』. 서울: 민음사, 2014. pp.66-67

287) 같은 책. p.90

288) "Money isn't everything, money is the only thing." 미국의 프로 권투선수 플로이드 메이웨더(Floyd Mayweather)가 한 말이다. 그의 역대 전력은 50전 50승이다.

289) Ethan R. Burris, James R. Detert, and Dan S. Chiaburu. "Quitting Before Leaving: The Mediating Effects of Psychological Attachment and Detachment on Voice." *Journal of Applied Psychology* 93 (2008): 912-22

290) 주제 사라마구.『눈먼 자들의 도시』. 서울: 해냄, 2009. p.461

291) 이 아이디어는 2010-2011년 'Southwestern Baptist Theological Seminary'에서 김일승 목사(하늘사랑교회)의 〈요한계시록 강의〉를 들으면서 이해하게 된 것이다.

292) 마샤 누스바움.『감정의 격동 1: 인정과 욕망』. 서울: 새물결, 2015. pp.21, 25

293) 윌리엄 폴 영.『오두막』. 파주: 세계사, 2009. p.198

294) William Chopik, Ed O'Brien, Sarah Konrath. "Differences in Empathic Concern and Perspective Taking Across 63 Countries." *Journal of Cross-Cultural Psychology*. 48.1 (2016). pp.23-38

295) 소설가 김영하의 광고 「Life Meets Life-소설을 쓰기 위해 내가 하는 것들」 중에서. 인용한 문장들은 4분 33초짜리 광고 중 2분 54초부터 3분 39초 사이에 나온다.

296) 기근의 의미를 이해하는 데에는 다음 책과 논문이 도움이 된다. 김서택.『약속의 땅에도 기근은 오는가』. 서울: 홍성사, 2012; Howard J. Curzer. "Abraham, the Faithless Moral Superhero." *Philosophy and Literature*. 31.2 (2007). pp.344-361 논문 저자는 하나님이 아브라함에게 약속을 거듭 상기시킨 이유를 아브라함이 약속을 의심했기 때문으로 해석한다. 사실 하나님은 이삭에게는 한 번(창 26:2-4) 야곱에게는 두 번(창 18:13-14; 35:11-12)밖에 말씀하시지 않았다(p.345).

**7장**

297) 미켈란젤로의 조각에 대한 정의는 몇 가지 형태로 전해진다. 예를 들면, "All a sculptor has to do is to take a big block of marble and just chip off all that isn't necessary for the figure." "The sculpture is already complete within the marble block, before I start my work. It is already there, I just have to chisel away the superfluous material."

298) 이언 매큐언.『속죄』. 파주: 문학동네, 2003. pp.66-67

299) 김세윤.『복음이란 무엇인가』. 서울: 두란노, 2015. p.12

300) 최옥정.『소설 수업』. 고양: 푸른영토, 2013. p.14

301) Mehar Singh Gill. "Female Foeticide in India: Looking beyond Son Preference and Dowry." *Mankind Quarterly*. 53.3&4 (2013). pp.286-287

302) 15세기에 툴시다스(Tulsidas)가 썼지만 지금도 널리 읽혀지는 책『람 차리트 마나스(*Ramacharitmanas*)』에 나오는 말이다.

303) 나렌드라 자다브.『신도 버린 사람들』. 서울: 김영사, 2007. p.264

304) Fernando Gentilini. *Afghan Lessons: Culture, Diplomacy, and Counterinsurgency*. Brookings Institution Press, 2013. pp.132-133.

305) 미로슬라브 볼프.『배제와 포용』. 서울: IVP, 2016. pp.174-175

306) 스캇 펙. 『아직도 가야할 길』. 서울: 열음사, 2006, p.131

307) 임마꿀레 일리바기자. 『내 이름은 임마꿀레』. 서울: 섬돌, 2007. p.197

308) 김대식. 『내 머릿속에선 무슨 일이 벌어지고 있을까』. 파주: 문학동네, 2014. p.226 재인용.

309) 오은경. 『이슬람에서 여성으로 산다는 것』. 서울: 시대의 창, 2015. p.117

310) 소말리아 출신으로 세계적인 슈퍼모델이 된 와리스 디리(Waris Dirie)가 있다. 그녀 역시 알리와 같은 말을 한다. 와리스 디리. 『사막의 꽃』. 서울: 섬앤섬, 2005. p.91

311) 앞의 책. pp.94, 281

312) 미셸 우엘벡. 『복종』. 파주: 문학동네, 2015. 참고로 『복종』은 프랑스가 2020년 이슬람 국가로 바뀌는 모습을 묘사한 소설이다. 이슬람 정당 출신 대통령이 프랑스를 통치하게 되면서 일어난 일이다. 미래에 대한 가정이지만 일부는 현재 프랑스의 이슬람화를 얼마나 불안하게 느끼고 있는가를 보여 주는 증거이다. 여기엔 역사적 배경이 있다. 오은경 교수에 따르면 과거 유럽은 600년 동안 오스만 제국의 지배를 받은 바 있다. 프랑스인들이 매일 먹는 빵을 '크루아상'이라 부른다. 이 빵의 모양이 이슬람 세계를 상징하는 초승달 모양이다. 이 빵을 씹어 먹는 행위는 프랑스인들이 이슬람 세계에 대해 가지고 있는 적대감을 보여 준다. 오은경. 『베일 속의 이슬람과 여성』. 서울: 프로네시스, 2008. pp.118-9

313) Ayaan Hirsi Ali. *Infidel*. New York: Free Press, 2008.

314) 아민 말루프. 『사람 잡는 정체성』. 서울: 이론과 실천, 2006. p.125. 저자 아민 말루프(Amin Maalouf)는 레바논 출생이다. 1993년 콩쿠르상을 받았고, 2011년엔 아카데미 프랑세즈의 멤버로 선출되었다. 프랑스를 대표하는 인물이지만 그의 모국어는 아랍어다. 특이하게도 그는 아랍인이면서 기독교도이기에 정체성을 해석하는 시선의 깊이가 다르다. 그의 책을 읽으면 수없이 밑줄을 긋게 된다.

315) 벤 오크리. 『굶주린 길』. 서울: 문학과 지성사, 2014. p.12

316) 아마두 함파테 바. 『들판의 아이』. 서울: 북스코프, 2008. pp.569-570

317) 러시 도지어. 『나는 왜 너를 미워하는가?: 증오의 과학』. 서울: 사이언스

북스, 2005. pp.7-8

318) 마르셀 서루.『먼 북쪽』. 고양: 사월의책, 2014. p.123

319) 야스미나 카드라.『테러』. 서울: 문학세계사, 2007. p.144

320) Andrew D. Lester. *The Angry Christian: A Theology for Care and Counseling*. Louisville: Westminster John Knox Press, 2003. p.117

321) 마사 너스바움.『혐오와 수치심』. 서울: 민음사, 2015. p.372

322) 링컨의 믿음의 행적에 대해선 다음의 논문을 참조할 수 있다. W. George Scarlett. "Abraham Lincoln: God's 'Instrument'" *Religions*. 3 (2012). pp.191-209

323) 정치철학자 존 롤스(John Rawls)의 말이다.

324) Nadine Gordimer. *Living In Hope And History: Notes From Our Century*. London: Bloomsbury, 1999. p.199

325) 응구기 와 시옹오.『한톨의 밀알』. 서울: 들녘, 2000. p.89

326) Christian A. Schwarz. *Natural Church Planting*. St. Charles, IL: ChurchSmart Resources, 2000. p.68

327) 조세희.『난쟁이가 쏘아올린 작은 공』. 서울: 이성과힘, 2005. p.80; 이 단편은 계간지「문학과 지성」1976년 겨울호에 처음 게재되었다.

328) Amartya Sen. "Poor, Relatively Speaking." *Oxford Economic Papers-New Series*. 35.2 (1983). pp.153-169

329) 제레미 시브룩.『다른 세상의 아이들』. 고양: 산눈, 2007. pp.127, 233

330) 와리스 디리.『사막의 꽃』. p.63

331) 인신매매를 영어로는 트래피킹(trafficking)이라고 쓴다. 비록 동의어로 쓰이지만 인신매매와 트래피킹이란 용어도 차이가 있다. 트래피킹이란 말엔 범죄의 핵심 요소인 '착취'란 뜻이 들어 있다.

332) 켈시 팀머맨.『윤리적 소비를 말한다』. 서울: 서울메이트, 2010. p.332

333) Chandre Gould. "Sex Trafficking and Prostitution in South Africa." *The ANNALS of the American Academy of Political and Social Science*. 653.1 (May 2014). pp.192-3

334) 아마두 쿠루마.『열두 살 소령』. 서울: 미래인, 2008

335) 이스마엘 베아. 『집으로 가는 길』. 파주: 북스코프, 2007. p.234

336) Carolyn R. Spellings. "Scratching the Surface: A Comparison of Girl Soldiers from Three Geographic Regions of the World." *International Education*. 38.1 (2008). p.21

337) 할레드 호세이니. 『천 개의 찬란한 태양』. 서울: 현대문학, 2015. p.30

338) 앞의 책. p.473

339) 앞의 책. p.505

340) 아티크 라히미. 『인내의 돌』. 서울: 현대문학, 2009. pp.89~90

341) 파리누쉬 사니이. 『나의 몫』. p.96

342) 앞의 책. p.612

343) Laetitia Nanquette. "The Global Circulation of An Iranian Bestseller." *Interventions: International Journal of Postcolonial Studies*. 19.1 (2016) p.7

344) Farzaneh Milani. "Iranian Women's Life Narratives." *Journal of Women's History*. 25.2 (2013). p.130.

345) 폴 오스터. 『고독의 발명』. p.56

346) 알렉시예비치. 『아연 소년들』. p.79

347) 앞의 책. p.127

348) 앞의 책. p.172

349) 알렉시예비치. 『아연 소년들』. p.54; 스캇 펙도 『거짓의 사람들』(비전과리더십)에서 "군인은 생각이 없는 인간이다"(p.301)라는 말이 당연시되고 있음을 지적하고 있다.

350) 이스마일 카다레. 『부서진 사월』. 파주: 문학동네, 2014. p.10

351) 알렉시예비치. 『아연 소년들』. p.187

352) 앞의 책. p.186

353) 앞의 책. p.93

354) 앞의 책. p.93

355) 박태균. 『베트남 전쟁』. 서울: 한겨레출판, 2015. p.128; Eric M. Bergerud. *red thunder, Tropic Lightning: The World of A Combat*

*Division in Vietnam*. New York: Routledge, 1993.

356) Tim O'Brien. *The Things They Carried*. New York: Mariner Books, 2009. p.199; 베트남전을 다룬 다음 논문들이 도움을 준다. Bunkong Tuon. "Discourses on the Vietnam War: Teaching from many perspectives." *Pedagogy*. 13.1 (2013). pp.158-170. 필자 자신이 어린 시절 베트남전을 경험한 난민이어서 시각이 남다르다.; Ross Griffin. "History with a Human Face: Creative Nonfiction and the Oral Histories of the Vietnam War." *WLA(War, Literature and the Arts)*. 27 (2015). pp.1-29; Larry R. Johannessen. "When History Talks Back: Teaching Nonfiction Literature of the Vietnam War." *The English Journal*. 91.4 (2002). pp.39-47

357) 바오 닌. 『전쟁의 슬픔』. 서울: 아시아, 2012. p.23

358) 스베틀라나 알렉시예비치. 『아연 소년들』. 파주: 문학동네, 2017. p.212

359) 미야타 미츠오. 『동화의 숲에서 절대자를 만나다』. 서울: 홍성사, 2015. p.119

**8장**

360) Steven King. *On Writing*. New York: Scribner, 2000. pp.145, 154, 157, 163-165

361) Steven King. 앞의 책. p.163; 작가 김영하도 비슷한 견해를 밝힌다. "(소설가인) 우리는 광산업에 종사하고 있다. 우리는 사람의 마음을 깊게 파고들어가는 일을 하고 있다."

362) 갈릴리 목선을 고고학적 시선으로 설명한 자료로는 이 책을 참고할 수 있다. Shelley Wachsmann. *The Sea of Galilee Boat*. Texas A&M UP. 1995.

363) 다볼 상수리나무(Tabor tree)는 다볼산에 많이 분포되어 다볼이란 이름이 붙었다. 갈릴리 남쪽에서 많이 자라며 한국의 느티나무처럼 그늘에서 쉬기 좋은 나무이다.

364) 쥐엄나무(Carob tree)는 상록수로 10m 높이까지 자란다. 성경에선 탕자

가 먹던 돼지밥이다. 성경학자들은 침례 요한이 먹었다는 메뚜기(막 1:6)를 이 쥐엄열매로 추정한다. 히브리어에서 메뚜기와 쥐엄열매를 뜻하는 두 글자는 아주 비슷하다. 이 쥐엄열매 씨는 0.2그램인데, 예로부터 무게를 재는 단위로 쓰였다(겔 45:12). 흥미로운 사실은 이 쥐엄열매를 뜻하는 영어 'carob'이 다이아몬드 무게를 재는 캐럿(carat)으로 바뀌었다는 점이다.

365) 알레포 소나무(Aleppo pine)는 지중해 일대에서 자라는 상록침엽수이다. 성경에서 소나무는 두 곳(사 41:1; 60:13)에서 나온다. 알레포 소나무를 들 감람나무로 보기도 한다(왕상 6:23, 31, 느 8:15).

366) 가시나무는 사사기 9장 15절에 처음 등장한다. 예수님이 쓰신 가시관을 만든 나무는 하나로 특정 짓기 어렵다. 가시나무가 12종류나 있기 때문이다.

367) 돌무화과는 이스라엘에서 흔히 볼 수 있는 나무였다(대하 1:15, 9:27). 선지자 아모스는 자신을 돌무화과나무(뽕나무)를 가꾸는 사람으로 소개한다(암 7:14). 이 나무는 가볍고 단단하고 잘 썩지 않아서 최고의 목재로 불렸다.

368) 테레빈 나무(Terebinth tree)는 지중해 연안에 분포된 큰 활엽수이다. 이 나무는 성경에선 상수리나무(Oak)로 종종 번역한다. 다윗이 골리앗을 죽인 골짜기가 엘라 골짜기인데(삼상 17:19), 이 엘라(elah)가 테레빈 나무다. 성경에서(창 35:4, 8, 수 24:26, 삼하 18:9) 상수리로 표현된 나무들은 실제론 테레빈 나무다.

369) 신풍나무는 낙엽교목으로 높이가 15m까지 자란다. 신풍나무를 단풍나무로도 번역한다(겔 31:8). 야곱은 신풍나무 가지를 양 번식을 위해 쓰기도 했다(창 30:37).

370) 산사나무는 예수님의 가시 면류관을 만드는 데 쓰였다고 추정되는 식물 중 하나다. 영어로는 'Hawthorn'으로 부른다. 한자어 '山査(산사)'의 뜻은 '산에서 자라는 아침의 나무'다. 산사나무 꽃은 5월에 피어서 메이플라워라고 불린다. 산사나무는 벼락을 막아준다는 속설이 있었다. 1620년 청교도들이 탄 배가 더 메일플라워(The Mayflower)로 불린 데는 '안전'을 기원하는 산사나무의 뜻이 숨어 있다.

371) James D. Tabor. *The Jesus Dynasty*. New York: Simon & Schuster, 2006. p.95. 제임스 타보가 제공하는 객관적인 정보는 유익하지만 신앙이 란 관점에선 주의가 필요한 저자이다.

372) John Dominic Crossan. *God & Empire*. New York: HarperSanFrancisco, 2007. p.102. 제임스 타보처럼 존 크로산 역시 자 유주의 노선의 대표적인 학자다. 이 책을 읽을 땐 주의해야 한다. 예수 세 미나(Jesus Seminar)는 예수를 동양의 구루로 격하시켰고 예수님의 말씀과 행적에 의문을 제기했는데, 크로산이 그 중심인물이다. 크로산에 관한 보 다 상세한 내용은 Craig Blomberg. *Jesus and the Gospels*. pp.184-185 를 참고할 것.

373) Craig L. Blomberg. *Jesus and the Gospels*. Nashville, Tennessee: Broadman, 1997. pp.23, 369

374) 이하의 내용은 두 가지 자료 Bill Wilson. *Whose Child Is This*. Lake Mary, FL: Charisma House, 1992와 2002-2003년도 뉴욕주 버펄로에 위 치한 터버너클 처치(The Tabernacle Church)에서 들은 빌 윌슨 목사의 두 번의 간증과 설교 내용을 참고하여 재정리한 것이다.

375) Christian A. Schwarz. *Natural Church Development*. ChurchSmart Resources, 1996. p.68

376) 이철환.『반성문』. 서울: 랜덤하우스코리아, 2007. p.158

377) 미국의 시인 스티븐 빈센트 베네(Stephen Vincent Ben.t)가 쓴 시의 일부 다. 그는 1929년 시 부문에서 퓰리처상을 받았다.

"Life is not lost by dying; life is
lost minute by minute, day by dragging day,
In all the thousand, small, uncaring ways,"

378) 엘리자베스 브라우닝(Elizabeth Browning)이 1856년 발표한 서사시 「Aurora Leigh」중에 나온다.

"Earth's crammed with heaven,
And every common bush afire with God,
But only he who sees takes off his shoes;

The rest sit round and pluck blackberries."

379) 박민규 외. 『괜찮아, 네가 있으니까』. 서울: 마음의숲, 2009. p.87; 이 책
에 일곱 번째로 실려 있는 박민규의 수필 제목은 "푸를 청, 봄 춘"이다. 이
글은 고교 국어 교과서(지학사. 박갑수, 하권)에도 수록되어 있다.

380) 앞의 책. p.86

381) William James. *The Will to Believe and Other Essays in Popular
Philosophy*. New York: Cosimo, 2007. p.257

382) 마르바 던. 『안식』. 서울: IVP, 2011. p.50

383) NIV 골로새서 2장 17절에는 이렇게 되어 있다. "These are a shadow
of the things that were to come; the reality, however, is found in
Christ."

384) 윌리엄 폴 영. 『오두막』. pp. 238-239